***ACCESO GRATIS** a la Lectura en la Nube*

Para visualizar el libro electrónico en la nube de lectura envíe junto a su nombre y apellidos una fotografía del código de barras situado en la contraportada del libro y otra del ticket de compra a la dirección:

ebooktirant@tirant.com

En un máximo de 72 horas laborales le enviaremos el código de acceso con sus instrucciones.

La visualización del libro en **NUBE DE LECTURA** excluye los usos bibliotecarios y públicos que puedan poner el archivo electrónico a disposición de una comunidad de lectores. Se permite tan solo un uso individual y privado

TECNOLOGÍAS ABUSIVAS Y DERECHO

TECNOLOGÍAS ABUSIVAS Y DERECHO

Directores:
Francisco Caamaño
Daniel Jove Villares

tirant lo blanch
Valencia, 2024

En caso de erratas y actualizaciones, la Editorial Tirant lo Blanch publicará la pertinente corrección en la página web www.tirant.com.

EDITA: TIRANT LO BLANCH
C/ Artes Gráficas, 14 - 46010 - Valencia
TELFS.: 96/361 00 48 - 50
FAX: 96/369 41 51
Email: tlb@tirant.com
www.tirant.com
Librería virtual: www.tirant.es
DEPÓSITO LEGAL: V-3196-2024
ISBN: 978-84-1056-938-6

Si tiene alguna queja o sugerencia, envíenos un mail a: *atencioncliente@tirant.com*. En caso de no ser atendida su sugerencia, por favor, lea en *www.tirant.net/index.php/empresa/politicas-de-empresa* nuestro procedimiento de quejas.

Responsabilidad Social Corporativa: http://www.tirant.net/Docs/RSCTirant.pdf

A la amistad y a la academia,
por ser reales incluso en la era virtual

Índice

Abreviaturas *11*

Nota de los directores *13*

Francisco Caamaño
Daniel Jove Villares

Hacer de la necesidad derecho. La fundamentalización del entorno digital *15*

Francisco Caamaño

La constitución del algoritmo y las transformaciones culturales en la sociedad digital *49*

Francisco Balaguer Callejón

Análisis del origen y desarrollo de la propuesta de "ley de inteligencia artificial" europea *83*

Miguel Ángel Presno Linera

El reconocimiento facial como herramienta para garantizar la seguridad: de la incertidumbre ¿a un escenario de certeza? *139*

M.ª Josefa Ridaura Martinez

Respuestas normativas ante la inteligencia artificial generativa: ¿son suficientes? *187*

Ana Aba Catoira

La protección del cerebro y los nuevos derechos humanos en la era neurotecnológica *221*

Ángel Mª Judel Pereira

La ciberseguridad: la seguridad integral y descentralizada del estado digital *255*

Tamara Álvarez Robles

Abreviaturas

AA	Aprendizaje automático o *machine learning*
AEPD	Agencia Española de Protección de Datos
AG CIS/TIC	Arquitectura global de sistemas y tecnologías de información y comunicaciones del Ministerio de Defensa
Art.	Artículo
CE	Constitución española
CEDH	Convenio Europeo Derechos Humanos
CERT`s	Computer Emergency Response Team
Cfr	Confrontar
CNMC	Comisión Nacional de los Mercados y la Competencia
FFCS	Fuerzas y Cuerpos de Seguridad
FJ/FD	Fundamento Jurídico/Fundamento de Derecho
FLOPS	Operaciones de coma flotante por segundo
IA	Inteligencia Artificial
LECrim	Real Decreto de 14 de septiembre de 1882 por el que se aprueba la Ley de Enjuiciamiento Criminal
LJCA	Ley 29/1998, de 13 de julio, reguladora de la Jurisdicción Contencioso-administrativa

LOPD	Ley Orgánica 3/2018, de 5 de diciembre, de Protección de Datos Personales y garantía de los derechos digitales
LOPJ	Ley Orgánica del Poder Judicial
OCDE	Organización para la Cooperación y el Desarrollo Económicos
RGPD	REGLAMENTO (UE) 2016/679 DEL PARLAMENTO EUROPEO Y DEL CONSEJO de 27 de abril de 2016 relativo a la protección de las personas físicas en lo que respecta al tratamiento de datos personales y a la libre circulación de estos datos y por el que se deroga la Directiva 95/46/CE (Reglamento general de protección de datos)
STC	Sentencia del Tribunal Constitucional
TEDH	Tribunal Europeo de Derechos Humanos
UE	Unión Europea

Nota de los directores

El libro que el lector tiene entre sus manos, es una de las manifestaciones del grupo de investigación "Democracia y derechos en el entorno digital", formado hace cinco años por varios profesores del Área de Derecho Constitucional de la Universidad de A Coruña. Unidos por una común preocupación intelectual acerca del impacto y las mutaciones producidas por las nuevas tecnologías disruptivas en los derechos fundamentales, comenzamos a sorprendernos y, por tanto, a buscar respuestas ante la transformación y los desfases que aceleradamente se producen entre el esquema liberal de la vieja concepción de aquellos derechos y las necesidades personales y colectivas que configuran su contexto actual de realización. El libre albedrío, las escaladas injerencias en la esfera de privacidad, la desigualdad en un mundo virtualizado, la suplantación de la identidad o la paradójica composición del gel jurídico en el que se cultivan las variables de los derechos y el proceso de su fundamentalización, son algunas de la muchas inquietudes sobre las que hemos querido tener opinión, para aportar nuestro parecer a los debates públicos abiertos a la amplia llanura del Derecho y a las expectativas de la población en general.

Entre las diversas actividades programadas, decidimos celebrar en la Facultad de Derecho de nuestra Universidad, una Jornada sobre Tecnologías abusivas y derechos fundamentales, abierta a todos los colegas que compartiesen este interés e invitando a aquellos que anteriormente ya se habían destacado por el estudio de esta materia. Las ponencias aportadas a aquella debatida y amena sesión, integran los diversos capítulos de este libro, a ellos se han añadido nuevas aportaciones buscando dar reflejo a otras vertientes incidentales de la tecnología en los derechos y su protección.

En nombre del Grupo de Investigación, agradecemos a todos los autores y autoras su inestimable colaboración para fraguar la voluntad conjunta de avanzar en el conocimiento de una realidad que ya está aquí y de la que casi siempre se piensa que aún le queda un trecho para llegar a su apogeo. Como todo cambio social y jurídico, su reconocimiento requiere de cierta sensibilidad cultural previa, pero, sinceramente, creemos que esa etapa ya pasó y que nos adentramos "sin derecho" en un espacio lleno de agujeros negros y de formas alternativas de dominio y de poder. Una vez más, el deslinde entre lo público y lo privado resulta imprescindible. Pero ya no sabemos hacia dónde debe decantarse la balanza, ni cuáles serán los agentes protagonistas de las relaciones jurídicas que están por definir. Acaso, por primera vez en la Historia, tememos más a la intervención privada sobre nuestros derechos fundamentales que a la pública. Pasamos del viejo "*man versus State*", a la persona frente a la máquina y su dueño; de los requisitos de una autorización judicial de entrada y registro a transparentar el algoritmo. Los hechos son nuevos, pero ¿siguen siendo válidos los viejos derechos o tenemos que inventarnos otros?

Esperamos que esta publicación sirva para favorecer el estudio del derecho ante el acelerado proceso de transformación digital que estamos viviendo. Porque sin libertad de poco sirve una inteligencia ampliada.

FRANCISCO CAAMAÑO
DANIEL JOVE VILLARES

Hacer de la necesidad derecho. La fundamentalización del entorno digital

FRANCISCO CAAMAÑO
Universidade da Coruña

SUMARIO: 1. ¿Ha nacido una estrella? 2. El lento aprendizaje del legislador. 3. El origen del derecho y su necesidad. De la intimidad informática al entorno virtual. 4. Sobre la naturaleza jurídica del derecho al entorno digital. 5. Insuficiencias y paradojas. 6. El acceso a la información digital en la jurisprudencia contencioso-administrativa. 7. El protagonismo del juez de los derechos y el legislador innecesario. 8. Bibliografía

1. ¿HA NACIDO UNA ESTRELLA?

Las constituciones escritas presentan algunos beneficios. Uno de ellos es la identificación primaria de nuestros derechos y libertades fundamentales. Cierto es, que la nómina de sus contenidos varía en ocasiones, como consecuencia de su desarrollo legislativo o por la interpretación de los jueces y tribunales. Pero, lo habitual, es que fundamentales solo sean aquellos derechos y libertades que la constitución considera incluidos en esa categoría.

Excepcionalmente, puede ocurrir que algún precepto constitucional pueda servir de apoyo para la generación jurisprudencial de un nuevo derecho fundamental, como ocurrió en nuestro país, con la previsión del art. 18.4 CE (TOL173.304), de donde el Tribunal Constitucional infirió el reconocimiento, como fundamental, del derecho a la protección de datos personales (STC 292/2000 (TOL2.772)). Pero, hasta ahora, nunca habíamos visto la creación de un derecho fundamental a través de la jurisprudencia de los tribunales ordinarios, proceso que plantea algunas incógnitas que interesa despejar.

2. EL LENTO APRENDIZAJE DEL LEGISLADOR

Hay derechos fundamentales que agotan su contenido en la literalidad de su regulación constitucional y otros que solo parecen hacerlo. Son derechos y libertades que no precisan de la intervención del legislador porque, en puridad, carecen de un contenido esencial que reclame adherencias no esenciales. Los derechos reconocidos en los apartados 2 y 3 del artículo 18 de la Constitución semejan ser de esa clase. Tanto la inviolabilidad del domicilio como el secreto de las comunicaciones focalizan toda su eficacia jurídica en proscribir el acceso del poder público a específicos ámbitos reservados de privacidad, sin el consentimiento previo de sus titulares o sin una autorización judicial. La principal consecuencia de transgredir la prohibición de acceso es, como se sabe, la invalidez probatoria de los materiales incriminatorios así obtenidos (art. 11.1 LOPJ (TOL268.267)).

Bastaría, pues, con una regulación legal de mínimos, de naturaleza sustancialmente procesal (cómo se tiene constancia del consentimiento, qué juez tiene que autorizar, quién y cómo se puede solicitar, qué forma ha de revestir la autorización...) para engarzar en la realidad los mencionados derechos fundamentales. Sin embargo, las cosas no son tan fáciles, y así nos lo recordó el TEDH en el conocido caso Contreras Valenzuela *c.* España (STEDH, 943/1998, de 30 de julio, de 1998)[1]. El soporte legal para autorizar una injerencia del poder público

---

1 Un análisis de esta Sentencia y sus precedentes puede verse en OCÓN GARCÍA, J., "Derecho a la intimidad y registro de dispositi-

en el ámbito de las comunicaciones personales ha de cumplir un estándar mínimo de calidad en relación con la accesibilidad y previsibilidad de la medida judicialmente acordada. Una doctrina, pronto incorporada por el Tribunal Constitucional Español (por todas, STC 49/1999 (TOL81.121)) y que, sin especiales matices, también podría trasladarse al derecho a la inviolabilidad del domicilio.

La autorización judicial, para entrar en el domicilio o para intervenir comunicaciones debe cumplir con ciertas determinaciones que también son expresión de los derechos concernidos: definición de los sujetos solicitantes, del órgano autorizante, motivación y determinación del alcance de la intervención, contenido, duración, garantías de intangibilidad y custodia...

Sin entrar ahora en el detalle, desde aquella jurisprudencia europea y constitucional, el legislador se ha esforzado lo justo por adecuar las previsiones normativas a los cambios sociales y jurisprudenciales ya consolidados. No es este el lugar, para examinar las sucesivas reformas de la legislación procesal mediante las que fue realizándose esa tarea de lenta actualización. A nuestros efectos, basta con que nos detengamos en la reforma de la Ley de Enjuiciamiento Criminal (LECrim (TOL214.466)) del año 2015 (LO 13/2015, de 5 de octubre, para el fortalecimiento de las garantías y la regulación de las medidas de investigación tecnológica (TOL5.497.670)).

En la exposición de motivos de la Ley (apartado IV) se explicita la necesidad de la nueva regulación: "Recientemente, el Tribunal Constitucional ha apuntado el carácter inaplazable de una regulación que aborde las intromisiones en la privacidad del investigado en un proceso penal. Hoy por hoy, carecen de cobertura y su subsanación no puede obtenerse acudiendo

vos informáticos: a propósito del asunto Trabajo Rueda c. España", *Revista Española de Derecho Constitucional*, 113, 2018, 327-343.

a un voluntarista expediente de integración analógica que desborda los límites de lo constitucionalmente aceptable. Solo así se podrá evitar la incidencia negativa que el actual estado de cosas está proyectando en relación con algunos de los derechos constitucionales que pueden ser objeto de limitación en el proceso penal".

En lo que ahora importa, la LO 13/2015 introdujo un renovado Tit. VIII ("De las medidas de investigación limitativas de los derechos reconocidos en el art. 18 de la Constitución) en cuyo Cap. IV se contienen las disposiciones comunes a la interceptación y grabación de las comunicaciones, mediante la utilización de dispositivos electrónicos de seguimiento, localización y captación de imágenes, así como el registro de dispositivos de almacenamiento masivo de información o el remoto sobre equipos informáticos.

Se trata de una regulación completa y detallada de la que extraemos sus aspectos más significativos (art. 588.bis.a):

a) Principio de especialidad: no podrán autorizarse medidas de investigación tecnológica que tengan por objeto prevenir o descubrir delitos o despejar sospechas sin base objetiva. Por tanto, quedan proscritas las persecuciones arbitrarias.

b) El principio de idoneidad: define el ámbito objetivo y subjetivo, así como la duración de la medida.

c) Principios de excepcionalidad y necesidad. En virtud de estos principios: 1) no podrá acordarse medidas de investigación tecnológica cuando existan otros medios menos gravosos e igualmente útiles para el esclarecimiento de los hechos y 2) solo podrá acordarse cuando la comprobación de los hechos o la identificación de los responsables, su paradero o los efectos del delito se vea gravemente dificultada.

d) Principio de proporcionalidad: para la ponderación de los intereses en conflicto se atenderá a la gravedad del hecho, su trascendencia social o el ámbito tecnológico de producción, la intensidad de los indicios existentes y a la relevancia del resultado perseguido con la restricción del derecho.

Por su parte, el art. 588 bis b. establece con detalle las condiciones que ha de reunir la solicitud de la autorización judicial y, el art. 588 bis c, el contenido mínimo obligatorio de la resolución judicial que autorice el acceso a la información. Finalmente, interesa recordar que el art. 588 ter a, dispone que la autorización judicial solo podrá ser concedida para la interceptación de las comunicaciones cuando la investigación tenga por objeto algún delito doloso castigado con pena con límite máximo de, al menos, tres años de prisión; delitos cometidos en el seno de un grupo u organización criminal; o delitos de terrorismo.

A partir de estos nuevos fundamentos legislativos, los tribunales del orden penal han ido construyendo lo que la Sala Segunda del Tribunal Supremo ha terminado por denominar "derecho fundamental al entorno digital". Un derecho, que nace del espíritu que anima el art. 18 CE, pero que no se identifica con ninguno de los derechos allí reconocidos, ni con algún mandato contenido en el precepto.

3. EL ORIGEN DEL DERECHO Y SU NECESIDAD. DE LA INTIMIDAD INFORMÁTICA AL ENTORNO VIRTUAL

Antes de aprobarse la mencionada reforma legal, la práctica ya había suscitado la pregunta acerca de qué hacer cuando, autorizada judicialmente una entrada registro en un domicilio constitucionalmente inviolable, se capturaban, gravaban o accedían a informaciones contenidas en dispositivos electrónicos, incluidas las comunicaciones con terceras personas e, incluso, datos personales, singularmente, aquellos legalmente clasificados como sensibles. Jurídicamente, la primera de las cuestiones a resolver consistía en determinar si la autorización de entrada y registro domiciliarios, también cubría la injerencia en comunicaciones o informaciones contenidas en dispositivos electrónicos de procesado o almacenamiento de datos -y no solo personales-, cuya reserva, por motivos de privacidad, debía considerarse jurídicamente protegida.

Por tanto, la hipótesis se planteaba como si se estuviese ante un registro (el de los dispositivos electrónicos) dentro de un registro (el domiciliario). Esta circunstancia descartó la idea de que los dispositivos o soportes digitales pudiesen ser considerados, por sí mismos, como una suerte de domicilios digitales adicionales, lo que no resultaría del todo irrazonable atendiendo a la amplitud de su noción constitucional: "el domicilio inviolable es un espacio en el cual el individuo vive sin estar sujeto necesariamente a los usos y convenciones sociales y ejerce su libertad más íntima" (STC 22/1984 (TOL79.311))[2].

La jurisprudencia de los jueces y tribunales del orden penal, consciente de la trascendencia de las informaciones conteni-

---

[2] Las horas que una persona "vive" cada día delante de un ordenador (en videoconferencias, enviando y recibiendo correos, buscando información en internet, utilizando programas o gestionando sus redes sociales) son horas de privacidad muy semejantes a la "vida" que protege el domicilio constitucional, porque en ellas también ejerce, con carácter general su "libertad más íntima". La Sala Segunda del Tribunal Supremo, en su sentencia 329/2016, de 20 de abril (**TOL5.699.240**), ha considerado que la inviolabilidad del domicilio también se vulnera cuando se realizan observaciones no autorizadas de lo que acontece en su interior, utilizando sistemas de vigilancia y grabación a distancia. Pues bien, una vez "descosificado" el concepto de domicilio, la idea de un domicilio virtual, aplicable, por extensión a los dispositivos electrónicos de almacenamiento e intercambio de información, no parece una alternativa descabellada, aunque siempre es posible afinar la elección del derecho fundamental y establecer eventuales diferencias de propósito entre la vida "domiciliaria" y "la vida en la red". La primera es una vida "espacial", "recogida", a la que el domicilio sirve de protección y refugio. La segunda, en cambio, es una vida "hacia afuera" que busca la interacción y genera identidad. Estar ante el ordenador no es lo mismo que estar en casa.

das en tales soportes y dispositivos (tanto por el valor de los datos directos, como por el de los metadatos que se podían extraer) diferenció entre ambas clases de intervenciones (la domiciliaria y la realizada sobre los dispositivos electrónicos), declarando que la autorización de entrada y registro domiciliaria no era suficiente para dar cobertura jurídica al registro de los dispositivos electrónicos que se encontrasen en el domicilio intervenido. Por consiguiente, se diferenció entre la inviolabilidad del domicilio y la "intimidad informática", es decir, una faceta especializada del derecho a la intimidad referida al conjunto de informaciones personales contenidas en dispositivos electrónicos, reservadas para sí por una persona y protegidas frente a los demás. Este último concepto fue consecuencia de una operación de reciclaje doctrinal, pues, con anterioridad, esa misma expresión se había utilizado para referirse, sin éxito, a lo que hoy conocemos como derecho a la protección de datos personales. Sin duda, en este aprovechamiento léxico ha tenido mucho que ver el hecho de que el Tribunal Constitucional considerase que la información digital contenida en tales dispositivos era una manifestación del derecho a la intimidad[3] y que el Tribunal Europeo de Derechos Humanos (TEDH)

---

[3] Por todas, *vid.* la STC 173/2011, de 17 de abril, FJ 3 (asunto Trabajo Rueda) (TOL2.288.705), donde expresamente se dice que: "no hay duda de que los datos personales relativos a una persona individualmente considerados, (…) están dentro del ámbito de la intimidad constitucionalmente protegido, menos aún pueda haberla de que el cúmulo de la información que se almacena por su titular en un ordenador personal, entre otros datos sobre su vida privada y profesional (en forma de documentos, carpetas, fotografías, vídeos, etc.) —por lo que sus funciones podrían equipararse a los de una agenda electrónica—, no sólo forma parte de este mismo ámbito, sino que además a través de su observación por los demás pueden descubrirse aspectos de la esfera más íntima del ser humano.(…) Por ello deviene necesario establecer una serie de garantías frente a los riesgos que existen para los derechos y libertades públicas, en particular la

haya ubicado el registro de dispositivos digitales en el ámbito del derecho al respeto a la vida privada y familiar del art. 8 del CEDH (TOL164.153).

Obviamente, dichos dispositivos electrónicos no siempre se hallan en el domicilio de la persona investigada, por lo que resultaba imprescindible determinar si también en esos otros casos se requería, por analogía, una específica autorización judicial para poder intervenir, acceder, grabar o volcar sus contenidos a los efectos de la investigación llevada a cabo en un proceso penal[4]. La exigencia de una autorización judicial adquiría de este modo cierta autonomía funcional. Aunque el derecho a la intimidad no contempla la garantía de la autorización judicial previa para acceder a esa información digital, calificada de íntima, se consideró pertinente exigirla tal y como se requiere cuando el soporte o dispositivo se halla en un domicilio constitucionalmente protegido.

El cambio jurídico así operado, sin cuestionar ahora su necesidad y conveniencia, se aproxima a un salto en el vacío. En efecto, la intrusión en la intimidad de una persona hace referencia a la injerencia directa, incluso, física, en un "ámbito propio y reservado frente a la acción y el conocimiento de los demás" (STC 143/1994, FJ 6 (TOL82.549)). Por eso, el derecho a la intimidad acostumbra a proyectarse sobre el cuerpo de las personas, sus relaciones sexuales, sus ámbitos más estrechos de convivencia (intimidad familiar) y suele entrar en conflicto con las libertades de expresión e información. En la gran mayoría de esos ámbitos, la autorización judicial previa es una garantía secundaria, porque lo que persigue el derecho fundamental a la intimidad es reaccionar frente al acto invasivo, sin

---

intimidad personal, a causa del uso indebido de la informática así como de las nuevas tecnologías de la información".

4 Así lo establecen los vigentes arts. 588 sexies a y 588 sexies b, de la LECrim (TOL214.466).

preocuparse por el eventual valor probatorio de su resultado. Sin embargo, en la llamada "intimidad informática", lo relevante no es impedir la intromisión del poder público, sino asegurar, en el proceso penal, la nulidad de la información digital que se hubiese obtenido, sin la previa autorización del juez.

En este sentido, interesa recordar que en la STC 70/2002, FJ 10 (TOL258.605), se advertía que, existiendo un interés constitucional objetivo y "ante la falta de reserva constitucional a favor del Juez, la ley puede autorizar a la policía judicial para la práctica de inspecciones, reconocimientos e incluso de intervenciones corporales leves, siempre y cuando se respeten los principios de proporcionalidad y razonabilidad". En una línea muy similar, el Tribunal Federal de Justicia alemán (*Bundesgerichtshof*), declaró inadmisible, a efectos penales, la utilización de troyanos que permitiesen un acceso y registro *online* de la información digital de las personas investigadas, no por haberse empleado sin la previa autorización judicial, sino, por carecer de una base legal suficientemente determinada[5]. Por tanto, no tiene por qué producirse un automatismo entre el derecho a la intimidad y la garantía de la autorización judicial previa, a no ser que así lo haya expresamente dispuesto la constitución o el legislador.

Con todo, esta configuración del derecho, como faceta especializada del derecho a la intimidad, se encontraba con otros retos adicionales que dificultaban su supervivencia como derecho independiente. En efecto, en muchas ocasiones el registro de dispositivos electrónicos conlleva el riesgo de vulnerar el derecho a la protección de datos personales (18.4 CE) o a la libertad de las comunicaciones (art. 18.3 CE) que cuentan con sus particulares garantías no subsumibles, sin más, en la necesaria autorización previa concedida por un juez. El derecho a la inti-

---

5 Sentencia de 31 de enero de 2007, Bundesgerichtshof, BGHSt, 51, p. 211.

midad no ofrecía una protección constitucional capaz de absorber por ósmosis las garantía que la Constitución y el legislador han previsto para otros derechos cuya naturaleza y objeto son distintos. Recordemos el esfuerzo pedagógico desplegado por el Tribunal Constitucional en su STC 292/2000 (TOL2.772) con el fin de diferenciar entre la intimidad y el derecho a la protección de datos personales, o las notorias diferencias entre estos derechos y el secreto de las comunicaciones. Sin embargo, en el registro de dispositivos electrónicos pueden encontrarse manifestaciones de todos esos derechos, por lo que haría falta contar con autorizaciones judiciales específicas e independientes para cada uno de ellos.

La necesidad de defender esta dimensión virtual de la personalidad y el mosaico de las informaciones consideradas por cada persona como privadas, frente al acceso y registro por los poderes púbicos de dispositivos electrónicos, motivó la búsqueda judicial de un mejor anclaje constitucional y, ante la falta de ley, de una garantía jurídica cuyo incumplimiento produjese la nulidad, a efectos probatorios, de las informaciones indebidamente obtenidas. Al examinarse esta cuestión desde las particulares necesidades jurídicas del proceso penal, la garantía del derecho no podía ser otra que la de la previa autorización judicial para acceder y registrar. Este enfoque puramente procesal trajo consigo, además, una segunda consecuencia derivada de los principios de simplificación y economía del proceso: poder conceder las distintas autorizaciones en una sola resolución y con un tratamiento unitario.

Este fue el propósito claramente perseguido por la STS 342/2013, de 17 de abril, en la que se encuentra la primera manifestación inequívoca de este nuevo derecho al entorno virtual:

> "El acceso de los poderes públicos al contenido del ordenador del imputado, no queda legitimado a través de un acto unilateral de las fuerzas y cuerpos de seguridad del Estado (...) En el ordenador coexisten, es cierto, datos técnicos y datos personales susceptibles de protección constitucional en el ámbito

> del derecho a la intimidad y la protección de datos (...). Pero su contenido también puede albergar -de hecho, normalmente albergará- información esencialmente ligada al derecho a la inviolabilidad de las comunicaciones (...) En consecuencia, el acceso a los contenidos de cualquier ordenador por los agentes de policía ha de contar con el presupuesto habilitante de una autorización judicial".

El enlace ("En consecuencia") que vincula las dos premisas del anterior razonamiento no es del todo consistente y, además, olvida que la principal garantía de los derechos afectados no es la judicial, sino la de la previa existencia de una ley con "calidad" regulatoria suficiente. Además, el hecho de que pueda afectarse al secreto de las comunicaciones no es un buen apoyo argumental, pues para ello bastaría con que el juez autorizase su examen, sin que esa autorización tenga que proyectarse, necesariamente y por tal motivo, sobre los demás contenidos del ordenador registrado.

El domicilio es "violable" por un poder público y las comunicaciones se quedan sin "secreto" si así lo autoriza un juez. En ambos casos, la intervención del juez no persigue proteger el derecho en contra de la voluntad de sus titulares, sino permitir una investigación en ámbitos personales constitucionalmente reservados y asegurar la validez incriminatoria de la prueba, en su caso, obtenida. Pero, con la Constitución en la mano, la intimidad y la protección de datos personales no son derechos constitucionales pensados para ser "violables" por el juez, porque lo esencial de sus contenidos se despliega en un ámbito extraprocesal. Son derechos cuya vida discurre, habitualmente, fuera de las investigaciones derivadas del ejercicio del *ius puniendi* del Estado y, por tanto, son derechos mucho más resistentes a la injerencia autorizada por el juez.

Si la existencia de una base legal de calidad es condición imprescindible para que la injerencia en el domicilio o en las comunicaciones sea constitucionalmente aceptable, con mayor razón, rigor y nivel de exigencia habrá de serlo, cuando se trate de estos dos últimos derechos, para los que la Constitución no prevé expresamente la posibilidad de la autorización judicial previa. En ellos, la garantía de la libertad es la ley y no el juez (a no ser que la ley así lo disponga).

Quiero con ello decir que el razonamiento judicial anteriormente reproducido, debió desembocar en una declaración de lesión de los derechos fundamentales concernidos por ausencia manifiesta de base legal regulatoria y no en la justificación de su licitud por haberse practicado el registro del ordenador con una previa autorización del juez. En efecto, para la Sentencia:

> "(...) lo cierto es que tanto desde la perspectiva del derecho de exclusión del propio entorno virtual, como de las garantías constitucionales exigidas para el sacrificio de los derechos a la inviolabilidad de las comunicaciones y a la intimidad, la intervención de un ordenador para acceder a su contenido exige un acto jurisdiccional habilitante. Y esa autorización no está incluida en la resolución judicial previa para acceder al domicilio en el que aquellos dispositivos se encuentran instalados. De ahí que, ya sea en la misma resolución, ya en otra formalmente diferenciada, el órgano jurisdiccional ha de exteriorizar en su razonamiento que ha tomado en consideración la necesidad de sacrificar, además del domicilio como sede física en el que se ejercen los derechos individuales más elementales, aquellos otros derechos que convergen en el momento de la utilización de las nuevas tecnologías.
>
> (...) Son muchos los espacios de exclusión que han de ser garantizados. No todos ellos gozan del mismo nivel de salvaguarda desde la perspectiva constitucional. De ahí, la importancia de que la garantía de aquellos derechos se haga efectiva siempre y en todo caso, con carácter anticipado, actuando como verdadero presupuesto habilitante de naturaleza formal" (FJ 8).

Absolutamente de acuerdo. Ocurre, que esa "garantía anticipada" de los derechos se llama ley y no autorización judicial previa, como, sin embargo, concluyó la Sentencia:

> "Y es que, más allá del tratamiento constitucional fragmentado de todos y cada uno de los derechos que convergen en el

> momento del sacrificio, existe un derecho al propio entorno virtual. En él se integraría, sin perder su genuina sustantividad como manifestación de derechos constitucionales de *nomen iuris* propio, toda la información en formato electrónico que, a través del uso de las nuevas tecnologías, ya sea de forma consciente o inconsciente, con voluntariedad o sin ella, va generando el usuario, hasta el punto de dejar un rastro susceptible de seguimiento por los poderes públicos. Surge entonces la necesidad de dispensar una protección jurisdiccional frente a la necesidad del Estado de invadir, en las tareas de investigación y castigo de los delitos, ese entorno digital".

Insisto. La "protección necesaria" es la legislativa y no la judicial. En efecto, siempre que no sean comunicaciones, el legislador podría permitir en ciertos casos y bajo condiciones estrictas, el acceso a datos contenidos en dispositivos electrónicos, sin necesidad de contar con una autorización judicial previa. Además, la ponderación de las razones que justifican esta intervención múltiple de derechos relacionados con la privacidad, corresponde exclusivamente al legislador, quien ha de identificar los sujetos legitimados, la pertinencia, intensidad y proporcionalidad de la intromisión, regular el procedimiento para su ejecución y los límites y garantías jurídicas que condicionan su práctica, así como las procedentes medias de aseguramiento, protección y custodia. Ni la ponderación del juez puede gravitar sobre el vacío normativo, ni la proporcionalidad que debe condicionar la intervención puede dejarse a la libre valoración judicial.

A pesar de ello, la ausencia de ley, en lugar de llevar directamente a una lesión del derecho y la nulidad del material incriminatorio incautado, condujo a una fórmula de relleno judicial del vacío legal: la creación, por analogía, de un nuevo derecho, carente de base de legal: el derecho al entorno digital[6].

6 La literatura nacida en torno a este nuevo derecho es tan abundante como creciente y, además refleja una posición mayoritariamente fa-

La LO 13/2015, vino a poner orden en esta situación, aportando la base legal necesaria para esta clase de intervención judicial, permitiendo que en una sola resolución pudiesen convivir todas las autorizaciones judiciales imprescindibles para acceder y registrar los dispositivos electrónicos de una persona, y que las informaciones así obtenidas pudiesen ser tenidas como pruebas incriminatorias válidamente obtenidas, volcadas y custodiadas.

Por tanto, se facilitaba, bajo el cumplimiento de determinadas condiciones legales, que mediante una sola autorización judicial fuese posible entrar y registrar un domicilio inviolable, así como los dispositivos electrónicos y soportes digitales que se encontrasen en él, accediendo a las informaciones conte-

---

vorable al proceso de gestación del mismo. En ese sentido, pueden verse, DELGADO MARTIN, J., "La prueba electrónica en el proceso penal", *Diario La Ley,* num. 8167, Sección Doctrina, 10 de octubre, 2013 e "Investigación del entorno virtual: el registro de dispositivos digitales tras la reforma por la LO 13/2015", Diario La Ley, núm. 8693, Sección doctrina, 2016, 3; BACHMAIER WINTER, L., "Registro remoto de equipos informáticos y principio de proporcionalidad en la Ley Orgánica 13/2015", *Boletín del Ministerio de Justicia,* 71, núm. 2195, 2017; ESPÍN LÓPEZ, I., "Los derechos fundamentales a la vida privada afectados por la investigación tecnológica y el fenómeno del entorno virtual", *Boletín del Ministerio de Justicia,* año 75, núm. 2244, 2021; GONZÁLEZ-CUÉLLAR SERRANO, N., "Garantías constitucionales de la persecución penal en el entorno digital", en *Derecho y Justicia Penal en el Siglo XXI,* Colex, Madrid, 2006, p. 903 y ss.; MARCHENA GÓMEZ, M., "La reforma de las diligencias de investigación limitativas de los derechos reconocidos en el art. 18 de la CE. Proceso penal y nuevas tecnologías", en *La reforma de la Ley de Enjuiciamiento Criminal en 2015,* Ediciones Jurídicas Castillo de Luna, Madrid, 2015, pp. 287 y ss.; RODRÍGUEZ LAINZ, J.L., "Sobre el concepto de alcance de la medida de injerencia tecnológica en la Ley Orgánica 13/2015", en *La nueva norma procesal penal. Derechos fundamentales e innovaciones tecnológicas,* Tirant lo Blanch, Valencia, 2019; López Feria, A., "El derecho al entorno digital", *Revista Española de derecho militar,* núm. 118, 2020, 167-215.

nidas en ellos, incluidas comunicaciones y datos de carácter personal. Esta acción de injerencia combinada de los poderes públicos sobre derechos fundamentales distintos y a través de una única resolución judicial, mal se avenía al concepto, muy estrecho, de intimidad informática, por lo que la jurisprudencia penal comenzó a utilizar para estos casos la expresión "derecho fundamental al entorno virtual".

4. SOBRE LA NATURALEZA JURÍDICA DEL DERECHO AL ENTORNO DIGITAL

Este pretendido derecho fundamental, creado a partir de los derechos fundamentales del art. 18 CE y de las novedades regulatorias introducidas por la LO 13/2015 en la LECrim, presenta algunas características que lo diferenciarían de cualquier otro, con independencia de la original fuente que lo ha hecho nacer. Estamos ante:

a) Un derecho generado por "confusión", ya que surge de la alteración de la individualidad de otros derechos.

b) Un derecho mimético, porque su contenido es importado de los derechos del art. 18 CE.

c) Un derecho de "efecto paraguas", en el sentido de que ofrece una cobertura jurídica unitaria para i) los derechos previstos en el art. 18 CE que consienten la injerencia de un poder público, siempre que medie una previa autorización judicial y ii) el derecho a la integridad de la información que se encuentre en dispositivos electrónicos. Se trata, en definitiva, de dar un tratamiento procesal común a derechos distintos.

d) Un derecho de una sola cara, vinculado al proceso penal. La LECrim no es una ley de desarrollo de un (inexistente) derecho, sino la ley de la que hermenéuticamente se habría inferido el derecho.

e) Un derecho de contenido único: la necesidad de autorización judicial previa.

f) Y, por último, un derecho fundamental no constitucionalizado.

A partir de estos rasgos cabe preguntarse si nos encontramos ante un nuevo derecho o más bien, ante una garantía jurisdiccional susceptible de ser compartida por todos los derechos del art. 18 CE y aplicable a supuestos en los que la investigación penal requiere de la voladura controlada del principio de integridad de la información y de las comunicaciones privadas de una persona. El tratamiento unitario de varias autorizaciones judiciales previas para legitimar la injerencia de un poder público en esferas de privacidad constitucionalmente protegidas, no comporta, en puridad, la aparición de un nuevo derecho fundamental distinto de los ya existentes, sino la regulación de una garantía procesal de contenido polivalente y formalmente única. En puridad, la jurisprudencia penal ha denominado "derecho" a lo que solo es el objeto ("entorno digital") sobre el que se proyectan las garantías procesales introducidas por la LO 13/2015 y, en particular, la autorización judicial previa requerida para acceder y registrar dispositivos electrónicos. Las tecnologías de la información han introducido problemas jurídicos inesperados y no previstos por el legislador que, en muchos casos, requieren de soluciones adaptativas e imaginativas. Pero, de ahí a crear la etiqueta de un nuevo derecho y, además, fundamentalizarlo hay una enorme distancia. La protección del entorno digital de una persona la dispensan los derechos a la intimidad, a la libertad de comunicaciones y a la protección de los datos personales. El establecimiento de una autorización judicial formalmente única, en la que se justifique de forma individualizada la razonabilidad, necesidad y proporcionalidad de la injerencia en cada uno de los derechos afectados es, sin duda, una buena idea desde el punto de vista de la economía del proceso y las garantías jurisdiccionales de los derechos fundamentales. Una buena idea que deja de serlo, cuando se pretende crear, desde los estrechos márgenes de la jurisdicción penal, un derecho fundamental de nuevo cuño.

5. INSUFICIENCIAS Y PARADOJAS

Crear, judicialmente y por necesidad, un derecho, que opere en el proceso como si fuese fundamental, es una opción jurídica repleta de inconvenientes, aunque el legislador le haya conferido, finalmente, cobertura legal.

Al tratarse como derecho lo que solo es una garantía procesal vinculada a la investigación penal, resulta inevitable preguntarse acerca de si también es aplicable a otros ámbitos de la jurisdicción, singularmente en el orden contencioso-administrativo. Para ejercer sus potestades inspectoras y sancionadoras, las Administraciones públicas pueden practicar registros domiciliarios siempre que estos hubiesen sido previamente autorizados por sus titulares o por el órgano judicial competente. Así lo establece el art. 8.6 de la LJCA, reformado por la Ley 11/2021, de 9 de julio (TOL257.547)[7]. Ahora bien, esta previ-

---

7 Ley 11/2021, de 9 de julio, de medidas de prevención y lucha contra el fraude fiscal, de transposición de la Directiva (UE) 2016/1164, del Consejo, de 12 de julio de 2016 (TOL5.776.471), por la que se establecen normas contra las prácticas de elusión fiscal que inciden directamente en el funcionamiento del mercado interior, de modificación de diversas normas tributarias y en materia de regulación del juego. El solo nombre de la ley da cuenta de su naturaleza de norma "cajón de sastre fiscal". La exposición de motivos de esta ley justifica la modificación del redactado del art. 8.6 de la LJCA del modo siguiente: "A la luz de la última doctrina jurisprudencial del Tribunal Supremo se incluyen algunas modificaciones de alcance exclusivamente procedimental en la Ley General Tributaria y en la Ley 29/1998, de 13 de julio, reguladora de la Jurisdicción Contencioso-administrativa, que, sin afectar al contenido del derecho fundamental a la inviolabilidad del domicilio a ni a las garantías de control judicial, clarifican el régimen de autorización de entrada en el domicilio del obligado tributario...". Pues bien, la dispar regulación del vigente art. 8.6 afecta al concepto constitucional de domicilio (¿terrenos, transportes?), no se refiere exclusivamente al obligado tributario y, oscurece, en lugar de clarificar, el régimen de autoriza-

sión legal se circunscribe a la entrada en “domicilios y restantes lugares cuyo acceso requiera el consentimiento de su titular”. Cierto es que, cuando la autorización de entrada la hubiese solicitado la Comisión Nacional de los Mercados y la Competencia (CNMC) el objeto se amplía a “locales, terrenos y medios de transporte” y, que cuando la solicitud ha sido realizada por la Administración tributaria, la entrada y registro se limita a “domicilios y otros lugares constitucionalmente protegidos”.

En un solo precepto, el legislador utiliza tres fórmulas distintas para acotar el ámbito de privacidad susceptible de ser intervenido por la Administración, si cuenta con la correspondiente autorización judicial previa. La primera y segunda de las fórmulas utilizadas pueden estimarse jurídicamente análogas (“lugares cuyo consentimiento requiera el consentimiento de su titular”/”lugares constitucionalmente protegidos”), pero, desde luego, los “terrenos y medios de transporte” parecen espacios de muy difícil asimilación a la noción constitucional de domicilio, hasta el punto de que las autoridades medioambientales pueden inspeccionar “terrenos” y las de seguridad y movilidad “transportes”, sin necesidad de autorización judicial previa.

Además, cuando son la CNMC y la Administración tributaria las que se dirigen al juez, éstas han de acreditar que, previamente, han solicitado al titular el acceso al ámbito de privacidad constitucionalmente protegido y que éste se ha opuesto a ello o, alternativamente, que “exista riesgo de tal oposición”, concepto jurídico indeterminado de muy difícil valoración, pues, ejercer un derecho, nunca puede considerarse como un riesgo para facilitar su “vulneración”, aunque ésta sea judicialmente consentida.

---

ción judicial. Si lo que se perseguía era permitir que la autorización judicial pudiese otorgarse en investigaciones preliminares la nueva redacción resulta a todas luces desafortunada.

Colocando a un lado las dificultades hermenéuticas que suscita el art. 8.6 LJCA, no parece discutible que la autorización judicial a la que se refiere -con mayor o menor grado de acierto- es la constitucionalmente exigida para entrar y registrar un domicilio constitucional. Ya hemos visto y explicado por qué ni el legislador ni la jurisdicción han considerado que los dispositivos electrónicos puedan ser calificados como "domicilios adicionales" o como una extensión del domicilio. Por tanto, aunque el legislador haya subsanado la falta de regulación para acceder a la información digital contenida en dispositivos electrónicos en el contexto del proceso penal, es evidente que no lo ha hecho en el caso de los procedimientos administrativos de inspección.

Esta constatación adquiere especial relevancia respecto del asunto que ahora nos ocupa. Si consideramos que la protección jurídica del entorno judicial frente a eventuales injerencias de los poderes públicos se sustancia mediante una específica garantía procesal introducida por el legislador en la LECrim la respuesta no parece complicada: la falta de base legal supone que cualquier acceso a esa información vulnera el derecho a la intimidad y, en su caso, el secreto de las comunicaciones y la protección de los datos personales. Las garantías procesales no son susceptibles de interpretaciones analógicas porque han de encuadrarse en la sistemática propia de cada proceso y en la naturaleza de cada jurisdicción. Así, la entrada y registro domiciliarios en el ámbito de una investigación penal requiere de la presencia de un fedatario público independiente (Letrado de la Administración de Justicia) mientras que su presencia no es exigible en aquellas diligencias de similar naturaleza que se realizan en el seno de procedimientos administrativos de inspección. Del mismo modo, la autorización judicial para interceptar o acceder al contenido de comunicaciones privadas solo podrá concederse cuando la investigación esté relacionada con la comisión de delitos dolosos castigados con pena superior a los tres años de prisión, delitos cometidos en el seno de una organización criminal o de terrorismo [art. 588 ter a) CP] y, sin embargo -primera paradoja- no está legalmente limitada cuando se trata de hechos investigados en un simple procedimiento administrativo de inspección.

Si entendemos, que la falta de autorización judicial para interceptar comunicaciones privadas en el ámbito de la jurisdicción contencioso-administrativa significa, sencillamente, la imposibilidad constitucional de hacerlo, nos enfrentamos a dos serios problemas: por un lado, el hecho de que la Constitución garantiza el secreto de las comunicaciones "salvo resolución judicial", lo que supone que no solo puede acordarla el juez penal, sino también cualquier otro juez; por otro lado, la imposibilidad técnica de que pueda existir una garantía judicial unitaria para los derechos fundamentales del art. 18 CE, pues si no es constitucionalmente lícito interceptar comunicaciones en el ámbito de los procedimientos administrativos de investigación, (como tampoco es posible para el esclarecimiento de determinados delitos) entonces, solo cabe concluir que, en las investigaciones administrativas no es posible dictar una autorización de acceso a la información contenida en un dispositivo electrónico, ya que, buena parte de esa información consistirá en comunicaciones privadas (correos electrónicos, interacciones en red…).

Aunque, a mi juicio, estos reparos pueden remediarse mediante una buena regulación legal, su ausencia, ha abocado a una segunda alternativa. Entender que no estamos ante una garantía procesal paraguas, sino ante un genuino derecho fundamental de nueva generación, en coincidencia con la línea argumental sostenida por la jurisprudencia de la Sala Segunda del Tribunal Supremo. Si la protección del entorno digital de la persona es un derecho que, como otros muchos derechos fundamentales, se erige en límite infranqueable para los poderes públicos, salvo autorización del juez, no resulta especialmente dificultoso defender, aunque no exista regulación legal específica, su fundamento constitucional y aplicar después, por analogía y en todo lo que resulte jurídicamente adecuado, las previsiones regulatorias establecidas en la LECrim a otros contextos normativos.

Como fácilmente se podía intuir, esta segunda línea de interpretación fue la seguida por la Sala Tercera del Tribunal Supremo. El derecho fundamental al entorno digital encontraba, así, un segundo aliado en su proceso de gestación.

6. EL ACCESO A LA INFORMACIÓN DIGITAL EN LA JURISPRUDENCIA CONTENCIOSO-ADMINISTRATIVA

La aplicación directa de la Constitución no se detiene por la ausencia de ley. Es cierto. Pero, la falta de ley no permite crear Constitución y convertir al juez en un poder constituyente de circunstancia. Si no existiese alguna norma procesal que regulase la autorización judicial para entrar en un domicilio o interceptar comunicaciones, la aplicación directa de la Constitución permitiría al juez presumir su regulación. No tengo duda de ello. La literalidad de los apartados 2 y 3 del art. 18 CE lo habilita de forma inequívoca. Pero, por la misma razón, el juez carece de sustento constitucional para aplicar esa garantía procesal al derecho a la intimidad o la protección de datos personales. La Constitución no dispone que la autorización judicial habilite a los poderes públicos para invadir la intimidad de las personas en contra de su voluntad o para acceder y tratar sus datos personales sin su consentimiento. Por tanto, su aplicación directa gira, en este caso, en el vacío[8]. No

---

8 No pretendo sostener que el derecho fundamental a la intimidad no pueda aplicarse directamente y sin necesidad de ley cuando entra en conflicto con otros bienes constitucionales o derechos fundamentales (libertad de expresión, derecho de información, investigación del delito...). El juez puede salir en defensa de la intimidad de una persona frente a la actuación de un poder público que concul-

todos los derechos fundamentales pueden "vulnerarse" si media una previa autorización judicial y, de hecho, alguno de esos derechos tiene por razón de ser defenderse de los jueces (art. 24 CE). Precisamente por ello, debe evitarse una aplicación extensiva de la doctrina asentada por el Tribunal Constitucional en la STC 49/1999 (TOL81.121). Allí se declaró que la insuficiencia de ley no constituía una "vulneración autónoma" de los derechos fundamentales que implique, por sí misma, la ilegitimidad constitucional de la actuación del juez (FJ 5). En primer lugar, porque en aquella Sentencia el derecho fundamental pretendidamente conculcado era el relativo al secreto de las comunicaciones, para el que está constitucionalmente prevista la autorización judicial previa, mientras que en el caso del acceso y registro de dispositivos electrónicos el derecho fundamental principalmente afectado es el de la intimidad personal y familiar para el que la Constitución no contempla aquella modalidad autorizada de injerencia bajo control judicial. Y, en segundo lugar, porque participo plenamente de lo afirmado por el Magistrado Cruz Villalón en su Voto particular a aquella Sentencia:

---

que su intimidad, anulando el acto o la resolución causante de la lesión, aunque no exista una específica regulación legal. Esto es algo que me parece indiscutible. Pero, el juez no puede "sanar" constitucionalmente la vulneración de un derecho fundamental por parte de un poder púbico si esa posibilidad no está prevista expresamente en la Constitución o en ley. La autorización judicial para la entrada en un domicilio o la interceptación de comunicaciones no persigue evitar la vulneración del derecho, sino justificarla, legitimando la injerencia del poder público y salvaguardando la validez probatoria de los materiales o las informaciones intervenidas. La autorización judicial no ampara la injerencia de los poderes públicos en todos los derechos fundamentales. Solo en aquellos para los que existe una previsión constitucional o, en su defecto, legal.

> "no comparto la idea de una especie de vulneración calificada de "autónoma e independiente de cualquier otra" del derecho fundamental determinada por las carencias en la calidad de la ley que, sin embargo, pueden ser, por así decir, posteriormente "neutralizadas" por medio de una actuación judicial particularmente respetuosa del derecho fundamental en cuestión (fundamento jurídico 5º). Desde luego, no es ese el modo de operar del T.E.D.H. en los casos Huvig, Kruslin y Valenzuela, donde la sola constatación de estas carencias lleva a apreciar una transgresión del art. 8 C.E.D.H. Por lo que hace a nuestro ordenamiento constitucional, no creo que podamos decir que se ha vulnerado el derecho fundamental por la deficiencia de la ley y, sin embargo, afirmar que la lesión puede ser contrarrestada por el juez, pues las carencias de previsibilidad no son susceptibles de una subsanación ex post facto. La doctrina de los casos Huvig y Kruslin es que, mientras no se cubran las deficiencias de la ley, el T.E.D.H. seguirá apreciando vulneraciones del derecho fundamental (cosa distinta, pero no irrelevante, es que la reparación de esta vulneración, como en el caso Valenzuela, se considerase satisfecha con la sola declaración de la misma)" [apartado 3].

Pues bien, a pesar de la manifiesta falta de cobertura legal y constitucional, los jueces de lo contencioso-administrativo han seguido los pasos iniciados por los del orden penal, sin preocuparles la notoria diferencia en la entidad de los hechos investigados y que no existe en la LJCA nada parecido a la regulación introducida por la LO 13/2015 para el proceso penal. No es que la ley sea insuficiente o de baja calidad. Sencillamente, no hay ley. La única autorización judicial prevista en el orden contencioso-administrativo es la relativa a la entrada y registro domiciliarios. Sin embargo, tampoco en este ámbito jurisdiccional se optó, a diferencia de la establecido en la doctrina reiterada del TEDH o de lo resuelto por el Tribunal Constitucional Federal alemán[9], por declarar la vul-

[9] Me refiero a su conocida Sentencia de 27 de febrero de 2008, (BverfG, -1BvR 370/07 de 27 de febrero de 2008. Disponible on-

neración del derecho fundamental a la intimidad como consecuencia de haberse concedido una autorización judicial de inspección de dispositivos electrónicos sin existir base legal suficiente y adecuada.

Muy por el contrario, la Sala Tercera del Tribunal Supremo estimó que la falta de ley era un argumento que venía a reforzar la necesidad de requerir la previa autorización judicial en el acceso y captura de las informaciones digitales de las personas. El mundo al revés. Cuando una investigación tributaria o relativa a la defensa de la competencia fracasa, porque los poderes públicos no han podido acceder a determinadas fuentes de información protegidas por el derecho a la intimidad, debido a que el legislador no ha cumplido con su obligación, la lógica de la Constitución conduce a que aquél tenga que asumir su responsabilidad política ante los electores (garantía política de lo derechos) y no a que esa responsabilidad sea paliada y diluida en cada caso por el juez, aplicando una inexistente garantía procesal con el fin de salvaguardar la validez de la información indebidamente obtenida.

El compromiso constitucional del juez de lo contencioso-administrativo está con los derechos (art. 53 CE) y no con la persecución de los actos ilícitos. Esta última tarea corresponde fundamentalmente a las Administraciones públicas y es obligación del legislador establecer los presupuestos normativos y procesales necesarios para que la inspección y la investigación de conductas administrativas sospechosas de ilicitud puedan

---

line en http://www.bverfg.de/en/search.html) sobre registro electrónico *online*, en la que se declaró la insuficiencia de la ley autorizante y se creó, con fundamento en la cláusula general del art. 2.1 de la Constitución federal (libre desarrollo de la personalidad), el muy preciso y exigente derecho fundamental a "la garantía de la confidencialidad e integridad de los sistemas técnicos de información".

llevarse a cabo del modo y forma en que la satisfacción del interés público menoscabe en la menor medida posible la protección que dispensan los derechos fundamentales a sus titulares. Las condiciones de ejercicio de los derechos fundamentales y sus eventuales restricciones, solo se pueden imponer por la Constitución o la ley. Por eso, cuando alguna de estas normas consiente que los poderes públicos puedan infringir un derecho fundamental en aras a la salvaguarda de otro bien jurídicamente protegido (la lucha contra el fraude o las prácticas anticompetitivas), esperan del juez que pondere y valore si debe conceder o no la autorización que se le solicita con arreglo a los criterios establecidas por la Constitución o por la ley, en tanto que esta última es la expresión normativa de los representantes directos de los ciudadanos, cuyos derechos se verán afectados.

La idea de que la falta de ley para acceder y registrar dispositivos electrónicos no supone una lesión del derecho a la intimidad, porque esa ausencia puede subsanarse mediante la exigencia de una autorización judicial previa, ha hecho, sin embargo, fortuna, aunque implique trastocar, como ya hemos dicho, la protección constitucional dispensada a ese derecho.

En efecto, en la STS 1207/2023, de 29 de septiembre de 2023, la Sala Tercera del Tribunal Supremo (TOL9.731.143) declaró que:

> "dada, además, la afectación del contenido esencial de derechos fundamentales, debería existir una regulación, procedimental y sustantiva por ley orgánica (como lo ha sido la reforma de 2015 de la LECr) que no solo completase las muy embrionarias disposiciones sobre competencia y procedimiento que existen en nuestro ordenamiento positivo, sino que regulase de modo sustantivo los casos en que queda justificada la incidencia en un derecho fundamental, lo que afectaría no solo a las limitaciones legítimas de este, en aras de la consecución de un fin constitucionalmente válido, sino a las atribuciones de la Administración y los Tribunales de Justicia".

Añadiendo, consecuentemente que:

> "no hay una regulación expresa, estricta y completa de la autorización, en sede judicial administrativa, que regule la competencia, el procedimiento y las garantías precisas para conciliar la medida de intervención con los derechos fundamentales, tanto si se refieren a la autorización de entrada en domicilio -que al menos cuenta con una regulación incipiente en cuanto a competencia y procedimiento- como si aluden a otros derechos fundamentales -en cuyo caso, la autorización judicial se basaría en una atribución implícita (e insatisfactoria, pues) de competencia y procedimiento" (FD 4, apartado 4).

No se puede ser más claro. La falta de una adecuada regulación legal, no solo resta previsibilidad a las actuaciones de la Administración y genera desconocimiento e indefensión en la ciudadanía, que no puede ponderar el alcance cierto de la protección que le dispensan los derechos fundamentales respecto de la información guardada en su entorno digital, sino que además, obliga a los órganos judiciales a tener que adoptar decisiones para las que carece expresamente de competencia y de procedimiento, lo que les fuerza a tener que actuar mediante la extensión analógica de normas procedentes de otros contextos, como el penal, o referidas a otro tipo de diligencias judiciales. No existe, en nuestro país, una adecuada protección frente a las injerencias arbitrarias de los poderes públicos en el entorno digital de las personas y, ese vacío legal, también priva a los jueces -cuya jurisdicción viene determinada por la ley- de su función constitucional de garantía de tales derechos. Esta sola circunstancia, exclusivamente achacable al legislador, es motivo suficiente para apreciar, en supuestos como el presente, la vulneración de los derechos fundamentales al secreto de las comunicaciones y a la intimidad.

Sin embargo, recurriendo a su particular visión reparadora, concluyó que esa clamorosa inexistencia de ley se solventaba mediante la exigencia de autorización judicial previa para practicar dichos registros porque (segunda paradoja) "el respeto a los derechos fundamentales (con máximo nivel de protección constitucional) prima sobre el ejercicio de potestades administrativas, máxime ante la falta de una regulación legal completa, directa y detallada" (FD 6°).

7. EL PROTAGONISMO DEL JUEZ DE LOS DERECHOS Y EL LEGISLADOR INNECESARIO

El recién llegado derecho fundamental al entorno digital, que se resume, en puridad, en una garantía procesal cuyo fin consiste en favorecer la intervención de los poderes públicos en el ámbito de privacidad de las personas, se ha consolidado en la jurisprudencia del Tribunal Supremo con el inestimable impulso de una más que cuestionable jurisprudencia constitucional. Las consecuencias de esta alteración del orden natural de los derechos, no se han hecho esperar. Tomo como ejemplo una reciente Sentencia de la Sala de lo Contencioso-administrativo del Tribunal Superior de Justicia de Galicia, de 14 de noviembre de 2023 (Sentencia 677/2023), en la que se impugnaba el registro practicado por la administración tributaria en la clínica de un médico, accediéndose a toda la información digitalizada, incluidos los datos de salud de los pacientes.

La Sentencia reconoce expresamente que, al tiempo de solicitarse la entrada y el registro domiciliarios no existía un procedimiento de inspección ya abierto y notificado a la persona inspeccionada. Un requisito sin cuyo cumplimiento "el juez no podrá adoptar medida alguna en relación con la entrada en el domicilio constitucionalmente protegido" (por todas vid. la Sentencia de la Sala Tercera del Tribunal Supremo 1551/2022, de 10 de noviembre, FD° 5°) ni, siguiendo la inferencia analógica sobre la que descansa el derecho al entorno digital, tampoco aquellas autorizaciones judiciales que permitan el acceso a informaciones contenidas en los soportes y dispositivos electrónicos que conforman el entorno digital de la persona.

La Sala del TSJ era plenamente conocedora de esa jurisprudencia, pero consideró que ya no era de aplicación, tras la reforma del art. 8.6 LJCA operada por la Ley 11/2021, de 9 de julio. A su juicio, la nueva redacción del precepto obliga a un cambio interpretativo que conduce al abandono de la jurisprudencia hasta entonces recaída sobre este asunto. En efecto, en su redacción actual, el art. 8.6 LJCA dispone que:

> "Los Juzgados de lo Contencioso-administrativo conocerán también de las autorizaciones para la entrada en domicilios y otros lugares constitucionalmente protegidos, que haya sido acordada por la Administración Tributaria en el marco de una actuación o procedimiento de aplicación de tributos *aún con carácter previo a su inicio formal, cuando requiriendo dicho acceso el consentimiento de su titular, este se oponga a ello o exista riesgo de tal oposición"*.

Repárese en que el cambio normativo no es tan absoluto, como pretende el órgano judicial. En efecto, consciente el legislador de los riesgos que pueden producirse para la garantía de los derechos fundamentales, a raíz de la adopción de medidas cautelares administrativas o de resoluciones judiciales que autoricen, sin un mínimo de sustento, entradas y registros domiciliarias o injerencias no consentidas en el entorno digital de las personas, decidió no limitarse a señalar que la autorización judicial podrá acordarse "aún con carácter previo a su inicio formal" añadiendo, inmediatamente, la siguiente cautela: "cuando requiriendo dicho acceso el consentimiento de su titular, "este se oponga a ello o exista riesgo de tal oposición". Por tanto, a diferencia de la situación legal precedente, ahora es posible acordar judicialmente una entrada y registro solicitada por la Administración tributaria, incluso antes del inicio formal del procedimiento, siempre que quede debidamente acreditado que el obligado tributario no consintió previamente ese acceso interesado por la Administración o que, habiéndosele remitido por aquélla reiteradas solicitudes de información, no ha dado respuesta a tales requerimientos, lo que permite presumir que no consentirá la entrada y registro. Solo en estos casos puede constatarse, como exige el art. 8.6 de la LJCA, que el obligado tributario no "consintió" previamente o que "existe riesgo de tal oposición" y, únicamente, en esos dos supuestos es legalmente posible acordar judicialmente la entrada y registro del domicilio o el acceso a informaciones y datos pertenecientes al entorno digital de la persona "aún con carácter previo" al inicio del procedimiento.

Se desprende de todo ello, que el juez de lo contencioso-administrativo, ante una solicitud de entrada y registro en un domicilio, ha de comprobar previamente si existe un procedimiento de inspección abierto y, en caso de no concurrir ese presupuesto, constatar si la Administración tributaria ha acreditado suficientemente que el obligado tributario se ha negado a consentir la entrada y registro o que, en su caso, existían razones fundadas para entender que así lo haría. La carga probatoria de estos requisitos corresponde a la Administración solicitante y el juez sólo podrá atender la solicitud formulada en ausencia de procedimiento formalmente abierto, si alguno de tales extremos ha sido debidamente acreditado. De no ser así, sigue siendo de entera aplicación la jurisprudencia del Tribunal Supremo: "el juez no podrá adoptar medida alguna en relación con la entrada en el domicilio constitucionalmente protegido".

La correcta interpretación de este precepto no solo afecta a la protección de los derechos fundamentales concernidos, sino también, ante la falta de una regulación legal suficiente y de calidad (en el sentido exigido por la jurisprudencia del TEDH), al ejercicio por el juez de lo contencioso-administrativo de su función constitucional de garantía de tales derechos. Ante la ausencia de mejor ley, corresponde al juez motivar en su resolución si, no existiendo un procedimiento de inspección ya iniciado, concurre, o no, alguno de los dos condicionantes dispuestos en el art. 8.6 LJCA, de los que depende la pertinencia de la solicitud formulada.

La lectura fragmentada del art 8.6 LJCA que realizó la Sentencia, resulta especialmente desalentadora para la protección de los derechos fundamentales (inviolabilidad del domicilio, secreto de la comunicaciones, intimidad y protección de datos personales), puesto que el mencionado precepto es el único apoyo legal existente en nuestro ordenamiento jurídico en relación con la competencia y el procedimiento a seguir, en tales casos, por el juez de lo contencioso-administrativo.

Sin realizar una exégesis completa del art. 8.6 LJCA, la Sentencia optó por desconocer y eludir la importante cautela adicional introducida por el legislador, reduciendo, si cabe más, la muy escasa densidad normativa del único precepto legal que ofrece cobertura a la autorización solicitada por la Administración tributaria y, sobre todo, debilitando sin justificación ni motivación alguna, la protección jurídica que constitucionalmente corresponde a los citados derechos fundamentales. Si la falta de ley puede ser subsanada por la autorización del juez, éste también se siente liberado de atender sus contenidos, aunque sean mínimos. Pero no solo eso. Al sustituirse la concreción y el imprescindible criterio de proporcionalidad que corresponden al legislador por la libre ponderación del juez a partir de las circunstancias del caso, se olvida que tanto el derecho al secreto de las comunicaciones como el derecho a la intimidad, son derechos que ofrecen una protección formal, en el sentido de que la vulneración se produce por la sola injerencia en el ámbito constitucionalmente garantizado, siendo irrelevante, a estos efectos el contenido del mensaje o de la información protegida. Esto significa que no cabe alegar, como criterio para justificar la proporcionalidad de la medida judicial adoptada, que "solo se accedió a la información necesaria o imprescindible". El solo hecho de acceder en contra de la voluntad del titular del derecho sin autorización judicial, comporta una vulneración del derecho. O existían razones objetivas para autorizar el acceso a la información digital antes de llevar a cabo la correspondiente diligencia, o no existían, pero en ningún caso puede invocarse que solo se autorizó el acceso a aquellos contenidos protegidos por la intimidad de escaso impacto en la privacidad de la persona. El mayor o menor impacto sobre la intimidad puede servir como elemento para ponderar la magnitud del daño causado, pero nunca como un factor determinante de la existencia, o no, de la vulneración del derecho.

Otro tanto, podemos decir respecto del derecho a la protección de datos personales especialmente sensibles como los sanitarios. Como ha declarado la Sentencia del Tribunal Superior de Justicia de Canarias, de 4 de febrero de 2020, que expresamente recoge la violación del derecho a la intimidad de los pacientes cuando la Inspección de los Tributos accede a sus historias clínicas "en los casos en que la Administración tiene acceso a este tipo de documentación mediante el registro practicado en el domicilio del obligado tributario (profesional que atiende a los pacientes), incumple los principios de calidad de datos y de proporcionalidad recogidos en la LOPD", para concluir señalando que, "el acceso a los datos de la historia clínica con finalidad de control del cumplimiento de la normativa fiscal por los profesionales que atendieron al paciente no tiene cabida en las previsiones del artículo 7.3 de la LOPD (TOL6.933.570), salvo consentimiento expreso del afectado".

Y es que, a veces, el remedio bien intencionado es peor que la enfermedad. La falta de ley constituye una lesión grave y directa del derecho fundamental a la confidencialidad e integridad de la información contenida en dispositivos electrónicos, que el juez debe declarar. Si, en lugar de ello, se empeña en subsanar la situación apelando a una garantía procesal ideada para asegurar un propósito jurídicamente distinto (validar la prueba obtenida) el resultado es el que se acaba de describir: se crea un derecho fundamental que no es derecho, sino una garantía procesal de la prueba, y se marginan aquellos aspectos no procesales que constituyen el corazón de sus contenidos.

El juez no puede decidir si la injerencia de los poderes públicos en el privacidad e integridad de la información digital de las personas puede llevarse a cabo en relación con la eventual comisión de toda clase de sanciones administrativas, o solo cuando existan indicios fundados respecto de aquellas que sean consideradas como muy graves, como, de hecho, acontece en el ámbito penal, donde no todos los delitos habilitan al juez para autorizar la interceptación de las comunicaciones. Tampoco puede el juez fijar los criterios para salvaguardar la integridad de la información o, como acabamos de ver, para acceder, en su caso, a datos personales sensibles. Solo el legislador puede fijar esa clase de criterios. Solo él puede conformar los contenidos del derecho, cuya vida no se circunscribe al ecosistema enclaustrado de la jurisdicción y el proceso.

Sin embargo, el ya considerado como derecho al entorno digital, con todas sus inexactitudes y defectos ya se ha ganado un nombre, y mucho me temo que el legislador de los derechos fundamentales seguirá sin tomarse en serio su tarea.

La ecuación nuevas tecnologías *ergo* nuevos derechos, ni siempre es cierta, ni siempre es necesaria. Antes de bautizar derechos toda prudencia es poca.

8. BIBLIOGRAFÍA

BACHMAIER WINTER, L., "Registro remoto de equipos informáticos y principio de proporcionalidad en la Ley Orgánica 13/2015", *Boletín del Ministerio de Justicia,* 71, núm. 2195, 2017

DELGADO MARTIN, J., "La prueba electrónica en el proceso penal", *Diario La Ley,* num. 8167, Sección Doctrina, 10 de octubre, 2013.

–– "Investigación del entorno virtual: el registro de dispositivos digitales tras la reforma por la LO 13/2015", Diario La Ley, núm. 8693, Sección doctrina, 2016.

ESPÍN LÓPEZ, I., "Los derechos fundamentales a la vida privada afectados por la investigación tecnológica y el fenómeno del entorno virtual", *Boletín del Ministerio de Justicia*, año 75, núm. 2244, 2021.

GONZÁLEZ-CUÉLLAR SERRANO, N., "Garantías constitucionales de la persecución penal en el entorno digital", en Derecho y Justicia Penal en el Siglo XXI, Colex, Madrid, 2006, pp. 903 y ss.

López Feria, A., "El derecho al entorno digital", *Revista Española de derecho militar*, núm. 118, 2020, 167-215.

MARCHENA GÓMEZ, M., "La reforma de las diligencias de investigación limitativas de los derechos reconocidos en el art. 18 de la CE. Proceso penal y nuevas tecnologías", en *La reforma de la Ley de Enjuiciamiento Criminal en 2015*, Ediciones Jurídicas Castillo de Luna, Madrid, 2015, pp. 287 y ss.

OCÓN GARCÍA, J., "Derecho a la intimidad y registro de dispositivos informáticos: a propósito del asunto Trabajo Rueda c. España", *Revista Española de Derecho Constitucional*, 113, 2018, 327-343.

RODRÍGUEZ LAINZ, J.L., "Sobre el concepto de alcance de la medida de injerencia tecnológica en la Ley Orgánica 13/2015", en DÍAZ MARTÍNEZ, M. y LÓPEZ DE LA TORRE, I. (dirs.), *La nueva norma procesal penal. Derechos fundamentales e innovaciones tecnológicas*, Tirant lo Blanch, Valencia, 2019 (TOL7.020.083).

La constitución del algoritmo y las transformaciones culturales en la sociedad digital

FRANCISCO BALAGUER CALLEJÓN
Universidad de Granada

SUMARIO: Introducción. 1. La percepción del tiempo en la sociedad digital y la asimetría entre procesos comunicativos y procesos políticos. 2. La disolución del espacio público a través de los algoritmos. 3. La pérdida de una visión social compartida de la realidad. 4. La desinformación como rasgo estructural de los procesos comunicativos en la sociedad digital. 5. La IA generativa y la desinformación sistémica. Conclusiones.

INTRODUCCIÓN

La constitución del algoritmo[1] es una propuesta metodológica de análisis de la realidad digital que tiene en cuenta las transformaciones culturales[2] que se están produciendo debi-

---

1 BALAGUER CALLEJÓN, F., *La constitución del algoritmo*, Fundación Manuel Giménez Abad, 2ª edición, 2023. Versión portuguesa: *A constituição do algoritmo*, Editora Forense, Rio de Janeiro, 2023, versión italiana: *La costituzione dell'algoritmo*, Le Monnier Università/ Mondadori, Milano, 2023, versión francesa en curso de publicación.

2 Cfr. BALAGUER CALLEJÓN, F.: "Inteligencia artificial y cultura constitucional", en BALAGUER CALLEJON, F., SARLET, INGO W. (Directores): *Derechos fundamentales y democracia en el constitucionalismo digital*, Aranzadi, Cizur Menor, 2023. Disponible en Internet en versión italiana: "Intelligenza artificiale e cultura costituzionale", en

do al desarrollo tecnológico y que están cambiando nuestra percepción del espacio y del tiempo, las dos variables en las que se desarrollan nuestras vidas. Algunas de estas transformaciones van unidas a ese desarrollo, de manera indisoluble, por lo que resultaría difícil pensar en alternativas que fueran compatibles con el mantenimiento de nuestros estándares de vida. Otras, por el contrario, son una consecuencia directa del modo en que la tecnología está siendo configurada por los agentes globales, las grandes compañías tecnológicas, en función de su modelo de negocio. Hay alternativas, aunque supongan un menor rendimiento económico para estas compañías, en un contexto en el que la balanza entre los beneficios que obtienen y el daño que provocan a la sociedad está claramente descompensada.

Este texto no está dirigido contra el desarrollo tecnológico, que está generando efectos tan positivos en muchos ámbitos, ni tampoco contra el interés económico legítimo de las compañías tecnológicas que quieren rentabilizar sus productos. Sin esa base económica sería difícil pensar en una investigación aplicada que pusiera en el mercado tantos productos beneficiosos para la sociedad. Las compañías tecnológicas necesitan obtener ingresos para seguir investigando y para mantener las estructuras que hacen posible sus aplicaciones y sus programas. Ahora bien, algunas de ellas están configurando esas aplicaciones y su modelo de negocio con una orientación casi exclusiva a la obtención de rendimientos, potenciando una transformación cultural "adicional" a la que se deriva del desarrollo tecnológico, para generar una

---

Diritti fondamentali e democracia nel costituzionalismo digitale a cura di F. BALAGUER CALLEJÓN – I. W. SARLET, *lacittadinanzaeuropea*online, Numero Speciale 2, Maggio-Agosto 2023. *Cfr.* igualmente, BALAGUER CALLEJÓN, F., "La cultura constitucional en la era digital", en PÉREZ COLLADOS, J.M. (Coord.) *La cultura jurídica en la era digital*, Aranzadi, Cizur Menor, 2022.

interacción permanente con esas aplicaciones orientada a la obtención masiva de datos personales.

En la economía de datos, esa interacción permanente hace posible la configuración de perfiles de usuario que se utilizan para el envío de publicidad personalizada y de propaganda política (incluso de carácter subliminal). Las compañías tecnológicas obtienen una gran parte de sus ingresos de la publicidad (hasta llegar, en el caso de Facebook, al 98% del total[3]) y su voracidad por obtener el mayor número de datos posible para utilizarlos en la venta de publicidad a otras empresas está en el origen de una conformación de sus aplicaciones que aumenta artificialmente el tiempo de uso. Para conseguirlo, estas compañías utilizan diversas técnicas que van desde el diseño de la interfaz de usuario hasta la configuración de los algoritmos. El diseño del interfaz está orientado a potenciar una interacción permanente con otros usuarios más allá de lo que es habitual en la comunicación personal. El de los algoritmos está orientado a promover el debate y el conflicto en el espacio público para generar una atención constante de los usuarios.

Técnicamente es posible configurar de un modo distinto el interfaz de usuario y los algoritmos sin afectar a la utilidad social de esas aplicaciones, algunas de las cuales han favorecido extraordinariamente los procesos comunicativos a nivel global. Esto lo saben las compañías tecnológicas y sabemos que lo saben porque han transcendido públicamente sus propias investigaciones internas acerca de la posibilidad de un uso más razonable de los algoritmos desde el punto de vista del interés público, por ejemplo[4]. Sabemos también que han optado por

---

3 *Cfr.* GALINDO C., “Las grandes tecnológicas consolidan su liderazgo tras dos años de pandemia”, *El País*, 5 de febrero de 2022.

4 Así, según la información del *Wall Street Journal*, Facebook encargó un informe interno para determinar si sería técnicamente posible cambiar los algoritmos que usa evitando así efectos negativos tales

el beneficio económico, a pesar de ser conscientes del daño que están provocando, porque algunas de ellas han intentado aparentar que defendían valores constitucionales en su propio país mientras de manera subrepticia promovían, a través de sus algoritmos, discursos y planteamientos que después han tenido efectos pésimos en la vida real y no solo en el ciberespacio[5].

Este texto se centrará especialmente en el análisis de esto que hemos llamado las transformaciones culturales "adicionales" generadas por las grandes compañías tecnológicas, en

como la radicalización del espacio público. La conclusión fue que era perfectamente viable pero que la consecuencia sería una pérdida de ingresos por parte de Facebook, de manera que la decisión de la compañía fue no cambiar los algoritmos y continuar generando los mismos problemas. Cfr. HORWITZ, J., SEETHARAMAN, D., "Facebook Executives Shut Down Efforts to Make the Site Less Divisive", *Wall Street Journal,* 26 de mayo de 2020. Las informaciones procedían de FRANCES HAUGEN, que trabajaba entonces para Facebook y que denunciaría posteriormente de manera pública las prácticas de la compañía.

5 De nuevo, el ejemplo de Facebook es paradigmático. En efecto, Facebook tuvo una actitud claramente contraria a Trump en relación con su intento de manipular el resultado electoral y pudo aparecer así ante la opinión pública como una compañía comprometida con la democracia y con los valores constitucionales. Sin embargo, sus algoritmos seguían potenciando una presencia pública masiva de las posiciones *trumpistas,* favoreciendo los discursos en los que se cuestionaba el resultado electoral y se defendía "parar el robo" que según Trump se había producido en las elecciones. En la investigación realizada por *The New York Times,* personas que no habían tenido apenas eco en su actividad en Facebook previamente, pasaron a tener miles de seguidores cuando comenzaron a difundir planteamientos favorables a las posiciones *trumpistas,* gracias a los algoritmos de Facebook. *Cfr.* THOMPSON, S.A., WARZEL C., "How Facebook Incubated the Insurrection. Right-wing influencers embraced extremist views and Facebook rewarded them", en *The New York Times,* 14/01/2021.

función de sus modelos de negocio y de sus intereses económicos. Hay otros cambios en las pautas culturales que, sea cual sea su origen desde una perspectiva económica, parecen inherentes al desarrollo tecnológico y difícilmente se podrá encontrar alternativas que no sean las de un retroceso a etapas anteriores que no es viable. Como opción personal cada individuo tiene derecho a configurar su vida, en la medida de lo posible, en el nivel de dependencia de las nuevas tecnologías que considere oportuno. La ciencia del derecho, sin embargo, debe ofrecer alternativas y soluciones razonables que hagan compatible el avance tecnológico con los principios y valores constitucionales. En el análisis constitucional de los algoritmos podemos encontrar también transformaciones culturales que tienen carácter global y que no dependen necesariamente de una percepción social impulsada por las compañías tecnológicas. Es el caso de la propia estructura de los algoritmos y de su incidencia sobre la vertiente formal de la democracia y del Estado constitucional, cuestión que no vamos a tratar aquí[6].

Muchos de los nuevos desarrollos técnicos favorecen los procesos comunicativos y la participación política, además de mejorar la calidad de vida de las personas. Algunos lo hacen, sin embargo, produciendo daños que podrían evitarse, debido a una configuración excesivamente orientada hacia el beneficio económico a pesar de conocer el alcance de esos daños. En muchos casos podría mejorarse el rendimiento sin que se pusiera en peligro la existencia de las compañías o su sustentabilidad económica. Bastaría con que las aplicaciones que se lanzan al mercado estuvieran sometidas a un test de impacto tecnológico que permitieran conocer previamente el alcance previsible de los daños y corregir la configuración de la interfaz de usuario o

---

6 Y sobre la que me remito a mi libro *La constitución del algoritmo*, anteriormente citado.

de los algoritmos. Ese test resulta todavía más necesario para las aplicaciones de inteligencia artificial generativa, como el Chat-GPT. En este caso estamos ante una aplicación que se ha introducido en el mercado sin una valoración mínima de su impacto y de sus consecuencias. El resultado es que se ha evidenciado una capacidad de producir y difundir desinformación masiva que puede tener efectos sistémicos, afectando de manera estructural a ámbitos que hasta ahora estaban esencialmente excluidos de la desinformación con la que las nuevas tecnologías están infectando el sistema social y político (como es el caso de la economía, la ciencia, el mundo jurídico y la propia inteligencia artificial)[7]. Un potencial destructivo sin precedentes que debe ser corregido[8].

1. LA PERCEPCIÓN DEL TIEMPO EN LA SOCIEDAD DIGITAL Y LA ASIMETRÍA ENTRE PROCESOS COMUNICATIVOS Y PROCESOS POLÍTICOS

El contraste entre el mundo analógico y el digital nos permite a quienes tenemos "memoria analógica", por haber vivido el mundo bajo una percepción cultural diferente del espacio y del tiempo, comparar los productos del desarrollo tecnológico

---

7 *Cfr.* BALAGUER CALLEJÓN, F. y BALAGUER CALLEJÓN, M.L., *Verdad e interpretación en la sociedad digital*, Aranzadi, Cizur Menor, 2023.

8 En los días en que estoy redactando este trabajo, en diciembre de 2023, se ha alcanzado un acuerdo provisional entre el Parlamento Europeo y el Consejo sobre la Propuesta de Reglamento del Parlamento Europeo y del Consejo por el que se establecen normas armonizadas en materia de inteligencia artificial (Reglamento de Inteligencia Artificial) y se modifican determinados actos legislativos de la Unión. Habrá que esperar al texto definitivo para poder realizar una valoración de las posibilidades de control y racionalización de la inteligencia artificial que ofrece.

y comprender los cambios que se están produciendo, su naturaleza, su alcance y la medida en que es posible revertir o moderar algunos de esos cambios para evitar el efecto que están generando las compañías tecnológicas en nuestros comportamientos y en nuestra mentalidad y que inciden en los procesos democráticos y en los derechos constitucionales.

Como hemos indicado anteriormente, hay cambios que son inherentes al progreso tecnológico y que no se pueden revertir. Nuestra percepción del tiempo era muy diferente en el mundo analógico cuando para informarnos, por ejemplo, teníamos que comprar los periódicos de mañana y de tarde o esperar a los noticiarios de la radio o la televisión en el horario previsto. Salvo que hubiera alguna noticia que tuviera una importancia excepcional, raramente aparecían los "avances informativos" que se dedicaban a dar cuenta de algún hecho extraordinariamente relevante. Lo mismo ocurría con los periódicos, que solamente elaboraban ediciones especiales en circunstancias de alcance histórico. Actualmente lo excepcional se ha convertido en normal. Los periódicos digitales están emitiendo continuamente avisos sobre noticias más o menos relevantes o para dar cuenta simplemente de las opiniones que publican. Cada cierto tiempo hay que mirar el móvil para ver el contenido de esos avisos salvo que se hayan desactivado.

Lo mismo puede decirse de muchos otros ámbitos de la vida, en los que la percepción del tiempo era más pausada. Así, en el normativo, podemos recordar que la "*vacatio legis*" estaba orientada, entre otras finalidades, a hacer posible el conocimiento de las normas por sus destinatarios, que no era inmediato, ya que el BOE no llegaba en el mismo día a la mayor parte del territorio nacional. La jurisprudencia tardaba todavía más, a través de los cuadernillos de jurisprudencia a los que Facultades de Derecho y despachos de abogados estaban suscritos. Los libros que se precisaban para la investigación requerían también un tiempo más o menos amplio para llegar y a veces exigían el desplazamiento a centros de investigación o universidades o al préstamo interbibliotecario. Todo esto ha cambiado radicalmente y ahora podemos hablar de una disponibilidad inmediata o casi a través de Internet. No hay ningún perfil negativo en sí mismo en esta evolución, pero es inevitable que esa disponibilidad inmediata cambie nuestra manera de percibir el tiempo, nuestra forma de trabajar y también nuestra forma de pensar.

Hay otros cambios que están generando transformaciones culturales "añadidas" que no dependen solamente de la evolución tecnológica sino del modo en que las compañías tecnológicas configuran sus aplicaciones tanto en lo que se refiere a la interfaz de usuario como al diseño de los algoritmos que utilizan en ellas. Pongamos un ejemplo que ilustra esa transformación y que tiene que ver con los procesos comunicativos. La escritura de una carta a mano, propia del mundo analógico, se producía mediante un proceso reflexivo, que requería su tiempo, entre otras cosas porque se sabía que la carta llegaría a su destinatario varios días después de depositarse en el correo. La respuesta también tardaba su tiempo y seguía el mismo patrón ya que el proceso de comunicación podía culminarse en una o dos semanas dependiendo de la distancia entre las personas que se escribían. La percepción del tiempo cambiará algo con el email. Sin embargo, la percepción cultural del tiempo en el proceso comunicativo era muy similar al de la correspondencia mediante cartas: el mensaje que llega, aunque exista constancia de su recepción, no espera una respuesta inmediata. La persona que lo emite entiende usualmente que su receptor puede estar de viaje o puede estar ocupado con otras cosas y que puede tardar horas o días en contestar.

La utilidad de email no está diseñada para generar una interacción permanente, es neutra a esos efectos. Es importante resaltar que no se trata de una aplicación cerrada y monopolizada por una compañía como ocurre con WhatsApp, sino que hay muy diversos gestores de correo que prestan el servicio y que se pueden utilizar indistintamente para comunicarse a través de email. En el caso de WhatsApp o Telegram, por el contrario, nos encontramos con aplicaciones cerradas que tienen más libertad de configuración de la interfaz de usuario. En ellas el proceso comunicativo se transforma, contribuyendo a generar una nueva percepción del tiempo, como ocurre con otras aplicaciones de Internet. Por ejemplo, en el caso de WhatsApp, la interfaz de usuario permite conocer no solamente que el destinatario ha recibido el mensaje (como ocurre con el email) sino también que ese destinatario está conectado en ese momento a la aplicación. Esa circunstancia puede producir una tensión en el proceso comunicativo que induzca a responder rápido para no resultar descortés frente a la persona que ha escrito. Una tensión que se puede incrementar mucho por el hecho de que la aplicación te permite también conocer que el destinatario está escribiendo y lo está haciendo para contestar a otros mensajes y no al tuyo.

La aplicación de WhatsApp está diseñada, en realidad, como una conversación telefónica y no como una mera aplicación de mensajería, porque te permite conocer todo lo que puedes saber en una conversación telefónica. Cuando envías un mensaje por WhatsApp y no te responden, aunque sabes que la persona que lo ha recibido está conectada y que incluso está escribiendo a otras personas, es como si estuvieras hablando por teléfono con esa persona y no te respondiera. Se genera una tensión similar y eso conduce a que se den respuestas rápidas y se mantenga una permanente atención a la aplicación generando una interacción que no es necesaria en el proceso comunicativo y que tiene sentido solamente por el interés de los diseñadores de la interfaz de usuario de potenciar el uso de la aplicación el mayor tiempo posible. La motivación es conocida: aumentar el volumen de datos recopilados que posteriormente pueden ser utilizados por Facebook (ahora Meta), la propietaria de WhatsApp, de manera que, aunque la aplicación no genere ingresos directos por publicidad, sí los genera indirectos mediante el uso de esos datos[9].

Esta interacción permanente y la necesidad de dar respuestas rápidas, que se produce también en otras aplicaciones de Internet (a través de los "me gusta" o los comentarios con los que se responden a otras personas que previamente han hecho uso de esas utilidades) cambia nuestra percepción cultural del tiempo. Nos hace pensar que las cuestiones que se nos plantean, por ejemplo, en los procesos políticos, requieren también respuestas rápidas. Estamos acostumbrados a tener una disponibilidad inmediata de las cosas y a obtener respuestas rápidas a las cuestiones que planteamos en los procesos comunicativos. Pero los procesos políticos en una sociedad democrática requieren de debates y de reflexiones colectivas que se llevan su tiempo. Se genera así una asimetría entre procesos comunicativos y procesos políticos. En las redes sociales cuando se plantea una cuestión que se convierte en tendencia social, se exige una respuesta inmediata: si es un problema que se plantea por la mañana, se debe resolver en la misma mañana, todo lo más por la tarde, porque al día siguiente el problema ya será otro. Esta asimetría es muy peligrosa porque favorece las respuestas rápidas y simples a problemas complejos y esas respuestas las suelen dar siempre los movimientos populistas,

---

9 Mientras Facebook compró en 2012 Instagram por 1.000 millones de dólares, en 2014 pagó una cifra muy superior, 19.000 millones de dólares, por WhatsApp sin que esta última compañía, según indica *The Economist,* a pesar del enorme precio que ha pagado Facebook por ella, genere ingresos directos. Aunque el texto no se pronuncia sobre los posibles motivos, parece evidente que la motivación económica, no estando en la publicidad directa tiene que basarse en algún otro interés para Facebook y no es difícil imaginar cuál es ese interés. *Cfr.* "Dismembering Big Tech", *The Economist,* Oct. 24th, 2019, edition: https://www.economist.com/business/2019/10/24/dismembering-big-tech.

que se ven así favorecidos por las características de los procesos comunicativos canalizados a través de las redes sociales y las aplicaciones de Internet.

2. LA DISOLUCIÓN DEL ESPACIO PÚBLICO A TRAVÉS DE LOS ALGORITMOS

La estructura del proceso comunicativo de las redes sociales y de las aplicaciones de Internet es muy diferente del de los medios de comunicación tradicionales. Son muchas las variables que explican esas diferencias, a comenzar por el hecho de que las redes sociales se dirigen a un público potencialmente universal, a diferencia de lo que ocurre con los medios de comunicación tradicionales. No es que un periódico o una emisora de televisión tenga limitados sus destinatarios, sino que se dirigen a un sector de población, aquél que representa mejor su línea editorial o su orientación temática, si no es un medio generalista. Las personas que ven "la Sexta", en España, o que leen *elDiario.es*, suelen tener planteamientos muy diferentes de quienes leen el período *ABC*, o quienes oyen en la radio una emisora como "la COPE". Hasta tal punto la línea editorial se ve condicionada por el público que esa línea se suele mantener incluso cuando la propiedad de la emisora o del periódico cambia de manera significativa, porque perder la línea editorial puede significar perder el público.

Las redes sociales, sin embargo, tienen una estructura diferente. Su público es universal, no se dirigen a un sector concreto de la sociedad. El público de Facebook o de Instagram es la totalidad de la sociedad española, con independencia de las ideologías o los intereses temáticos de sus diversos sectores. Combinar un público universal con la diversidad existente en la sociedad no sería posible si no se pudiera modular el discurso en función de los destinatarios. Si las redes sociales tuvieran una orientación ideológica o temática explícita, no podrían mantener como público más que aquellos sectores de la sociedad que la compartieran. Por ese motivo, tienen que articular discursos muy diferentes, que van dirigidos específicamente a grupos también distintos o incluso a personas concretas cuando quieren influir en esas personas mediante la publicidad comercial o la propaganda política.

Hacer compatible un público universal con la diversidad de opciones y de planteamientos ideológicos y de todo tipo que existen en una sociedad solo es posible a través de los algoritmos. Son los algoritmos los que permiten extraer los datos de cada usuario, elaborar perfiles diversos, psicológicos incluidos, y ordenar la relación de la red social con ese usuario. Pero la configuración de los procesos comunicativos por medio de algoritmos plantea problemas específicos que están transformando el espacio público, dando lugar a fenómenos de fragmentación y radicalización debido a la necesidad de dirigir la información y la opinión en función de la orientación específica de cada usuario.

Para entender bien lo que está ocurriendo en el espacio público necesitamos comparar los procesos comunicativos del mundo digital con los del mundo analógico. Algunas diferencias relevantes explican el impacto que los algoritmos tienen en la configuración del espacio público, partiendo de un hecho claro: el creciente monopolio de las redes sociales sobre los procesos comunicativos. Esto es algo que podemos comprobar recurriendo al fenómeno "Trump", tan dañino para Estados Unidos y para el mundo como interesante desde el punto de vista del análisis del populismo y de la incidencia de las redes sociales en los procesos políticos.

Mientras era Presidente de los Estados Unidos, Donald Trump llegó a acumular más de 144 millones de seguidores a través de su actividad en las redes sociales. Cuando fue expulsado de las redes sociales -debido a su actividad contraria a la Constitución al promover el asalto al Capitolio- ya como Presidente saliente, perdió el acceso a todos esos seguidores. Para intentar recuperarlos creó un blog, llamado *From the Desk of Donald J. Trump,* como alternativa a Facebook y a Twitter, redes de las que había sido expulsado. El blog duró menos de un mes porque estaba teniendo muy poco público[10]. Mientras Trump llegó a tener 88 millones de seguidores en Twitter, 32 millones en Facebook, y 24 millones en Instagram, su blog alcanzó solamente alrededor de doscientas mil interacciones. Posteriormente, creó su propia red social, que tampoco consiguió cifras significativas de seguidores en comparación con los que tenía en las otras redes sociales[11], de manera que no recuperó a esos seguidores hasta que volvió a ser admitido en ellas.

Este monopolio de los procesos comunicativos no tiene precedentes en sistemas democráticos. Nada menos que el Presidente saliente de Estados Unidos, una figura con una capacidad de influencia decisiva en el Partido Republicano y muchas posibilidades de volver a ser Presidente, perdió la inmensa mayoría de los seguidores que tenía en las redes sociales, en torno a 140

---

10 *Cfr.* ZADROZNY B., "Trump's blog isn't lighting up the internet" May 11, 2021, nbcnews.com: https://www.nbcnews.com/tech/tech-news/trumps-blog-isnt-lighting-internet-rcna890

11 Esa red ha tenido un promedio de 200.000 visitas diarias desde su lanzamiento en Estados Unidos, el 1 de marzo de 2022. *Cfr.* THOMPSON, S.A., "Traffic surged on Trump's social media website as an indictment", The New York Times, April 4, 2023. El número de seguidores de Trump en su propia red social a enero de 2023 era mucho más alto que el del blog: 4,83 millones. En diciembre de 2023 llegó a 6,53 millones: https://truthsocial.com/@realDonaldTrump. Sin embargo, una vez que ha vuelto a ser admitido en las otras redes sociales, la diferencia es enorme respecto de Twitter (87,73) Facebook (34,49) o Instagram (23,3). Cfr. "Donald Trump number of followers on selected social platforms 2023" Statista Research Department, Jan 30, 2023.

millones de personas. Estamos hablando de compañías privadas que monopolizan procesos comunicativos en el espacio público y lo hacen desde el derecho privado, decidiendo libremente a quiénes admiten y a quiénes no. Una situación que merece una reflexión profunda desde muy distintos ámbitos, comenzando por la propia la distinción entre el derecho público y el derecho privado en el contexto de la globalización y siguiendo por la configuración de la libertad de expresión en el espacio público controlado por las redes sociales.

El que nos interesa ahora, sin embargo, es el de la configuración del espacio público partiendo de estas condiciones de monopolio, porque la comparación entre el mundo analógico y el digital nos evidencia unas condiciones estructurales muy diferentes. Mientras los medios de comunicación tradicionales ocupaban una parte del espacio público en función de su línea editorial y del sector social al que estaban orientados, las redes sociales se dirigen a un público universal y tienen a monopolizar los procesos comunicativos amplificando su impacto sobre la configuración del espacio público.

¿Cómo lo hacen? Aquí también las diferencias son enormes. Pongamos como ejemplo el proceso de lectura de un periódico impreso. La persona que lee un periódico comienza por los titulares de la portada y sigue avanzando, página a página, por las diferentes secciones: desde internacional a espectáculos, pasando por sociedad, cultura, deportes, etc. Puede ser que esa persona no tenga mucho interés en algunas de esas secciones, pero el proceso de lectura le lleva a ojearlas y, a veces, a detenerse en algunas de las informaciones. Quizás no le interese nada la sección de cultura, pero puede ser que alguna noticia concreta o algún artículo de opinión llame su atención, o puede ser que se detenga en la sección de internacional quizás por alguna imagen o algún titular, aunque no sea una temática en la que haya tenido interés previamente.

El proceso de lectura de un periódico impreso ofrece una visión global del mundo a la persona que lo lee (algo que también ocurre en gran medida con los programas de noticias de televisión o de radio, por ejemplo, con sus diferentes secciones). No ocurre lo mismo con la información que llega a través de las redes sociales, desagregada[12] y seleccionada por los algoritmos en función de nuestro previo historial de búsqueda, por ejemplo, o del perfil que la aplicación ha generado con los datos que extrae de nuestra actividad en Internet. Las redes sociales ofrecen una visión limitada del mundo. Si a alguien le interesan especialmente las noticias sobre deporte, le llegarán solamente ese tipo de noticias, si le interesan las informaciones relacionadas con el cine, le llegarán únicamente esas y lo mismo si le interesan las de sociedad o las de política nacional. El mundo se verá básicamente a través de la retroalimentación que le llegue, pero sin ofrecer la posibilidad de conocer otros ámbitos, empobreciendo cada vez más la visión de cada usuario de las redes.

Pero no sólo se limitan los ámbitos de conocimiento de los usuarios, sino que también se reducen sus posibilidades de conocer y comprender otros planteamientos diferentes de los suyos. La necesidad de combinar un público universal con

---

12 "Social feeds and search results show snippets and single articles. This creates a more disaggregated news experience than traditional news media." Eso supone que los usuarios no acceden más que a una parte de la información: "*Online content is effectively "unbundled*". The different sections of a print newspaper are brought together into one product. Online, readers can select only the articles they wish to view, without necessarily being exposed to other content. So, they may be less likely to read public interest news". *The Cairncross Review. A sustainable future for journalism*, 12 February 2019, p. 7. https://assets.publishing.service.gov.uk/government/uploads/system/uploads/attachment_data/file/779882/021919_DCMS_Cairncross_Review_.pdf.

las diferencias ideológicas existentes en la sociedad conduce a ofrecer, a través de los algoritmos, las opiniones que coinciden en mayor medida con las propias. Se genera así el efecto burbuja del que nos habla Pariser[13] y que explica la fragmentación y progresiva radicalización del espacio público generada por las redes sociales. Una tendencia que se ve favorecida por los ecosistemas en los que se desarrollan los procesos comunicativos generados por estos nuevos "mediadores" que son las grandes compañías tecnológicas[14]. En estos ecosistemas las personas que los utilizan tienen una mayor receptividad y una menor capacidad crítica para diferenciar y analizar la información, por tratarse de entornos comunicativos privados en los que se mezclan mensajes personales tales como fotos o videos de amigos o de familiares, con informaciones de carácter político, por ejemplo. No existe la actitud de quien de manera activa quiere informarse, como en el mundo analógico, yendo a un punto de venta de prensa y adquiriendo un periódico que se percibe como un producto informativo y frente al cual se mantiene una distancia que hace posible recibir esas informaciones de una manera más reflexiva y crítica.

La fragmentación y la radicalización tienen un gran potencial destructivo del espacio público porque dificultan su configuración como un lugar común, un ámbito de encuentro en el que se pueden debatir las distintas posiciones desde el respeto a las diferencias, algo esencial en la construcción de una democracia pluralista. Para comprender el alcance que tienen estos procesos comunicativos desarrollados por los nuevos

---

13 *Cfr.* PARISER, E., *The Filter Bubble. What the Internet Is Hiding from You*, Penguin Books, 2011.

14 BALAGUER CALLEJÓN, F., "The Impact of the New Mediators of the Digital Age on Freedom of Speech" en HINDELANG, S. (editor) MOBERG, A. (editor) *YSEC Yearbook of Socio-Economic Constitutions*, Springer, 2022.

mediadores vamos a recurrir a una metáfora que explica en su esencia el sentido de la democracia pluralista. La metáfora procede de un proverbio árabe según el cual la verdad era un gran espejo que estaba en el cielo y que cayó a la tierra y se fragmentó en múltiples pedazos. Cada uno de nosotros tiene uno de esos pedazos y, por tanto, solamente una parte de la verdad. La construcción de la verdad se configura de ese modo como un proceso colectivo en el que todas las piezas, grandes y pequeñas, tienen el mismo valor, porque si falta solamente una de ellas ya no es posible conocer la verdad.

Esa igual dignidad de la verdad de cada una de las personas que confluyen en el espacio público (por distinto que sea su poder o su capacidad de promover su propia verdad) es fundamental en la democracia pluralista y se refleja, por ejemplo, en la igualdad del voto, en el proceso de decisión que conduce a la formación de la voluntad colectiva. En la democracia es un elemento esencial, como indica Paola Bilancia, la paridad de los participantes en el debate público[15]. Para que esa igual dignidad de la verdad de cada uno sea reconocida es necesario reconocer la verdad de los otros, aunque no se comparta, aunque se discrepe esencialmente y se combata en el plano político. Pero eso es algo cada vez más difícil debido a la progresiva disolución del espacio público que están generando los nuevos mediadores, las grandes compañías tecnológicas, mediante la configuración de los algoritmos en sus entornos comunicativos.

En esos entornos se reduce la visión del mundo de los usuarios y se les alimenta de manera permanente con sus propios planteamientos. De ese modo, se dificulta reconocer la verdad de los otros porque se termina por pensar que solamente las

---

15 *Cfr.* BILANCIA, P., "Crisi nella democrazia rappresentativa e aperture a nuove istanze di partecipazione democrática", federalismi.it -|numero speciale 1/2017, pp. 3, 9 y 15.

propias opiniones son aceptables y que las de los demás están siempre equivocadas. El resultado es la radicalización, el enfrentamiento, la dificultad para llegar a acuerdos, para generar consensos, en definitiva, para construir un espacio público común que sirva de base a la democracia pluralista. El espacio público termina disolviéndose en un pluralismo de posiciones monistas que no reconocen a las demás y se autoafirman como las únicas posibles cada una de ellas. Una especie de "monismo plural" en el que la incomunicación entre las diversas visiones del mundo es cada vez mayor.

3. LA PÉRDIDA DE UNA VISIÓN SOCIAL COMPARTIDA DE LA REALIDAD

Lo peculiar de esta configuración del espacio público por parte de las redes sociales es que no persiguen imponer una determinada visión del mundo a través de sus algoritmos. En eso se diferencian de los autócratas que en los Estados autoritarios o dictatoriales (o en los regímenes iliberales) intentan controlar a los medios de comunicación para ponerlos a su servicio e imponer aquellas narrativas que ofrecen una visión del mundo coherente con sus propios idearios y, sobre todo, con su voluntad de mantenerse en el poder. Lo característico de estos sistemas políticos es que manipulan la realidad, la distorsionan, la reconstruyen a la medida de sus intereses. No se puede decir que no tengan interés por la verdad porque sí lo tienen, justamente para manipularla y desfigurarla siempre que sea necesario para conservar el poder.

Los entornos comunicativos creados por las grandes compañías tecnológicas, que están ya comparándose por su poder global con los Estados, y cuyos dirigentes son recibidos en muchos países con el tratamiento que se les da a los Jefes de Estado, no tienen ese interés por manipular y *reconstruir* la verdad propio de los Estados dictatoriales o autoritarios. Lo único que les interesa es fomentar la interacción de sus usuarios para obtener mayores rendimientos económicos mediante el tratamiento de sus datos, la elaboración de perfiles personalizados y la venta de publicidad comercial o de propaganda política. Configuran sus algoritmos para satisfacer a sus usuarios y, por ese motivo, no podrían mantener una operación sostenida de propaganda política, por ejemplo, que pretendiera orientar a sectores masivos de la sociedad hacia determinadas opciones.

Una operación de ese tipo conllevaría probablemente una pérdida masiva de usuarios, en concreto de todos aquéllos que no compartieran los planteamientos promovidos por parte de las redes sociales. Eso perjudicaría su rendimiento económico que es, en realidad, la finalidad última de las grandes compañías tecnológicas que diseñan las redes sociales y las aplicaciones de Internet. Hasta tal punto es así que cuando estas compañías han intervenido en procesos electorales y han promovido el fraude electoral, lo han hecho mediante propaganda subliminal. No han recomendado el voto para determinadas candidaturas ni han configurado sus algoritmos para cambiar la orientación del voto de sus usuarios de manera explícita. La propaganda subliminal se ha basado en los perfiles psicológicos de usuarios que podían verse influidos de manera inconsciente en relación con sus miedos o sus fobias, por ejemplo, para promover su abstención.

En los entornos comunicativos de los medios de comunicación tradicionales, que son la base de la democracia pluralista, el espacio público se configura tendencialmente para favorecer la *construcción* social de la realidad. Los diversos medios de comunicación tienen líneas editoriales que reflejan esencialmente la pluralidad social y confluyen en el debate público aportando cada uno ese fragmento de espejo, ese pedazo de verdad que, puesto en común con los otros, permite construir una visión social compartida de la realidad. Naturalmente, hay también intereses económicos en las propias empresas, campañas de comunicación que intentan imponer narrativas, intentos de ocultar la verdad o las verdades que perjudican al poder político social o económico de determinados grupos y que introducen distorsiones puntuales en el espacio público. No se trata de un mundo ideal ni de una democracia "perfecta", entre otras cosas porque es consustancial a la idea del pluralismo que estas disfuncionalidades se puedan corregir en mayor o menor medida a través de procesos públicos abiertos que son los que dan la medida de una democracia pluralista.

Estos procesos no son necesariamente una expresión del llamado "libre mercado de las ideas" de Holmes, de dudosa aplicación a un contexto con desigualdad de armas para promover la verdad[16]. Esta desigualdad de armas nos evoca el modo de obtener la verdad propia del mundo medieval en el que, como indicara Foucault, el sistema estaba orientado no a probar la verdad, sino la fuerza, el peso o la importancia de

---

16 Como bien indica F. SCHAUER: "Once we fathom the full scope of factors other than the truth of a proposition that might determine which propositions individuals or groups will accept and which they will reject—the charisma, authority, or persuasiveness of the speaker; the consistency between the proposition and the prior beliefs of the hearer; the consistency between the proposition and what the hearer believes that other hearers believe; the frequency with which the proposition is uttered; the extent to which the proposition is communicated with photographs and other visual or aural embellishments; the extent to which the proposition will make the reader or listener feel good or happy for content independent reasons; and almost countless others—we can see that placing faith in the superiority of truth over all of these other attributes of a proposition in explaining acceptance and rejection requires a substantial degree of faith in pervasive human rationality and an almost willful disregard of the masses of scientific and marketing research to the contrary", SCHAUER, F., "Facts and the First Amendment", *UCLA Law Review*, Volume 57. Issue 4, April 2010, p. 909.

quien la afirmaba[17]. Ciertamente, la apertura de los procesos y el pluralismo permiten corregir y compensar esa desigualdad, pero no podemos olvidar que también en la configuración "analógica" del espacio público existían grandes grupos mediáticos con una capacidad importante de promover narrativas que no siempre respondían a la realidad de los hechos. Y, aunque, como afirma H. Arendt, la orientación finalista de la política puede darle una condición transitoria a la mentira frente a la estabilidad o permanencia de la realidad fáctica[18], también es cierto que la mentira ha sido un gran motor de la

---

17 Nos recuerda FOUCAULT que la cuestión de la verdad está ausente en ese sistema, basado en la prueba y no en la indagación: "En el derecho feudal, el litigio entre individuos se reglamentaba por el sistema de la prueba (*épreuve*). Cuando un individuo se presentaba llevando una reivindicación, una querella, acusando a otro de haber robado o matado, el litigio entre ambos se resolvía por una serie de pruebas aceptadas por los dos y a las que ambos se sometían. Este sistema no era una manera de probar la verdad, sino la fuerza, el peso o la importancia de quien decía", de tal modo que "la prueba no sirve para nombrar o determinar quién es el que dice la verdad, sino para establecer quién es el más fuerte, y al mismo tiempo quién tiene razón. En una guerra o prueba no judicial, uno de los dos es siempre el más fuerte, pero esto no prueba que, a la vez, tenga razón. La prueba judicial es una manera de ritualizar la guerra o trasponerla simbólicamente, una manera de darle ciertas formas derivadas y teatrales de tal modo que el más fuerte será designado, por ese motivo, como quien tiene razón", FOUCAULT, M., "De la verdad entre particulares a la verdad pública: el nacimiento de la indagación jurídica", en FOUCAULT, M., *La verdad y las formas jurídicas*, 1973, Gedisa Editorial. Edición de Kindle, pp. 68, 70, 73-74.

18 "Power, by its very nature, can never produce a substitute for the secure stability of factual reality", de tal manera que "In their stubbornness, facts are superior to power; they are less transitory than power formations, which arise when men get together for a purpose but disappear as soon as the purpose is either achieved or lost", ARENDT, H., "Truth and Politics", *Between Past and Future*, Penguin, London, 1968, pp. 258-259.

historia, como indica U. Eco[19]. En todo caso, como señala P. Häberle, en la democracia pluralista propia del Estado constitucional se dan las condiciones para que las personas puedan buscar libremente la verdad y obtenerla[20].

Esa búsqueda común es lo que hace posible una visión social compartida de la realidad en sus elementos básicos, que no es incompatible con las distintas verdades que confluyen a construir socialmente esa percepción compartida. Sin embargo, en la sociedad digital, la estructura de los procesos comunicativos (dirigidos tendencialmente a la totalidad del público) conduce a que la verdad permanezca fragmentada a través de los algoritmos para garantizar la fidelidad de ese público, también fragmentado. La realidad se configura en burbujas o compartimentos estancos que se articulan mediante los perfiles de usuario a través de los algoritmos que ordenan

---

19 De tal manera que se puede hablar con Umberto Eco de una "*forza del falso*" por contraposición a la fuerza de la verdad que, sea a través de la mentira o por medio del error, ha sido el motor de muchos acontecimientos históricos. *Cfr.* ECO, U., "La forza del falso", en la recopilación del mismo autor *Sulla Letteratura,* Tascabili Bompiani, Milano, 2003, pp. 292 y ss. Para U. ECO, "il riconoscere che la nostra storia è stata mossa da molti racconti che ora riconosciamo come falsi deve renderci attenti, capaci di rimettere continuamente in questione gli stessi racconti che ora teniamo per veri, poiché il criterio della saggezza della comunità si fonda sulla vigilanza continua nei confronti della fallibilità del nostro sapere", p. 322.

20 Como indica P. HÄBERLE, el Estado constitucional se contrapone a los Estados totalitarios y a las pretensiones fundamentalistas de verdad, porque "si caratterizza per la consapevolezza di non essere in possesso di precostituite verità eterne, ma di essere invece destinato a una mera ricerca della verità". De tal manera que, "L'immagine dell'uomo dello stato costituzionale sottintende un cittadino che necessita di verità e che è in possesso degli strumenti per ricercarla e 'conquistarla'", HÄBERLE, P., *Wahrheitsprobleme im Verfassungsstaat,* 1995, en su versión italiana preparada por G. ZAGREBELSKY y J. LUTHER, *Diritto e verità,* cit. pp. 85 y 110.

los procesos comunicativos dentro de las redes sociales y las aplicaciones de internet.

4. LA DESINFORMACIÓN COMO RASGO ESTRUCTURAL DE LOS PROCESOS COMUNICATIVOS EN LA SOCIEDAD DIGITAL

Los medios de comunicación tradicionales construían narrativas, de acuerdo con sus líneas editoriales, a través de las cuales participaban en la construcción social de la realidad. Esas narrativas podían incluir elementos de desinformación, eventualmente contrastados o refutados a través del pluralismo de los medios. Lo que permite que esas narrativas generen una información relativamente solvente no es que todos los medios repitan las mismas narrativas, porque eso solo ocurre en un Estado totalitario, sino justamente que cada uno de ellos aporta su propia visión de la realidad y la comparte y contrasta con las de los demás medios. En sí mismas, esas diferentes narrativas no expresan desinformación o intentos de manipulación, sino que se corresponden con el juego democrático propio de una sociedad pluralista.

Por el contrario, los nuevos mediadores, las grandes compañías tecnológicas, no construyen narrativas, sino que abren sus aplicaciones a todas las narrativas posibles, aunque privilegian -a través de sus algoritmos- a las que promueven noticias falseadas y realidades alternativas, porque eso favorece la interacción permanente con sus aplicaciones y facilita así la acumulación de datos que necesitan para obtener mayores rendimientos mediante la venta de publicidad. De ese modo, los nuevos mediadores no reflejan la realidad de las sociedades en las que actúan. Por el contrario, al potenciar la desinformación mediante las noticias falseadas y las realidades alternativas, generan una tensión sobre la realidad misma que tiene un gran potencial destructivo.

La destrucción de esa percepción social compartida de la realidad no se extiende a todos los ámbitos del espacio público (al menos no lo ha hecho hasta el desarrollo de la IA generativa) fenómeno este que es digno de análisis. En el campo económico no encontramos *fake news* ni posverdad. Los fundamentos del tráfico económico siguen intactos en la sociedad digital y no se han visto afectados por los algoritmos. Lo mismo podría decirse de la vertiente tecnológica[21]. Es posible, por tanto, mantener el espacio público libre de *fake news*, posverdad y realidades alternativas. El contraste entre la cultura política digital y la económica es extraordinario, como también es la protección jurídica de la que disfruta esta última frente a la primera.

En Estados Unidos, esta protección del ámbito económico se corresponde con la con la interpretación que se ha realizado de la Primera Enmienda respecto de los límites de la libertad de expresión. Una interpretación que admite cierta regulación en la publicidad comercial, de manera que no quedaría protegida por la Primera Enmienda, a diferencia de la propaganda política y, en general, los debates políticos. El hecho de que la publicidad comercial no esté protegida por la Primera Enmienda en lo que se refiere a las afirmaciones falsas, a los hechos falsos que contiene, evidencia que en este ámbito sí hay un control de la falsedad factual, algo que no ocurre en el ámbito político, al protegerse la libertad de expresión de acuerdo con la interpretación que se le ha dado a la Primera Enmienda[22].

---

21 *Cfr.* F. BALAGUER CALLEJÓN, *La constitución del algoritmo*, cit., pp. 80 y ss.

22 *Cfr.* Como indica FREDERICK SCHAUER: "although the existing doctrine is moderately clear with respect to the permissibility of restricting false or misleading advertising of securities or commercial products, the issue is different when we turn to questions of fac-

Es de destacar, sin embargo, el reciente caso de la condena a R. Guliani por difamar a dos empleadas electorales de Georgia en las últimas elecciones presidenciales, que ha generado ciertas expectativas de que los tribunales puedan contener en el futuro la oleada de mentiras y desinformación con la que se está llenando el espacio público en el ámbito político[23]. Como contraste tenemos el caso de Donald Trump, y sus afirmaciones falsas en cuatro años de mandato, que según el Washington Post alcanzaron el número de 30.573[24] y que se concentran en cuestiones políticas.

La protección de la economía se extiende también al tráfico jurídico, que no se ve afectado, con carácter general, por los nuevos procesos comunicativos diseñados por las compañías tecnológicas. El campo de acción de los algoritmos diseñados para promover la desinformación, la posverdad y las realidades alternativas es la política. Su finalidad no es otra que generar mayor atención del público y una interacción permanente con sus aplicaciones de Internet, así como desprestigiar la política, limitando la capacidad de acción de los legítimos representantes de la ciudadanía para bloquear la política en gran medida y,

---

tual falsity in political debate", SCHAUER, F., "Facts and the First Amendment", cit. p. 913.

23 Por más que esta percepción le parezca excesivamente optimista, señala Andy Kroll que "On a societal level, the real hope for these defamation cases is that over time, as more liars are brought low by their actions and held accountable in court, politicians and political operatives will pause before spreading disinformation and, slowly, this country will move toward a better, safer political discourse" KROLL, A., "The Unsettling Truth at the Heart of the Giuliani Case", *The New York Times,* Dec. 23, 2023.

24 D. TRUMP llegó a acumular nada menos que 30.573 afirmaciones falsas o engañosas en sus cuatro años de mandato, de acuerdo con el trabajo de comprobación realizado por el *Washington Post,* a 24 de enero de 2021: www.youtube.com/watch?v=Jq5k LbR79.

entre otras cosas, dificultar el control de las propias compañías tecnológicas por las instancias democráticas.

5. LA IA GENERATIVA Y LA DESINFORMACIÓN SISTÉMICA

Para comprender el alcance de los desafíos que está planteando la IA generativa desde que las primeras aplicaciones se han puesto en el mercado, hace ahora un año (especialmente la más conocida, el ChatGPT) habría que compararla con la experiencia reciente de la pandemia. Imaginemos que, en lugar de testar cada una de las vacunas cuyo uso se permitió por las autoridades sanitarias, tras largos procesos de comprobación de sus efectos y de su eficacia, se les hubiera dado licencia a vacunas que no habían sido objeto de esos procesos de verificación, simplemente porque unas mínimas pruebas iniciales hubieran determinado sus posibles, aunque no contrastados realmente, efectos positivos en el control de la pandemia.

Eso es lo que ha ocurrido con el ChatGPT. Se ha introducido en el mercado sin conocer sus efectos reales, con una multitud de deficiencias que la narrativa elaborada por las compañías tecnológicas define de manera muy suave, como ocurre con las llamadas "alucinaciones"[25], como si fuera un problema puntual de la aplicación informática del que nadie tiene que hacerse responsable. El promotor, Sam Altman, se ha independizado de la aplicación para todo lo que pueda resultar

---

[25] "The systems still make mistakes. They often get facts wrong and will make up information without warning, a phenomenon that researchers call "hallucination." Because the systems deliver all information with what seems like complete confidence, it is often difficult for people to tell what is right and what is wrong", METZ, C. y SCHMIDT, G. "Elon Musk and Others Call for Pause on A.I., Citing 'Profound Risks to Society'", The New York Times, March 29, 2023.

negativo y, como cualquier incendiario que intenta disimular su responsabilidad, se ha puesto a gritar "fuego, fuego" como si él no hubiera tenido nada que ver con el incendio.

Siguiendo la comparación con el ejemplo de las vacunas anteriormente indicado, es como si la vacuna se testara directamente en las personas, sin ningún tipo de pruebas intermedias. Para decirlo claramente, eso es lo que están haciendo los usuarios de esta aplicación y para eso se ha puesto en el mercado: para mejorarla utilizando a la población mundial. El resultado ha sido una polémica global que parece desvincularse de los auténticos responsables y que ha generado una alarma comprensible en relación con la Inteligencia Artificial generativa[26]. Una alarma que dio lugar a la salida de Sam Altam de OpenAI debido a las dudas que generó sobre el impacto dañino de la aplicación, volviendo en unos pocos días, al imponerse la lógica económica en el seno de la compañía[27].

Las aplicaciones de IA generativa, como el ChatGPT, se mueven dentro de los parámetros culturales propios de la sociedad digital. Permiten ahorrar tiempo, el bien más escaso de nuestra época. No porque no exista sino porque se desperdicia con abundancia en aplicaciones de la sociedad digital. Te ofrecen resultados de manera muy rápida, aunque sean de peor calidad de los que obtendría un investigador riguroso y aunque rompan la lógica de la invención científica y de la creación artística, en las que el proceso es fundamental, entre otras cosas, para la formación del investigador. No cabe duda de que pueden ser un instrumento muy útil, si se utilizan para complementar el propio trabajo, otra cosa es cuando se usan para

---

26 *Cfr.* BALAGUER CALLEJÓN, F. y BALAGUER CALLEJÓN, M.L., *Verdad e interpretación en la sociedad digital*, citado.

27 *Cfr.* METZ, C. y otros, "Five Days of Chaos: How Sam Altman Returned to OpenAI", *The New York Times*, Nov. 22, 2023.

sustituirlo. Es entonces cuando su potencial destructivo puede operar sin ningún límite.

Por lo que se refiere a su capacidad para generar y difundir masivamente desinformación y dificultar la posibilidad de distinguir entre lo verdadero y lo falso, podemos señalar algunos ejemplos recientes. En el caso de la ciencia, estas aplicaciones se están utilizando ya para *suplantar* al trabajo de investigación científica[28]. Pero tienden a tergiversar la investigación científica, quizás para evitar los controles de programas antiplagio o quizás para sortear los derechos de autor de las fuentes que utilizan[29]. El resultado es muy pobre porque aparentan ofrecer trabajos científicos para quienes no tengan conocimientos específicos de la temática que abordan, pero que pueden

---

[28] Por más que tengan limitaciones inherentes a su actual fase de desarrollo, lo que ha llevado a NOAM CHOMSKY a calificarlos como "pseudoscience" y a destacar "the amorality, faux science and linguistic incompetence of these systems", CHOMSKY, N., ROBERTS, I., WATUMULL, J., "The False Promise of ChatGPT", *The New York Times,* March 8, 2023.

[29] O quizás porque no son capaces de hacerlo de otro modo: como indica CARISSA VÉLIZ, "la IA actual tiene una relación poco fiable con la verdad. El tipo de IA más popular se basa en redes neuronales. Una IA como ChatGPT funciona analizando estadísticamente los textos que se le han proporcionado y generando respuestas convincentes basadas en sus datos de entrenamiento. Pero no utiliza la lógica ni se basa en pruebas empíricas. No tiene herramientas para rastrear la verdad. Como resultado, a menudo "alucina" o fabrica respuestas convincentes (basadas en su análisis estadístico) que, sin embargo, son falsas. Cuando le pedí que citara diez libros por CARISSA VÉLIZ, inventó nueve títulos plausibles pero falsos", VÉLIZ, C., "Perdiendo habilidades ante la inteligencia artificial", *El País,* 2 de junio de 2023. Al parecer, esta tendencia de ChatGPT a inventarse respuestas cuando no sabe qué decir, está intentado corregirse en otras aplicaciones de otras compañías. Cfr. PASCUAL, G. M., "Google presenta Bard, su chat inteligente para hacer búsquedas", *El País,* 7 de febrero de 2023.

contener errores muy graves[30]. Si estos trabajos se consolidan en los circuitos académicos van a ser una fuente de desinformación que puede poner en peligro los cimientos del sistema científico a nivel global.

Tenemos también ejemplos de su uso nefasto en el mundo jurídico, con su utilización para preparar demandas judiciales dando como resultado una indicación de fuentes jurídicas falsas, inventadas por la aplicación ChatGPT, con el riesgo que esto puede provocar para la seguridad jurídica. Si los tribunales no detectan estas falsedades nos podemos encontrar con la incorporación al mundo jurídico de referencias a sentencias que no existen (algo especialmente grave en un sistema de *case law* como el norteamericano, donde se han producido los primeros casos conocidos hasta ahora[31]) y que terminen asentándose a través de su cita reiterada.

En el ámbito económico y tecnológico, la difusión de información falsa puede tener efectos desastrosos. Pensemos en el sistema bancario, por ejemplo, tan sensible a rumores o a informaciones incorrectas. Lo mismo cabe decir de la inteligencia artificial, que se basa en la extracción de datos que después son procesados por algoritmos. La calidad de esos datos es esencial para asegurar un buen funcionamiento de la IA, incluida la propia IA generativa. Si los datos no son correctos, porque son "inventados" por las aplicaciones de IA generativa,

---

30 Errores que son difíciles de detectar para quien no tenga un conocimiento específico de la materia. *Cfr.* DEL CASTILLO, C., "La inteligencia artificial ChatGPT reabre el debate de la tecnología en las aulas", *elDiario.es,* 19 de enero de 2023.

31 El primero de ellos, se trata de un abogado estadounidense que había utilizado la IA generativa para elaborar una demanda. Las sentencias invocadas en la demanda no existían en realidad, habían sido inventadas por ChatGPT. Cfr. WEISER, B., "Here's What Happens When Your Lawyer Uses ChatGPT", The New York Times, May 27, 2023.

las aplicaciones de IA pueden dejar de funcionar adecuadamente. De ahí los recelos que se están produciendo respecto de las actuales aplicaciones de IA generativa[32].

6. CONCLUSIONES

Para el análisis constitucional de la sociedad digital es necesario conocer previamente el alcance de las transformaciones culturales que está generando. Algunos de estos cambios están asociados necesariamente al desarrollo tecnológico y no se pueden revertir sin afectar a nuestros actuales estándares de vida. Otros, sin embargo, se derivan directamente del modelo de negocio de las grandes compañías tecnológicas que están configurando sus aplicaciones de manera que les permita obtener rendimientos sin control y sin límites, potenciando una transformación cultural "adicional" a la del desarrollo tecnológico, para generar una interacción permanente de los usuarios con esas aplicaciones, orientada a la obtención masiva de datos personales.

Algunos de esos cambios están produciendo alteraciones significativas en los procesos comunicativos sobre los que se asienta la construcción del espacio público. La nueva percepción del tiempo y del espacio originada en gran medida por el interés económico de las compañías que diseñan las redes sociales y las aplicaciones de Internet despliega su incidencia en los procesos políticos y constitucionales. Frente al mundo analógico, la sociedad digital está generando una asimetría entre procesos comunicativos y procesos políticos, con una exigencia

[32] Es el caso de G. HINTON, que ha expresado su temor a que Internet se vea inundada de falsos textos, fotos y vídeos, y que los ciudadanos no puedan ser capaces de distinguir lo que es real. Cfr. "Geoffrey Hinton, el 'padrino' de la IA, deja Google y avisa de los peligros de esta tecnología", *El País,* 2 de mayo de 2023.

de respuestas rápidas a problemas complejos que requieren reflexión y tiempo. Una asimetría que favorece a los movimientos populistas, cuyas retóricas ofrecen soluciones rápidas, aunque sean irreales.

La estructura de los procesos comunicativos incide también en el desarrollo de una configuración cultural distinta de la del mundo analógico. Las redes sociales se dirigen a un público universal, a diferencia de los medios de comunicación tradicionales, por lo que tienen que articular la diversidad sobre la base de algoritmos que dirigen los discursos en función de las preferencias de cada usuario. Unos algoritmos que potencian la fragmentación y la radicalización en la sociedad promoviendo la disolución del espacio público y ocasionando la pérdida de una visión social compartida de la realidad. Los entornos digitales creados por los nuevos mediadores, por las grandes compañías tecnológicas, monopolizan los procesos comunicativos desde el derecho privado y promueven la desinformación, las fake news y la posverdad, proyectando una tensión sobre la realidad que tiene un gran potencial destructivo.

Todas estas transformaciones culturales se verán potenciadas con la Inteligencia Artificial generativa que, al menos en sus primeras aplicaciones (tales como el ChatGPT) se están configurando como una fuente de desinformación sistémica. Es de destacar aquí el salto cualitativo que suponen estas aplicaciones de IA generativa en cuanto rompen la esfera de protección que se había mantenido por las compañías tecnológicas sobre ámbitos tales como la economía, la aplicación del derecho o la propia IA. Mientras las redes sociales y las aplicaciones de Internet se limitaban hasta ahora a difundir desinformación y a provocar incerteza en el ámbito político y social, la IA generativa extiende la desinformación, de manera sistémica, a ámbitos tales como la economía, la investigación científica, el mundo jurídico o las aplicaciones tecnológicas (en cuanto estas se basan en datos que son falseados por las aplicaciones de Inteligencia Artificial generativa).

La IA generativa se mueve dentro de la lógica de las transformaciones culturales de la sociedad digital. Permite ahorrar tiempo y trabajo, aunque ese tiempo y trabajo hayan sido un aporte fundamental a los procesos creativos y de investigación científica a lo largo de la historia de la humanidad. La IA generativa te ofrece resultados inmediatos, lo que es coherente con la nueva percepción del tiempo que se ha impuesto en la sociedad digital, impulsada por la configuración específica de las aplicaciones de Internet que han desarrollado las grandes compañías tecnológicas. Si esos resultados son o no fiables poco parece importar porque lo importante es que aparenten serlo. Tal y como se está configurando por las grandes compañías tecnológicas, la sociedad digital es la sociedad de la apariencia, lo importante no es lo que se es sino lo que se aparenta ser.

Con las aplicaciones actuales de IA generativa (sin perjuicio de que sus deficiencias puedan ser corregidas en el futuro) se cierra el círculo del daño potencial que el excesivo sometimiento a los intereses de las grandes compañías tecnológicas y la ausencia de mecanismos de exigencia de responsabilidad está produciendo en la sociedad digital. Aplicaciones que no han sido suficientemente probadas, que no se han sometido a ningún tipo de evaluación de su impacto social son incorporadas al mercado libremente por compañías que desconocen sus efectos negativos y que las ponen a disposición del público para utilizar a ese mismo público como instrumento para corregir sus deficiencias y mejorarlas. Si las mejoran o no es algo que se verá en el futuro, pero sus deficiencias y el daño que pueden producir lo estamos viendo ya y puede alcanzar una condición sistémica con desinformación masiva que inunde todos los ámbitos en los que la información correcta es fundamental para que funcionen adecuadamente (entre ellos los de las propias aplicaciones de IA y de IA generativa).

7. BIBLIOGRAFÍA

ARENDT, H., "Truth and Politics", *Between Past and Future,* Penguin, London, 1968.

BALAGUER CALLEJÓN, F. y BALAGUER CALLEJÓN, M.L., *Verdad e interpretación en la sociedad digital,* Aranzadi, Cizur Menor, 2023.

BALAGUER CALLEJÓN, F., "La cultura constitucional en la era digital", en PÉREZ COLLADOS, J.M. (Coord.) *La cultura jurídica en la era digital,* Aranzadi, Cizur Menor, 2022.

BALAGUER CALLEJÓN, F., "The Impact of the New Mediators of the Digital Age on Freedom of Speech" en HINDELANG, S. (editor) MOBERG, A. (editor) *YSEC Yearbook of Socio-Economic Constitutions,* Springer, 2022.

BALAGUER CALLEJÓN, F., *La constitución del algoritmo,* Fundación Manuel Giménez Abad, 2ª edición, 2023. Versión portuguesa: *A constituição do algoritmo,* Editora Forense, Rio de Janeiro, 2023, versión italiana: *La costituzione dell'algoritmo,* Le Monnier Università/Mondadori, Milano, 2023, versión francesa en curso de publicación.

BALAGUER CALLEJÓN, F.: "Inteligencia artificial y cultura constitucional", en BALAGUER CALLEJON, F., SARLET, INGO W. (Dirs.), *Derechos fundamentales y democracia en el constitucionalismo digital,* Aranzadi, Cizur Menor, 2023. Disponible en Internet en versión italiana: "Intelligenza artificiale e cultura costituzionale", en *Diritti fondamentali e democracia nel costituzionalismo digitale* a cura di F. BALAGUER CALLEJÓN – I. W. SARLET, lacittadinanzaeuropeaonline, Numero Speciale 2, Maggio-Agosto 2023.

BILANCIA, P., "Crisi nella democrazia rappresentativa e aperture a nuove istanze di partecipazione democrática", *federalismi.it* -numero speciale 1/2017.

CHOMSKY, N., ROBERTS, I., WATUMULL, J., "The False Promise of ChatGPT", *The New York Times,* March 8, 2023.

DEL CASTILLO, C., "La inteligencia artificial ChatGPT reabre el debate de la tecnología en las aulas", *elDiario.es,* 19 de enero de 2023.

ECO, U., "La forza del falso", en la recopilación del mismo autor *Sulla Letteratura,* Tascabili Bompiani, Milano, 2003, pp. 292 y ss.

FOUCAULT, M., "De la verdad entre particulares a la verdad pública: el nacimiento de la indagación jurídica", en FOUCAULT, M., *La verdad y las formas jurídicas,* Gedisa Editorial. Edición de Kindle, 1973.

GALINDO C., "Las grandes tecnológicas consolidan su liderazgo tras dos años de pandemia", *El País,* 5 de febrero de 2022.

HÄBERLE, P., Wahrheitsprobleme im Verfassungsstaat, 1995, en su versión italiana preparada por G. ZAGREBELSKY y J. LUTHER, *Diritto e verità.*

HORWITZ, J., SEETHARAMAN, D., "Facebook Executives Shut Down Efforts to Make the Site Less Divisive", *Wall Street Journal,* 26 de mayo de 2020.

METZ, C. y otros, "Five Days of Chaos: How Sam Altman Returned to OpenAI", *The New York Times,* Nov. 22, 2023.

METZ, C. y SCHMIDT, G. "Elon Musk and Others Call for Pause on A.I., Citing 'Profound Risks to Society'", *The New York Times,* March 29, 2023.

PARISER, E., *The Filter Bubble. What the Internet Is Hiding from You,* Penguin Books, 2011.

PASCUAL, G. M., "Google presenta Bard, su chat inteligente para hacer búsquedas", *El País,* 7 de febrero de 2023.

SCHAUER, F., "Facts and the First Amendment", *UCLA Law Review,* Volume 57. Issue 4, April 2010.

THOMPSON, S.A., "Traffic surged on Trump's social media website as an indictment", The New York Times, April 4, 2023.

THOMPSON, S.A., WARZEL C., "How Facebook Incubated the Insurrection. Right-wing influencers embraced extremist views and Facebook rewarded them", *The New York Times,* 14/01/2021.

VÉLIZ, C., "Perdiendo habilidades ante la inteligencia artificial", *El País,* 2 de junio de 2023.

WEISER, B., "Here's What Happens When Your Lawyer Uses ChatGPT", *The New York Times,* May 27, 2023.

ZADROZNY B., "Trump's blog isn't lighting up the internet" May 11, 2021, nbcnews.com: https://www.nbcnews.com/tech/tech-news/trumps-blog-isnt-lighting-internet-rcna890.

Análisis del origen y desarrollo de la propuesta de "ley de inteligencia artificial" europea[1]

MIGUEL ÁNGEL PRESNO LINERA[2]
https://orcid.org/0000-0002-0033-6159

SUMARIO: 1. Introducción. 2. El origen de la propuesta de regulación de la inteligencia artificial en la Unión Europea. 3. Los fundamentos jurídicos de la propuesta de regulación europea de la inteligencia artificial. 4. ¿De qué hablamos cuando hablamos de inteligencia artificial? 5. Los principios generales aplicables a todos los sistemas de inteligencia artificial. 6. El enfoque basado en los riesgos. 7. Los sistemas de inteligencia artificial objeto de prohibición. 8. Los requisitos para los sistemas de inteligencia artificial de alto riesgo. 9. Los modelos fundacionales. 10. Las autoridades de supervisión de la inteligencia artificial. 11. Las reglas en materia de sanciones. 12. El acuerdo de 8 de diciembre de 2023 entre el consejo y el parlamento. 13. ¿Generará la regulación europea de la inteligencia artifical un "efecto bruselas"? 14. Bibliografía.

---

1 Esta publicación es uno de los resultados del proyecto PID2022-136548NB-I00 *Los retos de la inteligencia artificial para el Estado social y democrático de Derecho*, financiado por el Ministerio de Ciencia e Innovación en la Convocatoria Proyectos de Generación de Conocimiento 2022.

2 Me he ocupado de algunas de estas cuestiones en PRESNO LINERA, M. A., *Derechos fundamentales e inteligencia artificial*, Marcial Pons, 2022; PRESNO LINERA, M. A., "Policía predictiva y prevención de la violencia de género: el sistema VioGén", *Revista de Internet, Derecho y Política*, monográfico sobre Digitalización y algoritmización de la justicia, nº 39, 2023.

1. INTRODUCCIÓN

En el año 2022, la Fundación del Español Urgente otorgó el título de "palabra del año" a la expresión compleja inteligencia artificial (IA). La elección se justificó, entre otras razones, porque "el análisis de datos, la ciberseguridad, las finanzas o la lingüística son algunas de las áreas que se benefician de la inteligencia artificial. Este concepto ha pasado de ser una tecnología reservada a los especialistas a acompañar a la ciudadanía en su vida cotidiana: en forma de asistente virtual (como los que incorporan los teléfonos inteligentes), de aplicaciones que pueden crear ilustraciones a partir de otras previas o de chats que son capaces de mantener una conversación casi al mismo nivel que una persona. No obstante, también ha estado muy presente por las implicaciones éticas que supone el desarrollo de la inteligencia de las máquinas"[3].

Dos años antes, en el primer párrafo del *Libro Blanco sobre la inteligencia artificial* de la Comisión Europea, de 19 de febrero de 2020, se dijo que "la IA se está desarrollando rápido. Cambiará nuestras vidas, pues mejorará la atención sanitaria (por ejemplo, incrementando la precisión de los diagnósticos y permitiendo una mejor prevención de las enfermedades), aumentará la eficiencia de la agricultura, contribuirá a la mitigación del cambio climático y a la correspondiente adaptación, mejorará la eficiencia de los sistemas de producción a través de un mantenimiento predictivo, aumentará la seguridad de los europeos y nos aportará otros muchos cambios que de momento solo podemos intuir. Al mismo tiempo, la IA conlleva una serie de riesgos potenciales, como la opacidad en la toma de decisiones,

---

3 https://www.fundeu.es/recomendacion/inteligencia-artificial-es-la-expresion-del-2022-para-la-fundeurae/ (consulta el 10 de diciembre de 2023).

la discriminación de género o de otro tipo, la intromisión en nuestras vidas privadas o su uso con fines delictivos"[4].

Como veremos en las siguientes líneas, el impacto de la IA ya se había detectado con anterioridad y con él la consciencia de que estamos inmersos en una *infoesfera*[5], en un ambiente global compuesto por organismos informacionales interconectados y este mestizaje ontológico entre lo biológico y lo técnico, entre lo carbónico y lo silícico[6], exige dar respuestas jurídicas a preguntas como las que formuló en el plano ético el Grupo Europeo sobre Ética de la Ciencia y las Nuevas Tecnologías en su *Declaración sobre Inteligencia artificial, robótica y sistemas "autónomos"*, de 9 de marzo de 2018: ¿cómo podemos construir un mundo con IA y dispositivos "autónomos" interconectados que sea seguro y cómo podemos estimar los riesgos involucrados? ¿Quién es responsable de resultados no deseados y en qué sentido es responsable? ¿Cómo se deben rediseñar nuestras instituciones y leyes para que estén al servicio del bienestar de las personas y la sociedad, y para hacer de la sociedad un lugar seguro ante la aplicación de estas tecnologías? ¿Cómo evitar que, a través del aprendizaje automático, los datos masivos y las ciencias del comportamiento se manipulen las arquitecturas de toma de decisiones según fines comerciales o políticos? En suma, ¿cómo se puede prevenir que estas poderosas tecnologías sean utilizadas como

---

4 En: https://op.europa.eu/es/publication-detail/-/publication/ac957f13-53c6-11ea-aece-01aa75ed71a1, (consultado el 10 de diciembre de 2023).

5 FLORIDI, L. (2012). *La rivoluzione dell'informazione*, Turín, Codice edizioni, p. 11.

6 CAMPIONE, R., *La plausibilidad del Derecho en la era de la inteligencia artificial. Filosofía carbónica y filosofía jurídica del Derecho*, Dykinson, 2020, p. 13.

herramientas para socavar sistemas democráticos y como mecanismos de dominación?[7].

Pues bien, en este texto se analiza el proceso, impulsado formalmente el 21 de abril de 2021, de aprobación de un conjunto de normas armonizadas para el desarrollo, la introducción en el mercado y la utilización de sistemas de IA en la Unión Europea al que se denomina, de manera gráfica, "Ley de inteligencia artificial", aunque su nombre técnico es Reglamento del Parlamento Europeo y del Consejo por el que se establecer normas armonizadas en materia de inteligencia artificial (Ley de inteligencia artificial) y se modifican determinados actos legislativos de la Unión[8].

Al cierre de estas páginas (10 de diciembre de 2023), y aunque no se conoce el texto definitivo del Reglamento, hemos sabido que ha habido un acuerdo entre el Consejo y el Parlamento, cuyos detalles se trasladarán a la propuesta a finales de este año o principios de 2024[9].

---

7 https://research-and-innovation.ec.europa.eu/news/all-research-and-innovation-news/ethics-artificial-intelligence-statement-ege-released-2018-03-09_en (consulta el 10 de diciembre de 2023).

8 Sobre las normas armonizadas en relación con la inteligencia artificial, ÁLVAREZ GARCÍA, V. y TAHIRI MORENO, J., "La regulación de la inteligencia artificial en Europa a través de la técnica armonizadora del nuevo enfoque", *Revista General de Derecho Administrativo,* nº 2023, 2023.

9 En la fase de revisión de pruebas se conoció la Resolución legislativa del Parlamento Europeo, de 13 de marzo de 2024, sobre la propuesta de Reglamento del Parlamento Europeo y del Consejo por el que se establecen normas armonizadas en materia de inteligencia artificial (Ley de Inteligencia Artificial) y se modifican determinados actos legislativos de la Unión. El texto se publicó el 12 de julio de 2024 en el Diario Oficial de la Unión Europea.

2. EL ORIGEN DE LA PROPUESTA DE REGULACIÓN DE LA INTELIGENCIA ARTIFICIAL EN LA UNIÓN EUROPEA

En su reunión de 19 de octubre de 2017, el Consejo Europeo concluyó que, para construir con éxito una Europa digital, la Unión Europea (UE) necesita, en particular, "concienciarse de la urgencia de hacer frente a las nuevas tendencias, lo que comprende cuestiones como la inteligencia artificial y las tecnologías de cadena de bloques, garantizando al mismo tiempo un elevado nivel de protección de los datos, así como los derechos digitales y las normas éticas. El Consejo Europeo ruega a la Comisión que, a principios de 2018, proponga un planteamiento europeo respecto de la IA y le pide que presente las iniciativas necesarias para reforzar las condiciones marco con el fin de que la UE pueda buscar nuevos mercados gracias a innovaciones radicales basadas en el riesgo y reafirmar el liderazgo de su industria"[10]. Se comienza a evidenciar así la preocupación de las instituciones de la UE a propósito, por lo que aquí interesa, de la regulación jurídica de la IA, de manera que se pueda aprovechar todo lo que supone en materia de innovación y desarrollo tecnológico y, al mismo tiempo, queden garantizados de manera adecuada los derechos fundamentales y el propio Estado social y democrático de Derecho.

Transcurrido poco más de un año, el 7 de diciembre de 2018, la Comisión Europea presentó al Parlamento Europeo, al Consejo Europeo, al Consejo, al Comité Económico y Social Europeo y al Comité de las Regiones la Comunicación titulada «Plan Coordinado sobre la Inteligencia Artificial», junto con el Plan Coordinado sobre el Desarrollo y Uso de la Inteligencia Artificial «Made in Europe»-2018, preparado por

---

[10] https://www.consilium.europa.eu/media/21604/19-euco-final-conclusions-es.pdf, p. 7 (consultado el 10 de diciembre de 2023).

los Estados miembros (como parte del Grupo sobre la Digitalización de la Industria Europea y la Inteligencia Artificial), Noruega, Suiza y la Comisión[11]. Cabe destacar que aquí se ofrece un concepto de IA que, como iremos viendo, cambiará a lo largo de este proceso: "el término "inteligencia artificial" se aplica a los sistemas que manifiestan un comportamiento inteligente, pues son capaces de analizar su entorno y pasar a la acción –con cierto grado de autonomía– con el fin de alcanzar objetivos específicos". Se apunta aquí a la idea de "cierto grado de autonomía", que será esencial para la conceptualización de los sistemas de IA.

La preocupación por la garantía de los derechos fundamentales frente a los riesgos que plantea la IA se exteriorizó de manera evidente en el Consejo de la UE de 11 de febrero de 2019 donde se destacó la importancia de garantizar el pleno respeto de los derechos de los ciudadanos europeos mediante la aplicación de directrices éticas para el desarrollo y el uso de la inteligencia artificial dentro de la UE y a nivel mundial, haciendo de la ética de la inteligencia artificial una ventaja competitiva para la industria europea[12].

Poco más de un año después, el 19 de febrero de 2020, la Comisión publicó el ya citado *Libro Blanco sobre la inteligencia artificial: un enfoque europeo orientado a la excelencia y la confianza*[13], donde se afirma que "la Comisión respalda un enfoque basado en la regulación y en la inversión, que tiene el doble

---

11 https://eur-lex.europa.eu/legal-content/ES/TXT/HTML/?uri=CELEX:52018DC0795 (consultado el 10 de diciembre de 2023).

12 https://data.consilium.europa.eu/doc/document/ST-6177-2019-INIT/es/pdf, p. 8 (consultado el 10 de diciembre de 2023).

13 https://op.europa.eu/es/publication-detail/-/publication/ac957f13-53c6-11ea-aece-01aa75ed71a1, (consultado el 10 de diciembre de 2023).

objetivo de promover la adopción de la IA y de abordar los riesgos vinculados a determinados usos de esta nueva tecnología. La finalidad del presente Libro Blanco es formular alternativas políticas para alcanzar estos objetivos…".

En el mes de octubre del mismo año 2020, el Parlamento Europeo aprobó diversas resoluciones en materia de IA en el ámbito de la ética[14], la responsabilidad civil[15] y los derechos de propiedad intelectual[16], a las que siguieron, ya en 2021, resoluciones sobre el uso de la IA y en los sectores educativo, cultural y audiovisual[17] y en materia penal[18]. Antes de esta última Resolución ya se había publicado el documento con el que formalmente se abrió el procedimiento normativo que nos ocupa: el 21 de abril de 2021 se conoció la Propuesta de Reglamento del Parlamento Europeo y del Consejo por el que se establecer normas armonizadas en materia de inteligencia artificial (Ley

---

14 Resolución del Parlamento Europeo, de 20 de octubre de 2020, sobre un marco de los aspectos éticos de la inteligencia artificial, la robótica y las tecnologías conexas, 2020/2012(INL) (consultada el 10 de diciembre de 2023).

15 Resolución del Parlamento Europeo, de 20 de octubre de 2020, sobre un régimen de responsabilidad civil en materia de inteligencia artificial, 2020/2014(INL) (consultada el 10 de diciembre de 2023).

16 Resolución del Parlamento Europeo, de 20 de octubre de 2020, sobre los derechos de propiedad intelectual para el desarrollo de las tecnologías relativas a la inteligencia artificial, 2020/2015(INI) (consultada el 10 de diciembre de 2023).

17 Resolución del Parlamento Europeo, de 19 de mayo de 2021, sobre la inteligencia artificial en la educación, la cultura y el sector audiovisual, https://www.europarl.europa.eu/doceo/document/TA-9-2021-0238_ES.html (consultada el 10 de diciembre de 2023).

18 Resolución del Parlamento Europeo, de 6 de octubre de 2021, sobre la inteligencia artificial en el Derecho penal y su utilización por las autoridades policiales y judiciales en materia penal, https://www.europarl.europa.eu/doceo/document/TA-9-2021-0238_ES.html (consultada el 10 de diciembre de 2023).

de inteligencia artificial) y se modifican determinados actos legislativos de la Unión, elaborada por la Comisión[19].

Según se explica en la Exposición de Motivos,

> "la propuesta establece normas armonizadas para el desarrollo, la introducción en el mercado y la utilización de sistemas de IA en la Unión a partir de un enfoque proporcionado basado en los riesgos. También propone una definición única de la IA que puede resistir el paso del tiempo. Asimismo, prohíbe determinadas prácticas particularmente perjudiciales de IA por ir en contra de los valores de la Unión y propone restricciones y salvaguardias específicas en relación con determinados usos de los sistemas de identificación biométrica remota con fines de aplicación de la ley. La propuesta establece una sólida metodología de gestión de riesgos para definir aquellos sistemas de IA que plantean un «alto riesgo» para la salud y la seguridad o los derechos fundamentales de las personas. Dichos sistemas de IA tendrán que cumplir una serie de requisitos horizontales obligatorios que garanticen su fiabilidad y ser sometidos a procedimientos de evaluación de la conformidad antes de poder introducirse en el mercado de la Unión. Del mismo modo, se imponen obligaciones previsibles, proporcionadas y claras a los proveedores y los usuarios de dichos sistemas, con el fin de garantizar la seguridad y el respeto de la legislación vigente protegiendo los derechos fundamentales durante todo el ciclo de vida de los sistemas de IA. En el caso de determinados sistemas de IA, solo se proponen obligaciones mínimas en materia de transparencia, en particular cuando se utilizan robots conversacionales o ultrafalsificaciones".

---

19 Puede consultarse en: https://eur-lex.europa.eu/legal-content/ES/ALL/?uri=CELEX%3A52021PC0206 (consultada el 10 de diciembre de 2023). Sobre esta Propuesta, COTINO, L., "Un análisis crítico constructivo de la Propuesta de Reglamento de la Unión Europea por el que se establecen normas armonizadas sobre la Inteligencia Artificial (Artificial Intelligence Act)", *Diario La Ley*, 2 de julio, 2021 y CASTELLANOS CLARAMUNT, J., "Sobre los desafíos constitucionales ante el avance de la Inteligencia Artificial. Una perspectiva nacional y comparada", *Revista de Derecho Político*, nº 118, pp. 261-287, 2023.

Cabe recordar ahora, por lo que luego veremos, que la IA se definió entonces (artículo 3.1) como "el software que se desarrolla empleando una o varias de las técnicas y estrategias que figuran en el anexo I y que puede, para un conjunto determinado de objetivos definidos por seres humanos, generar información de salida como contenidos, predicciones, recomendaciones o decisiones que influyan en los entornos con los que interactúa". También que en esa propuesta no se incluyó referencia alguna a los que, en el momento de escribir estas líneas, son los famosos "modelos fundacionales", es decir, los sistemas de IA entrenados con una cantidad ingente de datos y que son capaces de realizar una gran variedad de tareas generales como comprender el lenguaje, generar texto e imágenes y conversar en lenguaje natural[20].

A propósito de esta propuesta, el 6 de diciembre de 2022, el Consejo de la UE hizo pública su Orientación general de 25 de noviembre[21], donde se señala que "para garantizar que la definición de los sistemas de IA proporcione criterios suficientemente claros para distinguirlos de otros sistemas de software más clásicos, el texto transaccional restringe la definición del artículo 3, apartado 1, a los sistemas desarrollados a través de estrategias de aprendizaje automático y estrategias basadas en la lógica y el conocimiento", es decir, se introduce el criterio del aprendizaje automático como una de las características de

---

20 OpenAI entrenó el chat GPT-4 mediante la utilización de 170 billones de parámetros y un conjunto de datos de entrenamiento de 45 Gigabytes, unidad que equivale a (aproximadamente) a 10 elevado a 9 (mil veinticuatro millones) de bytes, la unidad más pequeña de información.

21 https://data.consilium.europa.eu/doc/document/ST-14954-2022-INIT/es/pdf (consultada el 10 de diciembre de 2023); sobre los datos que "sirven de alimento" a la inteligencia artificial, JOVE VILLARES, D., *La protección de los sensible, o cuando la naturaleza del dato no lo es todo,* Tirant lo Blanch, 2023.

los sistemas de IA, algo que no estaba previsto así en la propuesta de la Comisión; también se amplían los sistemas que se pretende prohibir y se introducen cambios en los considerados de "alto riesgo".

Antes del acuerdo entre el Consejo y el Parlamento de 8 de diciembre de 2023, se conocieron las enmiendas introducidas por el Parlamento Europeo en el texto de la Comisión y aprobadas el 14 de junio de 2023[22], que han incorporado una nueva definición de sistema de IA –"un sistema basado en máquinas diseñado para funcionar con diversos niveles de autonomía y capaz, para objetivos explícitos o implícitos, de generar información de salida —como predicciones, recomendaciones o decisiones— que influya en entornos reales o virtuales"[23]; también de lo que se entiende por un modelo fundacional –"un

22 https://www.europarl.europa.eu/doceo/document/TA-9-2023-0236_ES.html (a 10 de diciembre de 2023). Al respecto, BARRIO ANDRÉS, M., "Novedades en la tramitación del próximo Reglamento europeo de inteligencia artificial", *ARI Real Instituto Elcano,* 67, 2023.

23 En el Real Decreto 817/2023, de 8 de noviembre, que establece un entorno controlado de pruebas para el ensayo del cumplimiento de la propuesta de Reglamento del Parlamento Europeo y del Consejo por el que se establecen normas armonizadas en materia de inteligencia artificial, se define el «Sistema de inteligencia artificial» como el "diseñado para funcionar con un cierto nivel de autonomía y que, basándose en datos de entradas proporcionadas por máquinas o por personas, infiere cómo lograr un conjunto de objetivos establecidos utilizando estrategias de aprendizaje automático o basadas en la lógica y el conocimiento, y genera información de salida, como contenidos (sistemas de inteligencia artificial generativos), predicciones, recomendaciones o decisiones, que influyan en los entornos con los que interactúa"; por lo que respecta a los modelos fundacionales, se conciben como los entrenados en una gran cantidad de datos no etiquetados a escala (generalmente mediante aprendizaje autosupervisado y/o con recopilación automática de contenido y datos a través de internet mediante programas infor-

modelo de sistema de IA entrenado con un gran volumen de datos, diseñado para producir información de salida de carácter general y capaz de adaptarse a una amplia variedad de tareas diferentes-", al tiempo que, entre otras cosas. se amplían los sistemas de IA prohibidos.

3. LOS FUNDAMENTOS JURÍDICOS DE LA PROPUESTA DE REGULACIÓN EUROPEA DE LA INTELIGENCIA ARTIFICIAL

La propuesta de la Comisión Europea explica cuál es su fundamento jurídico: en primer lugar, el artículo 114 del Tratado de Funcionamiento de la Unión Europea (TFUE), cuyo apartado 1 dispone que "el Parlamento Europeo y el Consejo, con arreglo al procedimiento legislativo ordinario y previa consulta al Comité Económico y Social, adoptarán las medidas relativas a la aproximación de las disposiciones legales, reglamentarias y administrativas de los Estados miembros que tengan por objeto el establecimiento y el funcionamiento del mercado interior". Añade la propuesta que "constituye una parte fundamental de la Estrategia para el Mercado Único Digital de la UE. Su objetivo primordial es garantizar el correcto funcionamiento del mercado interior mediante el establecimiento de normas armonizadas, en particular en lo que respecta al desarrollo, la introducción en el mercado de la Unión y el uso de productos y servicios que empleen tecnologías de IA o se suministren como sistemas de IA independientes"[24].

---

máticos) que da como resultado un modelo que se puede adaptar a una amplia gama de tareas posteriores.

[24] ÁLVAREZ GARCÍA, V. y TAHIRI MORENO, J., "La regulación de la inteligencia... *op. cit.*, pp. 7 y ss.

En segundo lugar, la propuesta invoca el principio de subsidiariedad: "la naturaleza de la IA, que a menudo depende de conjuntos de datos amplios y variados y que puede integrarse en cualquier producto o servicio que circula libremente por el mercado interior, implica que los Estados miembros no pueden alcanzar de manera efectiva los objetivos de esta propuesta por sí solos. Asimismo, está surgiendo un mosaico de normas nacionales con posibles divergencias que entorpecerá la circulación fluida en la UE de productos y servicios asociados a sistemas de IA y no garantizará de manera efectiva la seguridad y la protección de los derechos fundamentales y los valores de la Unión en los distintos Estados miembros. Las estrategias nacionales orientadas a afrontar estos problemas solo crearán inseguridad jurídica y barreras adicionales, y ralentizarán la adopción de la IA por parte del mercado.

Resultará más fácil alcanzar los objetivos de esta propuesta a escala de la Unión para evitar que el mercado único se fragmente en marcos nacionales potencialmente contradictorios que impidan la libre circulación de bienes y servicios que lleven IA incorporada. Por otro lado, el establecimiento de un marco reglamentario europeo sólido para conseguir que la IA sea fiable garantizará la igualdad de condiciones y protegerá a todas las personas, al tiempo que reforzará la competitividad y la base industrial de Europa en el ámbito de la IA. Además, la única manera de proteger la soberanía digital de la UE y de aprovechar sus herramientas y competencias reguladoras para crear normas y reglas globales es mediante la adopción de medidas comunes a escala de la Unión".

En tercer lugar, se apela al principio de proporcionalidad: "la propuesta se fundamenta en los marcos jurídicos existentes y es proporcionada y necesaria para alcanzar sus objetivos, ya que sigue un enfoque basado en los riesgos y únicamente impone cargas normativas cuando es probable que un sistema de IA entrañe altos riesgos para los derechos fundamentales y la seguridad... Unas normas armonizadas, y los instrumentos de orientación y cumplimiento en que se apoyan, ayudarán a los proveedores y los usuarios a cumplir los requisitos establecidos en la propuesta y a reducir al mínimo sus gastos. Los costes en que incurren los operadores son proporcionales a los objetivos logrados y a los beneficios que pueden obtener gracias a esta propuesta en términos económicos y de reputación".

Finalmente, se justifica el instrumento jurídico elegido -el Reglamento- "por la necesidad de aplicar uniformemente las nuevas normas, tales como la definición de IA, la prohibición de determinadas prácticas perjudiciales que la IA permitiría y la clasificación de determinados sistemas de IA. Puesto que, de conformidad con el artículo 288 del TFUE, los reglamentos son directamente aplicables, la elección de este instrumento reducirá la fragmentación jurídica y facilitará el desarrollo de un mercado único de sistemas de IA legales, seguros y fiables… Al mismo tiempo, las disposiciones del Reglamento no son excesivamente prescriptivas y permiten que los Estados miembros actúen a distintos niveles en relación con aquellos elementos que no socavan los objetivos de la iniciativa, en particular en lo que respecta a la organización interna del sistema de vigilancia del mercado y la adopción de medidas para promover la innovación".

4. ¿DE QUÉ HABLAMOS CUANDO HABLAMOS DE INTELIGENCIA ARTIFICIAL?

En la corta historia de la IA -existe acuerdo en ubicar el nacimiento del nombre IA en un taller científico que, en el verano de 1956, reunió, entre otros, a John McCarthy, Marvin Minsky, Claude Shannon, Herbert Simon, Allan Nevell… en el Dartmouth College y en que esa denominación la propuso John McCarthy- se han proporcionado distintas definiciones que, en general, aluden al desarrollo de sistemas que imitan o reproducen el pensamiento y obrar humanos, actuando racionalmente -en el sentido de hacer lo "correcto" en función de su conocimiento- e interactuando con el medio[25].

La IA pretende sintetizar o reproducir los procesos cognitivos humanos, tales como la percepción, la creatividad, la comprensión, el lenguaje o el aprendizaje[26]. Para ello, la IA utiliza todas las herramientas a su alcance, entre las que destacan las proporcionadas por la computación, incluidos los algoritmos. No obstante, los sistemas de IA no usan cualquier algoritmo

---

25 En esos primeros momentos cundió el optimismo sobre la IA y su impacto: Herbert Simon predijo que "en veinte años las máquinas serán capaces de hacer el trabajo de una persona" y Marvin Minsky declaró en 1970 a la revista *Life* que "dentro de tres a ocho años tendremos una máquina con la inteligencia general de un ser humano". No hay que olvidar que poco antes (1969) se había llegado a la Luna y en el cine (1968) se había estrenado *2001: una odisea del espacio*, la película de Stanley Kubrick basada en varios cuentos de Arthur C. Clarke, en la que, como es conocido, el ordenador HAL 900 desempeña un papel decisivo y en la trama argumental se cuestiona si una máquina como esa puede tener emociones y sentimientos y, en última instancia. "morir".
Pero como estas optimistas previsiones no se cumplieron, entre otras razones por la existencia de pocos datos y la escasa capacidad de la computación del momento, a principios de los años setenta se enfriaron las expectativas, que volvieron a coger auge y financiación durante los años ochenta pero que decayeron de nuevo en los noventa hasta que, en el presente siglo, el acceso a cantidades ingentes de datos –Big Data–, la disponibilidad de procesadores muy potentes a bajo coste y el desarrollo de redes neuronales profundas y complejas consolidaron definitivamente la IA y han despejado las dudas sobre su decisiva importancia en los próximos años. OLIVER, N., *Inteligencia artificial, naturalmente,* Observatorio Nacional de Tecnología y Sociedad, 2020, pp. 36 y ss. https://www.ontsi.es/es/publicaciones/Inteligencia-artificial%2C-naturalmente. MITCHELL, M., Inteligencia artificial. Guía para seres pensantes, Capitán Swing, 2024, pp. 27-47.

26 RUSSELL, S. y NORVIG, P., *Inteligencia Artificial: un enfoque moderno,* Pearson Education, 2004.

sino, esencialmente, los que "aprenden" a base del procesamiento de datos.

Por otro lado, en ocasiones se habla de IA cuando en realidad estamos hablando de un subcampo, el aprendizaje automático (o *machine learning* en inglés, AA en lo sucesivo). El AA trata de encontrar patrones en datos para construir sistemas predictivos o explicativos; por tanto, puede considerarse una rama de la IA ya que a partir de la experiencia (los datos) toma decisiones o detecta patrones significativos y eso es una característica fundamental de la inteligencia humana. Es importante resaltar que para que un sistema de AA tenga éxito es tan necesario utilizar los algoritmos adecuados como realizar una correcta gestión y tratamiento de los datos utilizados para desarrollar el sistema.

Profundizando un poco más, nos encontramos con las redes neuronales, también llamadas redes neuronales artificiales, que son un modelo computacional de aprendizaje automático que procesa la información a través de un conjunto de unidades llamadas neuronas, o neuronas artificiales, que están conectadas entre sí y organizadas por capas, formando una red. Los datos de entrada atraviesan la red neuronal, donde son procesados mediante operaciones matemáticas, generando una salida. Por su parte, el concepto de aprendizaje profundo (*Deep learning*) hace referencia a las redes neuronales de un gran número de capas. No existe un criterio claro en cuanto a partir de qué número de capas ocultas podemos considerar una red neuronal como profunda, y por tanto, aprendizaje profundo, pero hay una opinión cada vez más extendida entre los expertos que afirma que cualquier red con más de 2 capas ocultas puede considerarse "profunda"[27].

---

27 GONZÁLEZ CABANES, F. y DÍAZ DÍAZ, N. "¿Qué es la Inteligencia Artificial?", en GAMERO CASADO, E. y PÉREZ GUERRERO, F.

La dificultad de ofrecer una definición "acabada" de la IA se presenta también en el ámbito jurídico[28], como se puede comprobar leyendo las diferentes versiones que se han ido ofreciendo en la Propuesta de Reglamento de inteligencia artificial: así, en el texto que presentó la Comisión el 21 de abril de 2021 se entendía como "el software que se desarrolla empleando una o varias de técnicas y estrategias que figuran en el Anexo I y que puede, para un conjunto determinado de objetivos definidos por seres humanos, generar información de salida como contenidos, predicciones, recomendaciones o decisiones que influyan en los entornos con los que interactúa" (artículo 3) pero, tras las enmiendas aprobadas por el Parlamento Europeo el 14 de junio de 2023, se define como "un sistema basado en máquinas diseñado para funcionar con diversos niveles de autonomía y capaz, para objetivos explícitos o implícitos, de generar información de salida —como predicciones, recomendaciones o decisiones— que influya en entornos reales o virtuales".

En los considerandos previos al articulado se explica con un poco más de detalle este concepto precisando que las principales características de la inteligencia artificial son su capacidad de aprendizaje, de razonamiento o de modelización, diferenciándola así de otros sistemas de software y planteamientos de programación más sencillos. "Los sistemas de IA están diseñados para operar con distintos niveles de

---

L., *Inteligencia artificial y sector público: retos, límites y medios*, Tirant lo Blanch, 2023, pp. 58 y 64.

28 BARRIO ANDRÉS, M., "Inteligencia artificial: origen, concepto, mito y realidad", *El Cronista del Estado social y democrático de Derecho (monográfico sobre inteligencia artificial y Derecho)*, nº 100, 2022, pp. 14-21; RUÍZ TARRÍAS, S., "La búsqueda de un modelo regulatorio de la IA en la Unión Europea", *Anales de la Cátedra Francisco Suárez* (ejemplar dedicado a: Inteligencia Artificial y Derecho), nº 57, 2023, pp. 91-119.

autonomía, lo que significa que tienen al menos cierto grado de independencia de las acciones de los controles humanos y ciertas capacidades para operar sin intervención humana. El término «basado en máquinas» se refiere al hecho de que todo sistema de IA funciona con máquinas. La referencia a objetivos explícitos o implícitos subraya que los sistemas de IA pueden operar con arreglo a objetivos explícitos definidos por el ser humano o a objetivos implícitos. Los objetivos del sistema de IA pueden ser diferentes de la finalidad prevista del sistema de IA en un contexto específico. La referencia a las predicciones incluye el contenido, una forma de predicción en tanto una posible información de salida producida por un sistema de IA. A efectos del Reglamento, los entornos deben entenderse como los contextos en los que operan los sistemas de IA, mientras que la información de salida generada por el sistema de IA, es decir, las predicciones, recomendaciones o decisiones, responden a los objetivos del sistema, sobre la base de las entradas de dicho entorno. Dicha información de salida influye a su vez en el entorno, por el simple hecho de introducir nueva información en él"[29].

---

[29] En el texto definitivo del Reglamento europeo se define el sistema de IA como un sistema basado en una máquina diseñado para funcionar con distintos niveles de autonomía, que puede mostrar capacidad de adaptación tras el despliegue y que, para objetivos explícitos o implícitos, infiere de la información de entrada que recibe la manera de generar información de salida, como predicciones, contenidos, recomendaciones o decisiones, que puede influir en entornos físicos o virtuales; por lo que respecta al concepto de IA asumido en otros contextos internacionales, cabe mencionar que en el texto del Proyecto de trabajo consolidado de Convenio Marco sobre inteligencia artificial, derechos humanos, democracia y Estado de Derecho, del Consejo de Europa, se define, de manera bastante diferente a la propuesta de Reglamento de la UE, como "cualquier sistema algorítmico o combinación de tales sistemas que utilice métodos computacionales derivados de la estadística u otras

Como ya se ha dicho en nota al pie, en el Real Decreto 817/2023, de 8 de noviembre (TOL9.759.261), que establece un entorno controlado de pruebas para el ensayo del cumplimiento de la propuesta de Reglamento del Parlamento Europeo y del Consejo por el que se establecen normas armonizadas en materia de inteligencia artificial, se define el «Sistema de inteligencia artificial» como el "diseñado para funcionar con un cierto nivel de autonomía y que, basándose en datos de entradas proporcionadas por máquinas o por personas, infiere cómo lograr un conjunto de objetivos establecidos utilizando estrategias de aprendizaje automático o basadas en la lógica y el conocimiento, y genera información de salida, como contenidos (sistemas de inteligencia artificial generativos), predicciones, recomendaciones o decisiones, que influyan en los entornos con los que interactúa".

Previamente, en la Resolución del Parlamento Europeo, de 3 de mayo de 2022, sobre la inteligencia artificial en la era digital se recordaba que hay una diferencia significativa entre

---

técnicas matemáticas y que genere texto, sonido, imágenes u otros contenidos o que ayude o sustituya la toma de decisiones humana. La Conferencia de las Partes podrá, en su caso, decidir interpretar esta definición de forma coherente con los avances tecnológicos pertinentes" (artículo 3); por su parte, la OCDE, en la línea del concepto de IA de la propuesta de Reglamento de la UE, lo entiende como un sistema operado por una máquina capaz de influir en su entorno produciendo resultados (como predicciones, recomendaciones o decisiones) para cumplir un conjunto determinado de objetivos. Utiliza datos y entradas generados por la máquina y/o introducidos por el ser humano para (i) percibir entornos reales y/o virtuales; (ii) producir una representación abstracta de estas percepciones en forma de modelos derivados de análisis automatizados (por ejemplo, aprendizaje automático) o manuales; y (iii) utilizar las inferencias del modelo para formular diferentes opciones de resultados. Los sistemas de IA están diseñados para funcionar de forma más o menos autónoma.

la IA simbólica, que constituye el principal enfoque de la IA entre los años cincuenta y los años noventa, y la IA basada en datos y aprendizaje automático, que domina desde el año 2000: durante la primera oleada, la IA se desarrolló codificando los conocimientos y la experiencia de los expertos en un conjunto de reglas que luego ejecutaba una máquina; en la segunda oleada, los procesos de aprendizaje automatizados de algoritmos basados en el procesamiento de grandes cantidades de datos, la capacidad de reunir datos procedentes de múltiples fuentes diferentes y de elaborar representaciones complejas de un entorno dado, y la determinación de patrones convirtieron a los sistemas de IA en sistemas más complejos, autónomos y opacos, lo que puede hacer que los resultados sean menos explicables; en consecuencia, la IA actual puede clasificarse en muchos subcampos y técnicas diferentes[30].

5. LOS PRINCIPIOS GENERALES APLICABLES A TODOS LOS SISTEMAS DE INTELIGENCIA ARTIFICIAL

Merced a las enmiendas introducidas por el Parlamento Europeo se incorporaron una serie de principios generales aplicables a todos los sistemas de IA y a los modelos fundacionales con el objetivo de promover un enfoque europeo coherente centrado en el ser humano con respecto a una inteligencia artificial ética y fiable, que esté plenamente en consonancia con la Carta, así como con los valores en los que se fundamenta la Unión. Dichos principios, por otra parte bastante obvios, son los siguientes:

a) «Intervención y vigilancia humanas»: los sistemas de IA se desarrollarán y utilizarán como una herramienta al servicio de

---

[30] https://www.europarl.europa.eu/doceo/document/TA-9-2022-0140_ES.html (consultada el 10 de diciembre de 2023).

las personas, que respete la dignidad humana y la autonomía personal, y que funcione de manera que pueda ser controlada y vigilada adecuadamente por seres humanos.

b) «Solidez y seguridad técnicas»: los sistemas de IA se desarrollarán y utilizarán de manera que se minimicen los daños imprevistos e inesperados, así como para que sean sólidos en caso de problemas imprevistos y resistentes a los intentos de modificar el uso o el rendimiento del sistema de IA para permitir una utilización ilícita por parte de terceros malintencionados.

c) «Privacidad y gobernanza de datos»: los sistemas de IA se desarrollarán y utilizarán de conformidad con las normas vigentes en materia de privacidad y protección de datos, y tratarán datos que cumplan normas estrictas en términos de calidad e integridad.

d) «Transparencia»: los sistemas de IA se desarrollarán y utilizarán facilitando una trazabilidad y explicabilidad adecuadas, haciendo que las personas sean conscientes de que se comunican o interactúan con un sistema de IA, informando debidamente a los usuarios sobre las capacidades y limitaciones de dicho sistema de IA e informando a las personas afectadas de sus derechos.

e) «Diversidad, no discriminación y equidad»: los sistemas de IA se desarrollarán y utilizarán incluyendo a diversos agentes y promoviendo la igualdad de acceso, la igualdad de género y la diversidad cultural, evitando al mismo tiempo los efectos discriminatorios y los sesgos injustos prohibidos por el Derecho nacional o de la Unión.

f) «Bienestar social y medioambiental»: los sistemas de IA se desarrollarán y utilizarán de manera sostenible y respetuosa con el medio ambiente, así como en beneficio de todos los seres humanos, al tiempo que se supervisan y evalúan los efectos a largo plazo en las personas, la sociedad y la democracia.

En el caso de los sistemas de IA de alto riesgo, los principios generales serán aplicados y cumplidos por los proveedores o implementadores mediante los requisitos establecidos en el Reglamento. En el caso de los modelos fundacionales, los principios generales serán aplicados y cumplidos por los proveedores o implementadores.

La Comisión y la Oficina de IA incorporarán estos principios rectores en las peticiones de normalización, así como en las recomendaciones consistentes en orientaciones técnicas destinadas a prestar asistencia a proveedores e implementadores en cuanto al modo de desarrollar y utilizar los sistemas de IA. Las organizaciones europeas de normalización tendrán en cuenta los principios generales como objetivos basados en los resultados cuando elaboren las correspondientes normas armonizadas para los sistemas de IA de alto riesgo.

6. EL ENFOQUE BASADO EN LOS RIESGOS

La regulación de la IA, tal y como se concibe en la UE, aunque no solo en este espacio jurídico, requiere la aplicación de un enfoque basado en los riesgos que esté claramente definido, que adapte el tipo de las normas y su contenido a la intensidad y el alcance de los riesgos que puedan generar los sistemas de IA en cuestión. Cuando el nivel de riesgo alcance determinada intensidad será necesario prohibir determinadas prácticas de inteligencia artificial que se consideren inaceptables (Considerando 6 de la Exposición de Motivos de la Propuesta) y es que, dependiendo de las circunstancias de su aplicación y utilización concretas, así como del nivel de desarrollo tecnológico, la inteligencia artificial puede generar riesgos y menoscabar los intereses públicos o privados y los derechos fundamentales de las personas físicas que protege el Derecho de la Unión, de manera tangible o intangible, incluidos daños físicos, psíquicos, sociales y económicos (Considerando 4).

En definitiva, estamos ante una concreción del bien conocido "principio de precaución", que ya está presente en el artículo 18.4 de la Constitución española, pues, como se recordará, se mandata a la ley para que limite el uso de la informática a fin de "garantizar el honor y la intimidad personal y familiar de los ciudadanos y el pleno ejercicio de sus derechos", y es igualmente un principio que, como también es sabido, guía la actuación de la Unión Europea[31]; así, y por citar únicamente dos

---

31 Como se explica en la comunicación de la Comisión Europea, de 2 de febrero de 2000, sobre el recurso al principio de precaución, el Tratado CE sólo contiene una referencia explícita al principio de precaución, a saber, en el título dedicado a la protección del medio ambiente. No obstante, en la práctica, su ámbito de aplicación es mucho más amplio y se extiende asimismo a la política de los consumidores y a la salud humana, animal o vegetal. A falta de una definición del principio de precaución en el Tratado o en otros textos comunitarios, el Consejo solicitó a la Comisión, en su Resolución de 13 de abril de 1999, que elaborase líneas directrices claras y eficaces con vistas a la aplicación de este principio. La Comunicación de la Comisión es una respuesta a esta solicitud. El establecimiento de líneas directrices comunes acerca de la aplicación del principio de precaución tendrá asimismo repercusiones positivas a escala internacional.

La Comisión subraya que el principio de precaución sólo puede invocarse en la hipótesis de un riesgo potencial y que en ningún caso puede justificar una toma de decisión arbitraria. El recurso al principio de precaución sólo está justificado cuando se cumplen las tres condiciones previas, a saber: identificación de los efectos potencialmente negativos, evaluación de los datos científicos disponibles y determinación del grado de incertidumbre científica.

Medidas que se derivan del recurso al principio de precaución. El recurso al principio de precaución debe guiarse por tres principios específicos: 1) la aplicación del principio debe basarse en una evaluación científica lo más completa posible; en cada etapa esta evaluación debe determinar, en la medida de lo posible, el grado de incertidumbre científica; 2) toda decisión de actuar o de no actuar en virtud del principio de precaución debe ir precedida de

ejemplos en el ámbito que nos ocupa, en la Resolución del Parlamento Europeo, de 16 de febrero de 2017, con recomendaciones destinadas a la Comisión sobre normas de Derecho civil sobre robótica, se dice que "las actividades de investigación en el ámbito de la robótica deben llevarse a cabo de conformidad con el principio de precaución, anticipándose a los posibles impactos de sus resultados sobre la seguridad y adoptando las precauciones debidas, en función del nivel de protección, al tiempo que se fomenta el progreso en beneficio de la sociedad y del medio ambiente", y en la Resolución del Parlamento Europeo, de 20 de octubre de 2020, con recomendaciones destinadas a la Comisión sobre un marco de los aspectos éticos de la inteligencia artificial, la robótica y las tecnologías conexas se recuerda que "tal enfoque debe estar en consonancia con el principio de precaución que guía la legislación de la Unión

---

una determinación del riesgo y de las consecuencias potenciales de la inacción; 3) tan pronto como se disponga de los resultados de la evaluación científica o de la determinación del riesgo, todas las partes interesadas deben tener la posibilidad de participar, con la máxima transparencia, en el estudio de las diferentes acciones que pueden preverse.

Aparte de estos principios específicos, siguen siendo aplicables los principios generales de una buena gestión de los riesgos cuando se invoca el principio de precaución. Se trata de los cinco principios siguientes: la proporcionalidad entre las medidas adoptadas y el nivel de protección elegido; la no discriminación en la aplicación de las medidas; la coherencia de las medidas con las ya adoptadas en situaciones similares o utilizando planteamientos similares; el análisis de las ventajas y los inconvenientes que se derivan de la acción o de la inacción y la revisión de las medidas a la luz de la evolución científica. https://web.archive.org/web/20071222063317/http://europa.eu/scadplus/leg/es/lvb/l32042.htm (consulta el 10 de diciembre de 2023).

Sobre el particular, SAN MARTÍN SEGURA, D., *La intrusión jurídica del riesgo*, CEPC, 2023, pp. 231 y ss.

y debe ocupar un lugar central en cualquier marco regulador para la inteligencia artificial"[32].

7. LOS SISTEMAS DE INTELIGENCIA ARTIFICIAL OBJETO DE PROHIBICIÓN

En la propuesta de la Comisión las prohibiciones eran cuatro y englobaban, en primer lugar, las prácticas con un gran potencial para manipular a las personas mediante técnicas subliminales que trasciendan su consciencia o que aprovechan las vulnerabilidades de grupos de personas concretos, como los menores o las personas con discapacidad, para alterar de manera sustancial su comportamiento de un modo que es probable que les provoque perjuicios físicos o psicológicos a ellos o a otras personas. La propuesta prohibía igualmente que las autoridades públicas realizasen calificación social basada en IA con fines generales. Por último, también se prohibía, salvo excepciones limitadas, el uso de sistemas de identificación biométrica remota «en tiempo real» en espacios de acceso público con fines de aplicación de la ley.

Pues bien, tras las enmiendas introducidas por el Parlamento Europeo, se ha ampliado el abanico de prácticas prohibidas por entender que suponen un riesgo inaceptable y se eleva el número a nueve: se mantiene, en primer lugar, la prohibición de los

---

[32] Sobre el tratamiento de las situaciones de riesgo tecnológico y científico por parte del Derecho, ESTEVE PARDO, J., *Técnica, riesgo y Derecho (Tratamiento del riesgo tecnológico en el Derecho ambiental)*, Ariel, 1999 y ESTEVE PARDO, J., *El desconcierto del Leviatán (Política y Derecho ante las incertidumbres de la Ciencia)*, Marcial Pons, 2009. Sobre el concepto de "riesgo algorítmico", SAN MARTÍN SEGURA, D., *La intrusión…op. cit.*, pp. 272 y ss. Sobre los riesgos en el ámbito de la inteligencia artificial, BARRIO ANDRÉS, M., *Introducción al Derecho de las Nuevas Tecnologías*, Wolters Kluwers, 2021, pp. 186 y ss.

sistemas de IA que se sirvan de técnicas subliminales o de técnicas deliberadamente manipuladoras o engañosas con el objetivo o el efecto de alterar de manera sustancial el comportamiento de una persona o un grupo de personas mermando de manera apreciable su capacidad para adoptar una decisión informada y causando así que la persona tome una decisión que de otro modo no habría tomado, de un modo que provoque o sea probable que provoque perjuicios significativos a esa persona o a otra persona o grupo de personas; se conserva igualmente la prohibición de los sistemas de IA que aprovechen alguna de las vulnerabilidades de una persona o un grupo específico de personas con el objetivo o el efecto de alterar de manera sustancial su comportamiento de un modo que provoque o sea probable que les provoque perjuicios significativos a esa persona o a otra.

En tercer lugar, se mantiene, aunque con modificaciones, la prohibición de sistemas de IA con el fin de evaluar o clasificar a las personas físicas o grupos de personas físicas a efectos de su calificación social durante un período determinado de tiempo atendiendo a su comportamiento social o a características personales o de su personalidad conocidas, inferidas o predichas, de forma que la puntuación ciudadana resultante provoque una o varias de las situaciones siguientes: un trato perjudicial o desfavorable hacia determinadas personas físicas o colectivos enteros en contextos sociales que no guarden relación con los contextos donde se generaron o recabaron los datos originalmente; la prohibición iba dirigida inicialmente a las autoridades públicas o a quien ejerciera su representación y con la enmienda del Parlamento Europeo se incluye a los sujetos privados, físicos y jurídicos[33].

---

[33] Sobre estos sistemas, GARCÍA SÁNCHEZ, M. D., "Propuesta de reglamento europeo sobre inteligencia artificial: especial referencia a la identificación biométrica remota y los sistemas de puntuación

Finalmente, también subsiste la prohibición del uso de sistemas de identificación biométrica remota «en tiempo real» en espacios de acceso público pero se han eliminado todas las excepciones que proponía la Comisión[34], algo que, en mi opinión, está por ver que se mantenga en el texto si resulta finalmente aprobado.

Además, se han incorporado cinco nuevas prohibiciones: 1) la introducción en el mercado, la puesta en servicio o la utilización de sistemas de categorización biométrica que clasifiquen a personas físicas con arreglo a atributos o características sensibles o protegidos, o sobre la base de una inferencia de dichos atributos o características; 2) la introducción el mercado, la puesta en servicio o la utilización de sistemas de IA que creen o amplíen bases de datos de reconocimiento facial mediante la extracción no selectiva de imágenes faciales a partir de internet o de imágenes de circuito cerrado de televisión; 3) la introducción el mercado, la puesta en servicio o la utilización de sistemas de IA para inferir las emociones de una persona física en los ámbitos de la aplicación de la ley y la gestión de fronteras, en lugares de trabajo y en centros educativos; 4) la puesta

---

social", en GONZÁLEZ PULIDO y BUENO DE MATA *Fodertics 10.0: estudios sobre derecho digital*, Comares, pp. 779-793.

34 i) la búsqueda selectiva de posibles víctimas concretas de un delito, incluidos menores desaparecidos;
ii) la prevención de una amenaza específica, importante e inminente para la vida o la seguridad física de las personas físicas o de un atentado terrorista;
iii) la detección, la localización, la identificación o el enjuiciamiento de la persona que ha cometido o se sospecha que ha cometido alguno de los delitos mencionados en el artículo 2, apartado 2, de la Decisión Marco 2002/584/JAI del Consejo, para el que la normativa en vigor en el Estado miembro implicado imponga una pena o una medida de seguridad privativas de libertad cuya duración máxima sea al menos de tres años, según determine el Derecho de dicho Estado miembro.

en servicio o la utilización de sistemas de IA para el análisis de imágenes de vídeo grabadas de espacios de acceso público que empleen sistemas de identificación biométrica remota «en diferido», salvo que estén sujetos a una autorización judicial previa de conformidad con el Derecho de la Unión y sean estrictamente necesarios para una búsqueda selectiva destinada a fines de aplicación de la ley y relacionada con un delito grave (según la definición del artículo 83, apartado 1, del TFUE) concreto que ya se haya cometido; 5) la introducción el mercado, la puesta en servicio o la utilización de sistemas de IA para llevar a cabo evaluaciones de riesgo de personas físicas o grupos de personas físicas con el objetivo de determinar el riesgo de que estas personas cometan delitos o infracciones o reincidan en su comisión, o para predecir la comisión o reiteración de un delito o infracción administrativa reales o potenciales, mediante la elaboración del perfil de personas físicas o la evaluación de rasgos de personalidad y características, en particular la ubicación de la persona o las conductas delictivas pasadas de personas físicas o grupos de personas físicas.

Esta última prohibición también es posible que se elimine o que los sistemas prohibidos por el Parlamento pasen finalmente a ser calificados como de "alto riesgo", pues es discutible que los Estados acepten renunciar a todas estas herramientas de "inteligencia artificial policial" o de "policía predictiva". Y es que, como señala Miró Llinares, "hoy, y en parte gracias a las expectativas que parece dar la IA, la sociedad no espera sólo que la policía reaccione a los accidentes de tráfico, a los hurtos en los lugares turísticos o a los altercados y agresiones violentas relacionadas con manifestaciones deportivas o políticas, sino que no sucedan, que se intervenga incluso antes de que acontezcan (...)"[35].

---

35 MIRÓ LLINARES, F., El modelo policial que viene: Mitos y realidades del impacto de la inteligencia artificial y la ciencia de datos

8. LOS REQUISITOS PARA LOS SISTEMAS DE INTELIGENCIA ARTIFICIAL DE ALTO RIESGO

Siguiendo con el criterio de los riesgos, tanto en la propuesta de la Comisión como en el texto de las enmiendas aprobadas por el Parlamento Europeo se conviene en establecer normas comunes para todos los sistemas de IA considerados de alto riesgo al objeto de garantizar un nivel elevado y coherente de protección de los intereses públicos en lo que respecta a la salud, la seguridad y los derechos fundamentales[36]. El Parlamento Europeo ha añadido como bienes a proteger la democracia, el Estado de Derecho y el medio ambiente. Dichas normas deben ser coherentes con, entre disposiciones, la Carta de los Derechos Fundamentales de la Unión Europea, no deben ser discriminatorias y deben estar en consonancia con los compromisos de la Unión en materia de comercio internacional.

Entre los sistemas de IA se considerarán de alto riesgo, entre otros, los que se incluyen en un Anexo que acompañará al Reglamento si presentan un riesgo significativo de causar

---

en la prevención policial del crimen. En: MARTÍNEZ ESPASA, J. (coord.). *Libro blanco de la prevención y seguridad local valenciana: Conclusiones y propuestas del Congreso Valenciano de Seguridad Local: la prevención del siglo XXI*, 2019, p. 100.

36 SORIANO ARNANZ, A., "La propuesta de Reglamento de Inteligencia Artificial de la Unión Europea y los sistemas de alto riesgo", *Revista General de Derecho de los Sectores Regulados*, nº 8, 2021; AÑÓN ROIG, M. J., "Desigualdades algorítmicas: conductas de alto riesgo para los derechos humanos", *Derechos y libertades*, nº 47, 2022, pp. 17-49.; DE HOYOS SANCHO, M., "El proyecto de Reglamento de la Unión Europea sobre inteligencia artificial, los sistemas de alto riesgo y la creación de un ecosistema de confianza", en BARONA VILAR, S. (ed.) *Justicia poliédrica en periodo de mudanza: Nuevos conceptos, nuevos sujetos, nuevos instrumentos y nueva intensidad*, Tirant lo Blanch, 2022, pp. 403-422; SAN MARTÍN SEGURA, D., *La intrusión jurídica…op. cit.*, p. 288.

perjuicios para la salud, la seguridad o los derechos fundamentales de las personas físicas o, en su caso, si presentan un riesgo significativo de causar perjuicios medioambientales[37].

Y para mantener el control del riesgo se establecerá, implantará, documentará y mantendrá un sistema de gestión durante todo el ciclo de vida del sistema, lo que requerirá revisiones y actualizaciones periódicas. Como parece lógico, el control de los sistemas de IA de alto riesgo se realizará antes de su introducción en el mercado o puesta en servicio y los ensayos se

---

37 En el Real Decreto 817/2023, de 8 de noviembre, que establece un entorno controlado de pruebas para el ensayo del cumplimiento de la propuesta de Reglamento del Parlamento Europeo y del Consejo por el que se establecen normas armonizadas en materia de inteligencia artificial se entiende por «Sistema de inteligencia artificial de alto riesgo» el que cumpla alguno de los siguientes supuestos: a) Un sistema de inteligencia artificial que constituya un producto regulado por la legislación de armonización de la Unión especificada en el anexo VII del presente real decreto se considerará de alto riesgo si debe someterse a una evaluación de la conformidad por un tercero con vistas a la introducción en el mercado o puesta en servicio de dicho producto con arreglo a la legislación mencionada. b) Un sistema de inteligencia artificial que vaya a ser utilizado como un componente que cumple una función de seguridad y cuyo fallo o defecto de funcionamiento pone en peligro la salud y la seguridad de las personas o los bienes en un producto regulado por una norma armonizada de la Unión Europea, si debe someterse a una evaluación de conformidad por parte de un tercero con vistas a la introducción en el mercado o puesta en servicio de dicho producto con arreglo a la legislación de armonización aplicable. Este supuesto será aplicable, aunque el sistema de inteligencia artificial se comercialice o se ponga en servicio independientemente del producto. c) Sistemas de inteligencia artificial mencionados en el anexo II, siempre que la respuesta del sistema sea relevante respecto a la acción o decisión a tomar, y pueda, por tanto, provocar un riesgo significativo para la salud, los derechos de las personas trabajadoras en el ámbito laboral o la seguridad o los derechos fundamentales (artículo 3.4).

realizarán a partir de parámetros y umbrales de probabilidades previamente definidos que sean adecuados para la finalidad prevista o el uso indebido razonablemente previsible del sistema de IA de alto riesgo de que se trate.

Los sistemas de alto riesgo estarán sometidos a una serie de exigencias orientadas a su control y que cabe resumir como de registro de actividades, de medición de su impacto ambiental, de transparencia, de inteligibilidad, de supervisión humana, de seguridad en el diseño, de resistencia a los errores, de subsanación de eventuales sesgos y de resistencia frente a los intentos de usos no autorizados.

Con más detalle, estos sistemas se diseñarán y desarrollarán con capacidades que permitan registrar automáticamente eventos («archivos de registro») mientras están en funcionamiento.

En segundo lugar, deberán registrar el consumo de energía, la medición o el cálculo del uso de los recursos y el impacto ambiental del sistema de IA de alto riesgo durante todas las fases de su ciclo de vida.

En tercer lugar, estos sistemas se diseñarán y desarrollarán de un modo que garantice que funcionan con un nivel de transparencia suficiente para que los proveedores y usuarios entiendan razonablemente el funcionamiento del sistema. El usuario estará capacitado para comprender y utilizar adecuadamente el sistema de IA sabiendo, en general, cómo funciona y qué datos trata, lo que le permitirá explicar las decisiones adoptadas por el sistema a la persona afectada.

En cuarto lugar, los sistemas de IA de alto riesgo irán acompañados de las instrucciones de uso inteligibles correspondientes en un formato digital adecuado o puestas a disposición de otra forma en un medio durable, las cuales incluirán información concisa, correcta, clara y, en la medida de lo posible, completa que proporcione asistencia en el funcionamiento y el mantenimiento del sistema de IA, que contribuya a fundamentar la toma de decisiones informada por parte de los usuarios y sea razonablemente pertinente, accesible y comprensible para los usuarios.

En quinto término, estos sistemas se diseñarán y desarrollarán de modo que sean vigilados de manera efectiva por personas físicas, lo que incluye dotarlos de una herramienta de interfaz humano-máquina adecuada, entre otras cosas, de forma proporcionada a los riesgos asociados a dichos sistemas. Las personas físicas encargadas de garantizar la vigilancia humana tendrán un nivel suficiente de alfabetización en materia de IA y contarán con el apoyo y la autoridad necesarios para ejercer esa función durante el período en que los sistemas de IA estén en uso y para permitir una investigación exhaustiva tras un incidente.

En la propuesta enmendada por el Parlamento se explica que el objetivo de la vigilancia humana será prevenir o reducir al mínimo los riesgos para la salud, la seguridad, los derechos fundamentales o el medio ambiente que pueden surgir cuando un sistema de IA de alto riesgo se utiliza conforme a su finalidad prevista o cuando se le da un uso indebido razonablemente previsible, en particular cuando dichos riesgos persisten a pesar de aplicar otros requisitos establecidos y cuando las decisiones basadas únicamente en el procesamiento automatizado por parte de sistemas de IA producen efectos jurídicos o significativos de otro tipo para las personas o grupos de personas con los que se deba utilizar el sistema.

En sexto lugar, los sistemas de IA de alto riesgo se diseñarán y desarrollarán siguiendo el principio de seguridad desde el diseño y por defecto. Teniendo en cuenta su finalidad prevista, deben alcanzar un nivel adecuado de precisión, solidez, seguridad y ciberseguridad y funcionar de manera consistente en esos sentidos durante todo su ciclo de vida.

En séptimo lugar, se deberán adoptar medidas técnicas y organizativas para garantizar que estos sistemas sean lo más resistentes posible a los errores, fallos e incoherencias que pueden surgir en los propios sistemas o en el entorno donde operan, en particular a causa de su interacción con personas físicas u otros sistemas.

En octavo lugar, los sistemas de IA de alto riesgo que continúan aprendiendo tras su introducción en el mercado o puesta en servicio se desarrollarán de tal modo que los posibles sesgos en la información de salida que influyan en los datos de entrada en futuras operaciones («bucle de retroalimentación») y la manipulación maliciosa de los datos de entrada utilizados para el aprendizaje durante el funcionamiento se subsanen debidamente con las medidas de mitigación oportunas.

Finalmente, estos sistemas serán resistentes a los intentos de terceros no autorizados de alterar su uso, comportamiento, información de salida o funcionamiento aprovechando las vulnerabilidades del sistema.

Una exigencia previa para que el control de los riesgos sea eficaz es la llamada "alfabetización" en materia de IA, cuya promoción se configura como una obligación tanto para la Unión Europea como para los Estados miembros y que se extiende a los proveedores e implementadores de sistemas de IA, garantizando, en todo caso, un equilibrio adecuado en materia de género y de edad, con vistas a permitir un control democrático de los sistemas de IA. En particular, dichas medidas de alfabetización consistirán en la enseñanza de nociones y capacidades básicas sobre sistemas de IA y su funcionamiento, incluidos los distintos tipos de productos y usos, sus riesgos y sus beneficios.

9. LOS MODELOS FUNDACIONALES

Si hubiera que destacar una novedad incorporada en las fases finales de elaboración del Reglamento y que no estaba prevista ni en la propuesta de la Comisión ni en la orientación general del Consejo es, sin duda, la de los llamados modelos fundacionales, que en las enmiendas parlamentarias se han definido como un avance reciente en el que se desarrollan modelos de IA a partir de algoritmos diseñados para optimizar la generalidad y versatilidad de la información de salida. A menudo, estos modelos se entrenan con un amplio abanico de fuentes de datos y grandes volúmenes de datos a fin de llevar a cabo una extensa gama de tareas posteriores, incluidas algunas para las que no han sido desarrollados y entrenados específicamente[38].

El modelo fundacional puede entrenarse con diferentes métodos, como el aprendizaje supervisado[39] o el aprendizaje reforzado[40]. Los sistemas de IA con una finalidad prevista específica o

---

38 En el texto final del Reglamento europeo se habla de modelos de uso general en lugar de modelos fundacionales. En el Real Decreto 817/2023, de 8 de noviembre, que establece un entorno controlado de pruebas para el ensayo del cumplimiento de la propuesta de Reglamento del Parlamento Europeo y del Consejo por el que se establecen normas armonizadas en materia de inteligencia artificial se entiende por «modelo fundacional» un modelo de inteligencia artificial entrenado en una gran cantidad de datos no etiquetados a escala (generalmente mediante aprendizaje autosupervisado y/o con recopilación automática de contenido y datos a través de internet mediante programas informáticos) que da como resultado un modelo que se puede adaptar a una amplia gama de tareas posteriores (artículo 3.6).

39 Es el aprendizaje en el cual los datos de entrenamiento que se aportan al algoritmo incluyen la solución deseada para que pueda aprender. Se dice que están "etiquetados". Para el ejemplo del filtro de spam en el correo electrónico, entrenando el sistema a partir de un conjunto de emails etiquetados con spam y no spam, el sistema podría predecir qué tipo correo sería uno recién recibido, GONZÁLEZ CABANES, F. y DÍAZ DÍAZ, N. "¿Qué es la Inteligencia... *op. cit.*, p. 49.

40 Un tipo de aprendizaje en el que el sistema es un simulador o "agente" y aprende en base a ensayo-error. Tras cada ensayo llega una recompensa o una penalización, y el sistema aprende generando una estrategia o "política" que refuerza las acciones que le han llevado a la recompensa, definiendo que acciones debe escoger el agen-

los sistemas de IA de uso general pueden constituir aplicaciones concretas de un modelo fundacional, lo que significa que cada modelo fundacional puede reutilizarse en innumerables sistemas de IA de etapas posteriores o sistemas de IA de uso general. Estos modelos tienen una importancia cada vez mayor para numerosas aplicaciones y sistemas de etapas posteriores".

Se trata de modelos que han alcanzado una gran popularidad en los últimos tiempos, como el ChatGPT[41] o BARD[42], en especial por su extraordinaria capacidad para generar textos, códigos e imágenes, algo que ha generado, en palabras introducidas por el Parlamento Europeo en la propuesta de Reglamento, "una incertidumbre significativa sobre el modo en que evolucionarán los modelos fundacionales, tanto en lo que se refiere a la tipología de los modelos como a su autogobernanza".

Y se añade que, "teniendo en cuenta la complejidad de dichos modelos y su impacto imprevisible, así como la falta de

---

te en una situación dada. Este aprendizaje se potencia con supercomputadoras que aceleran el aprendizaje con varias simulaciones en paralelo, de forma que en poco tiempo el sistema adquiere el aprendizaje de plazos mucho más largos. Veamos algunos casos de uso: • Ampliando el caso del filtro de spam para el correo, una vez entrenado el sistema como supervisado, en la bandeja de spam nos pregunta si los correos son realmente spam o no lo son, para generar esa política que potencie las decisiones que ha tomado de forma correcta. • Tiene muchas aplicaciones a la robótica, por ejemplo, para el control de calidad en líneas de producción. Los descartes, piezas defectuosas, son reforzados mediante validación del defecto por parte de operarios y el sistema aprende de esta forma potenciando los criterios que le llevaron a considerarlo como tal, defectuoso… GONZÁLEZ CABANES, F. y DÍAZ DÍAZ, N. "¿Qué es la Inteligencia…*op. cit.*, pp. 49 y 50.

41 Chat Generative Pre-Trained Transformer, desarrollado en 2022 por la empresa OpenAI: página web: https://chat.openai.com/auth/login

42 Sistema conversacional de inteligencia artificial desarrollado por Google en 2023; página web: https://bard.google.com/

control del proveedor de IA de etapas posteriores sobre el desarrollo del modelo fundacional y el consiguiente desequilibrio de poder, y con el fin de garantizar un reparto equitativo de las responsabilidades a lo largo de la cadena de valor de la IA... deben evaluar y mitigar los posibles riesgos y perjuicios mediante un diseño, unas pruebas y un análisis adecuados, aplicar medidas de gobernanza de datos —en particular, una evaluación de los sesgos— y cumplir requisitos de diseño técnico que garanticen niveles adecuados de rendimiento, previsibilidad, interpretabilidad, corregibilidad, seguridad y ciberseguridad, así como cumplir las normas medioambientales... Los modelos fundacionales generativos deben garantizar la transparencia sobre el hecho de que el contenido ha sido generado por un sistema de IA y no por seres humanos...".

Estos modelos estarán sujetos a las obligaciones generales impuestas a los sistemas de IA, y ya mencionadas, 4y los proveedores de modelos fundacionales destinados específicamente a generar, con distintos niveles de autonomía, contenidos como texto, imágenes, audio o vídeo complejos («IA generativa») formarán y, en su caso, diseñarán y desarrollarán el modelo fundacional de manera que se garanticen salvaguardias adecuadas contra la generación de contenidos que infrinjan el Derecho de la Unión, en consonancia con el estado de la técnica generalmente reconocido y sin perjuicio de los derechos fundamentales, incluida la libertad de expresión; además, documentarán y pondrán a disposición del público un resumen suficientemente detallado del uso de los datos de formación protegidos por la legislación sobre derechos de autor.

Adicionalmente, y por su vinculación con la generación de contenidos por los modelos fundacionales, se ha introducido en la propuesta de Reglamento la definición de "ultrafalsificación" como un contenido de sonido, imagen o vídeo manipulado o sintético que puede inducir erróneamente a pensar que es auténtico o verídico, y que muestra representaciones de personas que parecen decir o hacer cosas que no han dicho ni hecho, producido utilizando técnicas de IA, incluido el aprendizaje automático y el aprendizaje profundo.

10. LAS AUTORIDADES DE SUPERVISIÓN DE LA INTELIGENCIA ARTIFICIAL

Como es conocido, existen garantías orgánicas especializadas en materia de protección de datos, tanto en el ámbito nacional como en el europeo, con organismos como la Agencia Española de Protección de Datos y el Comité Europeo de Protección de Datos; la primera es una autoridad administrativa independiente de ámbito estatal, de las previstas en la Ley 40/2015, de 1 de octubre, de Régimen Jurídico del Sector Público (TOL5.494.100), con personalidad jurídica y plena capacidad pública y privada, que actúa con plena independencia de los poderes públicos en el ejercicio de sus funciones; el segundo es un organismo europeo independiente que tiene como objetivo garantizar la aplicación coherente del Reglamento General de Protección de Datos (TOL6.933.570) y la Directiva europea sobre protección de datos en el ámbito policial (TOL5.703.211). Parece obvio que estas entidades también están llamadas a jugar un papel importante en todo aquello que vincula a la IA con la protección de datos personales.

Por su parte, la ya citada Resolución del Parlamento Europeo a propósito de normas de Derecho civil sobre robótica prevé la creación de una agencia europea para la robótica y la inteligencia artificial que "proporcione los conocimientos técnicos, éticos y normativos necesarios para apoyar la labor de los actores públicos pertinentes, tanto a nivel de la Unión como a nivel de los Estados miembros, en su labor de garantizar una respuesta rápida, ética y fundada ante las nuevas oportunidades y retos —sobre todo los de carácter transfronterizo— que plantea el desarrollo tecnológico de la robótica, por ejemplo en el sector del transporte" y "considera justificado, en vista del potencial de la robótica, de los problemas que suscita y de la actual dinámica de inversiones, que esa agencia europea esté dotada de un presupuesto adecuado y de un personal compuesto por reguladores y por expertos externos en cuestiones técnicas y deontológicas dedicados a controlar, desde un punto de vista intersectorial y pluridisciplinar, las aplicaciones basadas en la robótica, a determinar las normas en materia de mejores prácticas y, en su caso, a recomendar medidas reguladoras, a definir nuevos principios y a hacer frente a posibles problemas de protección de los consumidores y desafíos sistémicos; pide a la Comisión (y a la agencia europea, en el caso de que se cree) que informen anualmente al Parlamento sobre los últimos avances de la robótica, así como sobre las medidas que resulten necesarias".

Ya centrada en la IA y no tanto en la robótica, la Propuesta de Reglamento que estamos analizando, y a salvo de cambios de última hora, prevé (artículo 59, enmendado por el Parlamento Europeo) que "cada Estado miembro designará una autoridad nacional de supervisión, que se organizará de manera que se preserve la objetividad e imparcialidad de sus actividades y funciones a más tardar ... [tres meses después de la fecha de entrada en vigor del presente Reglamento]; esta autoridad garantizará la aplicación y la ejecución del Reglamento y deberá actuar de manera independiente, imparcial y objetiva. Se dispone que cada autoridad nacional de supervisión ejercerá sus funciones en el territorio de su Estado miembro y, de darse un caso que afecte a dos o más autoridades nacionales de supervisión, la del Estado miembro en el que haya tenido lugar la infracción será considerada la autoridad de supervisión principal.

A efectos de que puedan cumplir estos objetivos, se prescribe que tal autoridad debe disponer de recursos técnicos, financieros y humanos adecuados, así como de las infraestructuras para el desempeño eficaz de sus funciones; en concreto, dispondrá permanentemente de suficiente personal cuyas competencias y conocimientos técnicos incluirán un conocimiento profundo de las tecnologías de inteligencia artificial, datos y computación de datos, la protección de datos personales, la ciberseguridad, el Derecho en materia de competencia, los riesgos para los derechos fundamentales, la salud y la seguridad, y conocimientos acerca de las normas y requisitos legales vigentes.

Pues bien, España, adelantándose no solo al plazo previsto en el Reglamento sino a la propia aprobación del mismo, ya cuenta con su autoridad nacional de supervisión: la Ley 22/2021, de 28 de diciembre, de Presupuestos Generales del Estado para el año 2022 (TOL8.704.719), recogió, en su Disposición adicional centésimo trigésima, la «creación de la Agencia Española de Supervisión de Inteligencia Artificial», autorizando al Gobierno a impulsar una Ley para la creación de la Agencia Española de Supervisión de Inteligencia Artificial, configurada como una Agencia Estatal dotada de personalidad jurídica pública, patrimonio propio y autonomía en su gestión, con potestad administrativa. Por su parte, la Ley 28/2022, de 21 de diciembre, de fomento del ecosistema de las empresas emergentes (TOL9.317.629), prevé la «creación de la Agencia Española de Supervisión de Inteligencia Artificial», cumpliendo con ello la exigencia prevista en el artículo 91 de la Ley 40/2015, de 1 de octubre, de Régimen Jurídico del Sector Público (TOL5.494.100) y eso es lo que se ha hecho a través del Real Decreto 729/2023, de 22 de agosto, por el que se aprueba el Estatuto de la Agencia Española de Supervisión de Inteligencia Artificial (TOL9.687.164)[43].

Con arreglo al artículo 4 del Real Decreto, le corresponde a la Agencia llevar a cabo tareas de supervisión, el asesoramiento, la concienciación y la formación dirigidas a entidades de de-

---

[43] BARRIO ANDRÉS, M., "Sobre la Agencia Española de Supervisión de la Inteligencia Artificial (AESIA)", *Diario LA LEY*, nº 10349, Sección Tribuna, 2023.

recho público y privado para la adecuada implementación de toda la normativa nacional y europea en torno al adecuado uso y desarrollo de los sistemas de inteligencia artificial, más concretamente, de los algoritmos. Además, la Agencia tendrá la función de inspección, comprobación, sanción y demás que le atribuya la normativa europea que le resulte de aplicación y, en especial, en materia de inteligencia artificial. En el ámbito de la competencia estatal, ejercerá las funciones de autoridad responsable de la supervisión, y en su caso sanción, de los sistemas de inteligencia artificial con el objeto de eliminar o reducir los riesgos para la integridad, la intimidad, la igualdad de trato y la no discriminación, en particular entre mujeres y hombres, y demás derechos fundamentales que pueden verse afectados por el mal uso de los sistemas[44].

---

[44] De acuerdo con el artículo 8, La Agencia observará los principios de interés general por los que debe regirse la actuación. En el ejercicio de sus funciones específicas se regirá, además, por los siguientes principios básicos:
a) Autonomía, entendida como la capacidad de la Agencia de gestionar, en los términos previstos en su Estatuto, los medios puestos a su disposición para alcanzar los objetivos comprometidos.
b) Independencia técnica, basada en la capacitación, especialización, profesionalidad y responsabilidad individual del personal al servicio de la Agencia que deberá observar los valores de competencia, ética profesional y responsabilidad pública que son de aplicación. En el desempeño de sus funciones y en el ejercicio de sus competencias, la Agencia actuará con plena autonomía.
c) Transparencia en todas las actividades administrativas y cumplimiento de las obligaciones de buen gobierno por parte de los responsables públicos de la Agencia, así como la rendición de cuentas y compromisos para presentar la información precisa y completa sobre todos los resultados y procedimientos utilizados en la gestión.
d) Eficacia en su actuación, utilizando todos los medios disponibles para el logro de los fines definidos en su Estatuto.
e) Eficiencia en la asignación y utilización de recursos públicos y evaluación continuada de la calidad de los procesos de gestión y

Una de las funciones de la Agencia es la promoción de entornos de prueba que permitan una correcta adaptación de sistemas innovadores de inteligencia artificial a los marcos jurídicos en vigor (artículo 10.1.a) y, a este respecto, también se ha aprobado el anteriormente mencionado Real Decreto 817/2023, de 8 de noviembre, que establece un entorno controlado de pruebas para el ensayo del cumplimiento de la propuesta de Reglamento del Parlamento Europeo y del Consejo, que tiene por objeto establecer un entorno controlado de pruebas para ensayar el cumplimiento de ciertos requisitos por parte de algunos sistemas de inteligencia artificial que puedan suponer riesgos para la seguridad, la salud y los derechos fundamentales de las personas. Asimismo, regula el procedimiento de selección de los sistemas y entidades que participarán en dicho entorno[45].

---

de los procedimientos de actuación, que se efectuará atendiendo a los criterios de legalidad, celeridad, simplificación y accesibilidad electrónica.

f) Cooperación interinstitucional, entendido como la búsqueda de sinergias en la colaboración con otras Administraciones Públicas, agentes e instituciones, públicas o privadas, nacionales e internacionales para el fomento del conocimiento en todos sus ámbitos.

g) Integración del principio de igualdad de trato entre mujeres y hombres, promoviendo la perspectiva de género y una composición equilibrada de mujeres y hombres en sus órganos, consejos y comités y actividades…

45 A los efectos de esa norma, se entiende por entorno controlado de pruebas o experiencia el entorno o experiencia, con una duración determinada, que proporciona un contexto estructurado para el desarrollo de las actuaciones necesarias que posibiliten a proveedores y usuarios de los sistemas de inteligencia artificial de alto riesgo, sistemas de propósito general y modelos fundacionales, que realicen las pruebas necesarias para la implementación de los requisitos establecidos en este real decreto, bajo la supervisión del órgano competente (artículo 3.2).

Este Decreto, a la hora de excluir de los entornos de pruebas a los sistemas de IA cuya prohibición se pretende en el texto europeo, incluye literalmente los que en su día incorporó la Comisión y avaló el Consejo[46], no la lista más extensa y

---

46 Los sistemas de inteligencia artificial propuestos por los proveedores IA solicitantes no podrán estar incluidos en los siguientes supuestos:
a) Sistemas de inteligencia artificial comercializados o puestos en servicio para actividades militares, de defensa o seguridad nacional, cualquiera que sea la entidad que desarrolle esas actividades.
b) Sistemas de inteligencia artificial que se sirvan de técnicas subliminales que trasciendan la consciencia de una persona con el objetivo o el efecto de alterar efectivamente su comportamiento de un modo que provoque o pueda provocar, con probabilidad razonable, perjuicios físicos o psicológicos a esa persona o a otra.
c) Sistemas de inteligencia artificial que aprovechen alguna de las vulnerabilidades de un grupo específico de personas debido a su edad o discapacidad o una situación social o económica específica con el objetivo o el efecto de alterar efectivamente el comportamiento de una persona de ese grupo de un modo que provoque o pueda provocar, con probabilidad razonable, perjuicios físicos o psicológicos a esa persona o a otra.
d) Sistemas de inteligencia artificial que tengan el fin de evaluar o clasificar personas físicas durante un período determinado de tiempo atendiendo a su conducta social o a características personales o de su personalidad conocidas o predichas, de forma que la clasificación social resultante provoque una o varias de las situaciones siguientes: 1.º Un trato perjudicial o desfavorable hacia determinadas personas físicas o colectivos en contextos sociales que no guarden relación con los contextos donde se generaron o recabaron los datos originalmente. 2.º Un trato perjudicial o desfavorable hacia determinadas personas físicas o colectivos que sea injustificado o desproporcionado con respecto a su comportamiento social o la gravedad de este.
e) Sistemas de identificación biométrica remota «en tiempo real» para su uso en espacios de acceso público con fines de aplicación de la ley, salvo y en la medida en que dicho uso sea estrictamente necesario para alcanzar uno o varios de los objetivos siguientes: 1.º La búsqueda selectiva de posibles víctimas concretas de un delito,

restrictiva aprobada por el Parlamento y a la que nos referimos con anterioridad. Tras la valoración de las solicitudes se emitirá una resolución motivada[47].

---

incluido personas menores desaparecidos. 2.º La prevención de una amenaza específica, importante e inminente para la vida o la seguridad física de las personas físicas, para infraestructuras críticas, o un atentado terrorista. 3.º La detención, la localización, la identificación o el enjuiciamiento de la persona que ha cometido o se sospecha que ha cometido alguno de los delitos mencionados en el artículo 2, apartado 2, de la Decisión marco 584/2002/JAI del Consejo, para el que la normativa en vigor en el Estado miembro implicado imponga una pena o una medida de seguridad privativas de libertad cuya duración máxima sea al menos tres años, según determine el Derecho de dicho Estado miembro (artículo 5.6).

47 El órgano competente para la instrucción del procedimiento es la Subdirección General de Inteligencia Artificial y Tecnologías Habilitadoras Digitales con el apoyo de la Oficina del Dato dependiente de la Secretaría de Estado de Digitalización e Inteligencia Artificial. Les corresponderá la evaluación de las solicitudes presentadas para la participación en el entorno.
2. Se procederá a la evaluación de las solicitudes para la participación en el entorno, evaluándose para cada uno de los sistemas de inteligencia artificial recibidos, lo siguiente:
a) Grado de innovación o complejidad tecnológica del producto o servicio.
b) Grado de impacto social, empresarial o de interés público que presenta el sistema de inteligencia artificial propuesto.
c) Grado de explicabilidad y transparencia del algoritmo incluido en el sistema de inteligencia artificial presentado.
d) Alineamiento de la entidad y el sistema de inteligencia artificial con la Carta de Derechos Digitales del Gobierno de España.
e) Tipología de alto riesgo del sistema de inteligencia artificial, buscando una representación variada de tipologías en la selección.
f) Cuando se trate de sistemas de inteligencia artificial de propósito general, se evaluará también su potencial de ser transformados en un sistema de inteligencia artificial de alto riesgo.

Pero, además de estas autoridades nacionales, se contempla también (artículo 56), la constitución de la Oficina Europea de Inteligencia Artificial, como un organismo independiente de la Unión que tendrá personalidad jurídica propia y estará situada en Bruselas. Tras el acuerdo de 8 de diciembre habrá, además, un Consejo de Inteligencia Artificial, compuesto por representantes de los Estados miembros como plataforma de coordinación y órgano consultivo de la Comisión. Por último, se creará un foro consultivo para las partes interesadas, como los representantes de la industria, las pymes, las empresas emergentes, la sociedad civil y el mundo académico, con el fin de proporcionar conocimientos técnicos al Consejo de IA.

---

g) Cuando se trate de modelos fundacionales de inteligencia artificial se evaluará la capacidad de despliegue y utilización, así como el impacto relativo o absoluto en la economía y sociedad.
h) El grado de madurez del sistema de inteligencia artificial, considerando que ha de estar lo suficientemente avanzado como para ser puesto en servicio o en el mercado en el marco temporal del entorno controlado de pruebas o a su finalización. Se buscará una representación variada de madurez de los sistemas de inteligencia artificial.
i) La calidad de la memoria técnica.
j) El tamaño o tipología del proveedor IA solicitante, según número de trabajadores o volumen de negocios anual, valorándose positivamente la condición de empresa emergente, pequeña o mediana empresa para garantizar una mayor diversidad de tipologías de empresas participantes. Se buscará una representación variada de tamaño y tipología de proveedor IA en la selección.
k) Y en su caso, la evaluación de la declaración responsable que acredite el cumplimiento de la norma relativa a la Protección de Datos Personales. De igual forma se podrá solicitar documentación acreditativa adicional según recoge el anexo V del presente real decreto (artículo 8).

11. LAS REGLAS EN MATERIA DE SANCIONES

La propuesta de Reglamento incluye un sistema sancionador como forma de asegurar que se apliquen sus disposiciones y corresponderá a los Estados miembros determinar el régimen aplicable a las infracciones cometidas por cualquier operador. Las sanciones deberán ser efectivas, proporcionadas y disuasorias y tendrán particularmente en cuenta los intereses de las pymes y las empresas emergentes, así como su viabilidad económica.

La cuantía variará, como es lógico, de acuerdo con la gravedad de la infracción; así, por ejemplo, el incumplimiento de la prohibición de las prácticas de inteligencia artificial estará sujeto a multas administrativas de hasta 35.000.000 de euros o, si el infractor es una empresa, de hasta el 7 % del volumen de negocio total anual mundial del ejercicio financiero anterior, si esta cuantía fuese superior y el incumplimiento de los requisitos relativos a los sistemas de alto riesgo estará sujeto a multas administrativas de hasta 15.000.000 de euros o, si el infractor es una empresa, de hasta el 3 % del volumen de negocio total anual mundial del ejercicio financiero anterior, si esta cuantía fuese superior…

Podrán imponerse multas adicionales a las medidas no monetarias como órdenes o advertencias, o en lugar de esas. Al decidir la cuantía de la multa administrativa en cada caso concreto se tomarán en consideración todas las circunstancias pertinentes de la situación correspondiente y se tendrá debidamente en cuenta la naturaleza, la gravedad y la duración de la infracción y de sus consecuencias, teniendo en cuenta el propósito del sistema de IA, así como, cuando proceda, el número de particulares afectados y el nivel de los daños que hayan sufrido…

Estas sanciones, así como los costes de litigio asociados y las reclamaciones de indemnización, no podrán ser objeto de cláusulas contractuales ni otras formas de acuerdo de reparto de cargas entre los proveedores y distribuidores, importadores, implementadores o cualquier otro tercero.

Se prevé también que el Supervisor Europeo de Protección de Datos podrá imponer multas administrativas a las instituciones, las agencias y los organismos de la Unión comprendidos en el ámbito de aplicación del Reglamento.

12. EL ACUERDO DE 8 DE DICIEMBRE DE 2023 ENTRE EL CONSEJO Y EL PARLAMENTO

Como ya se ha dicho, en la noche del 8 de diciembre se llegó a un acuerdo provisional en el seno de la Unión Europea (UE) sobre la propuesta relativa a las normas armonizadas en materia de inteligencia artificial (IA), la denominada ley de inteligencia artificial[48]. No se conoce el texto definitivo que tendrá el Reglamento tras el acuerdo citado pero, como parecía evidente, en estas negociaciones finales no se ha ido más allá de las enmiendas introducidas por el Parlamento (nueva definición de la IA, regulación de los modelos fundacionales, prohibición de numerosas prácticas de IA...); más bien cabía pensar, por los diferentes intereses en presencia, que algunos de los cambios del Parlamento iban a ser, a su vez, modificados a la baja y se intuía que el uso de sistemas de reconocimiento facial en tiempo real -prohibidos por el Parlamento- y de instrumentos de policía predictiva iban a ser objeto de intenso debate en orden a permitir, con cautelas, su uso.

Tampoco ha trascendido que en estas últimas negociaciones se haya cambiado la definición de lo que se entenderá por

---

[48] https://www.consilium.europa.eu/es/press/press-releases/2023/12/09/artificial-intelligence-act-council-and-parliament-strike-a-deal-on-the-first-worldwide-rules-for-ai/ (consultado el 10 de diciembre de 2023).

IA a efectos del Reglamento, aunque nos atrevemos a intuir que no habrá modificaciones esenciales respecto al concepto aprobado por el Parlamento y que va en la línea del defendido por la OCDE.

Queda, igualmente, por ver qué ocurrirá con la prohibición parlamentaria de sistemas de IA para llevar a cabo evaluaciones de riesgo de personas físicas o grupos de personas con el objetivo de determinar el riesgo de que cometan delitos o infracciones o reincidan en su comisión, o para predecir la comisión o reiteración de un delito o infracción administrativa reales o potenciales. No me parece probable que los Estados acepten renunciar a todas estas herramientas de "inteligencia artificial policial" o de "policía predictiva"[49].

Lo que sí se ha anticipado es que habrá diferentes períodos de *vacatio legis* del Reglamento, que podrán ir de unos pocos meses a, parece, que dos años.

13. ¿GENERARÁ LA REGULACIÓN EUROPEA DE LA INTELIGENCIA ARTIFICAL UN "EFECTO BRUSELAS"?

En un conocido artículo publicado en 2012, que adoptó formato de libro en 2020[50], Anu Bradford explicó cómo y por qué las normas y reglamentos "de Bruselas" han penetrado en muchos aspectos de la vida económica dentro y fuera de Europa a través del proceso de "globalización normativa unilateral", algo

---

49 Efectivamente, en el texto final del Reglamento europeo se permiten los sistemas de IA utilizados para apoyar la evaluación humana de la implicación de una persona en una actividad delictiva que ya se base en hechos objetivos y verificables directamente relacionados con una actividad delictiva (artículo 5.1.d).

50 BRADFORD, A., *The Brussels Effect: How the European Union Rules the World,* Oxford University Press, 2020.

que se produce cuando un Estado o una organización supranacional es capaz de externalizar sus leyes y reglamentos fuera de sus fronteras a través de mecanismos de mercado, dando lugar a la globalización de las normas. La globalización normativa unilateral es un fenómeno en el que una ley de una jurisdicción migra a otra sin que la primera la imponga activamente o la segunda la adopte voluntariamente[51].

La potencia del mercado interior de la UE, unido a unas instituciones reguladoras con buena reputación, obliga a las empresas extranjeras que quieran participar en ese mercado a adaptar su conducta o su producción a las normas de la UE, que a menudo son las más estrictas; la alternativa es la renuncia a ese mercado, lo que no parece una opción razonable. Explica Bradford que las empresas multinacionales suelen tener un incentivo para estandarizar su producción a escala mundial y adherirse a una única norma. Esto convierte a la norma de la UE en una norma mundial: es el "efecto Bruselas de facto". Y, una vez que estas empresas orientadas a la exportación hayan ajustado sus prácticas empresariales para cumplir las estrictas normas de la UE, a menudo tienen el incentivo de presionar a sus gobiernos para que adopten esas mismas normas en un esfuerzo por igualar las condiciones frente a las empresas nacionales no exportadoras: el "efecto Bruselas de iure"[52].

Y añade que la preferencia de los responsables políticos de la UE por una regulación estricta refleja su aversión al riesgo y su compromiso con una economía social de mercado. Además, y como ya hemos visto con anterioridad, la UE sigue el principio de precaución, que apuesta por la acción reguladora precautoria, incluso en ausencia de una certeza absoluta y

---

51 BRADFORD, A., "The Brussels Effect", *Northwestern University Law Review,* 1, 2012, pp. 3 y 4, disponible (a 10 de diciembre de 2023) en https://scholarship.law.columbia.edu/faculty_scholarship/271.

52 *Ibidem,* p. 7.

cuantificable del riesgo, siempre que haya motivos razonables para temer que los efectos potencialmente peligrosos puedan ser incompatibles con el nivel de protección elegido[53].

Pues bien, cabría pensar que la regulación europea de la IA podría generar, en la línea de lo que ha ocurrido en ámbitos como la vida privada y la protección de datos[54], una exportación del contenido de esa nueva normativa a otros Estados, un "efecto Bruselas" sobre la regulación de la IA[55]. Sin embargo, la propia Anu Bradford se ha mostrado escéptica al respecto en su último trabajo *-Digital Empires: The Global Battle to Global Battle to Regulate Technology-*, de 2023, recordando que Estados Unidos sigue siendo un modelo basado en el mercado abierto, China un modelo de centralismo estatal y la Unión Europea sigue apostando por la regulación[56].

Ahora bien, Estados Unidos también ha optado por aprobar normas que regulen la IA, aunque no sea con la misma intensidad que en la Unión Europeas; así, el 30 de octubre de 2023 el presidente Biden emitió *la Executive Order on Safe, Secure, and Trustworthy Artificial Intelligence*[57], donde se proclama que el Gobierno Federal tratará de promover principios y

---

53 *Ibidem*, pp. 15 y 16.

54 El Reglamento General de Protección de Datos (RGPD) de la UE, del 14 de abril de 2016, ha tenido un efecto global: así, en 2017 Japón creó una agencia independiente para gestionar las quejas sobre vida privada con el fin de ajustarse al nuevo reglamento de la UE y gigantes tecnológicos como Facebook y Microsoft anunciaron en 2018 que se acogerían RGPD.

55 Sobre el "efecto Bruselas digital", DE LA SIERRA, S., *European integration, digitalisation and the Brussels effect*, preprint, nº 3/2023, 2023, pp. 15 y ss.

56 BRADFORD, A., *Digital Empires. The Global Battle to Regulate Technology*, Oxford University Press, 2023.

57 Disponible, a 10 de diciembre de 2023, en https://www.whitehouse.gov/briefing-room/presidential-actions/2023/10/30/executive-

acciones responsables de seguridad y protección de la IA con otras naciones, "incluidos nuestros competidores·, al tiempo que lidera conversaciones y colaboraciones globales clave para garantizar que la IA beneficie a todo el mundo, en lugar de exacerbar las desigualdades, amenazar los derechos humanos y causar otros daños. Además, y en la línea de la UE, en esa Orden se define la IA como un sistema basado en máquinas que puede, para un conjunto dado de objetivos definidos por el ser humano, hacer predicciones, recomendaciones o tomar decisiones que influyan en entornos reales o virtuales. Y se enuncian los ocho principios que deben guiar el desarrollo de la IA: la seguridad de los sistemas, la innovación responsable, el compromiso con los trabajadores, avance en igualdad y derechos, protección de los consumidores, protección de la intimidad, gestión de los riesgos y uso responsable de la IA, búsqueda del liderazgo social, económico y tecnológico.

China, por su parte, y aun apostando por la IA como herramienta de férreo control de la disidencia y por sistemas como el "crédito social"[58], que estarán prohibidos en Europa, aprobó

---

order-on-the-safe-secure-and-trustworthy-development-and-use-of-artificial-intelligence/

58 El sistema de crédito social tiene dos características principales: la primera es la recopilación de datos a escala nacional procedentes de un amplio abanico de organismos reguladores, Gobiernos centrales y locales, el Poder Judicial y plataformas privadas. Cuando esté plenamente operativo, el sistema recopilará dos tipos básicos de información: la crediticia pública, generada por las interacciones de una empresa con órganos gubernamentales y agencias reguladoras (multas, sentencias, licencias comerciales...), y la información crediticia de mercado, generada por las interacciones de una empresa con otros agentes del mercado (reclamaciones de consumidores, datos generados por agencias de calificación de créditos...). Los datos se utilizarán en sistemas de puntuación gestionados por las administraciones locales, la mayoría de los cuales están en fase de construcción.

en agosto de 2023 una Ley general reguladora de la Inteligencia Artificial y, en paralelo, otra regulación específica de la IA generativa. En la primera de ellas se vincula la IA a los sistemas automatizados que funcionan con cierto grado de autonomía, sirven a determinados objetivos y son capaces de influir en el entorno físico o virtual mediante la predicción, la recomendación o la toma de decisiones, es decir, en manera similar a lo que ocurre en Europa y Estados Unidos. También incluye una serie de principios aplicables al desarrollo de la IA: seguridad y robustez; apertura, transparencia y explicabilidad; responsabilidad proactiva y equidad e igualdad. Igualmente se fomentará

El segundo elemento principal es un régimen de recompensas y castigos (en forma de "listas rojas" y "listas negras") mantenido por organismos gubernamentales. Algunas listas tienen un amplio alcance, como el incumplimiento de sentencias judiciales, mientras que otras se aplican a sectores específicos de la economía, como la alimentación o la medicina.

La inclusión en una lista roja o negra es pública; en el primer caso puede implicar diversos beneficios, que van desde la ampliación del acceso a los préstamos hasta una reducción de la frecuencia de las inspecciones o el aumento de las oportunidades en los procesos de contratación pública y acceso a la financiación, sobre todo para las pequeñas y medianas entidades. La inclusión en una lista negra origina barreras de mercado, como restricciones para obtener autorizaciones gubernamentales, mayor frecuencia de inspecciones y prohibiciones para obtener financiación. Cuando una entidad es incluida en una lista negra, su representante legal y las personas directamente responsables de la infracción también se incluirán en la lista: SCHAEFER, K., China's social credit system: context, competition, technology and geopolitics, *Trivium China*, 2020, disponible, a 10 de diciembre de 2023, en: https://www.uscc.gov/sites/default/files/2020-12/Chinas_Corporate_Social_Credit_System.pdf; también YU-HSIN LIN, L. y MILHAUPT, C., "China's Corporate Social Credit System: The Dawn of Surveillance State Capitalism?", *The China Quarterly*, 2023, pp. 1-19.

el uso de energías eficientes, para la protección del medio ambiente, en el desarrollo de estas tecnologías[59].

Y, por poner otro ejemplo, Brasil también ha iniciado el procedimiento para regular la IA: el 1 de marzo de 2023 se presentó el breve proyecto de ley 759/2023 en la Cámara de Diputados[60] y el 3 de mayo el más exhaustivo proyecto de ley 2338/2023[61]; este último tiene como objetivos establecer normas nacionales generales para el desarrollo, la implementación y el uso responsable de sistemas de inteligencia artificial en Brasil para proteger los derechos fundamentales y garantizar la implementación de sistemas seguros y fiables en beneficio de la persona, el régimen democrático y el desarrollo científico y tecnológico. Se trata de una propuesta basada en los riesgos de la IA, prohibiendo los que implican "riesgos excesivos", delimitando los de "alto riesgo" y con un enfoque basado en los derechos. Incluye, además, una definición de la IA similar a las que ya hemos visto en otros ámbitos jurídicos: es un sistema informático, con diversos diferentes grados de autonomía, diseñado para inferir cómo lograr un conjunto dado de objetivos, utilizando enfoques basados en el aprendizaje automático y/o y la representación del conocimiento, utilizando datos de entrada procedentes de máquinas o de seres humanos, con el fin de producir datos de entrada procedentes de máquinas o seres humanos, con el fin de producir predicciones, recomendaciones o decisiones que puedan influir en el entorno.

---

59 Más información en https://diariolaley.laleynext.es/dll/2023/09/01/china-aprueba-una-regulacion-de-la-inteligencia-artificial-y-de-la-inteligencia-artificial-generativa (a 10 de diciembre de 2023).

60 https://www.camara.leg.br/proposicoesWeb/fichadetramitacao?idProposicao=2349685 (a 10 de diciembre de 2023).

61 https://www25.senado.leg.br/web/atividade/materias/-/materia/157233 (a 10 de diciembre de 2023).

No parece, por tanto, casual que en su informe sobre este proyecto elaborado por la Autoridad Nacional de Protección de Datos, hecho público el 6 de julio de 2023, se hagan varias referencias a la propuesta que se está tramitando en la Unión Europea y se diga de manera expresa que el proyecto presentado en el Senado es "semejante" a esta última[62].

Y, por lo que respecta a España y a la influencia hacia dentro del "efecto Bruselas", hemos visto que, incluso con bastante anterioridad a la aprobación y, en su caso, entrada en vigor del Reglamento, se ha creado una autoridad nacional -la Agencia Española de Supervisión de Inteligencia Artificial-, se ha asumido una definición de IA en la línea de la propuesta europea y se ha regulado el entorno controlado de pruebas "para el ensayo del cumplimiento de la propuesta de Reglamento del Parlamento Europeo y del Consejo por el que se establecen normas armonizadas en materia de inteligencia artificial".

En definitiva, y aunque en el caso de la regulación de la IA el impacto del "efecto Bruselas" pueda ser menor que en otros ámbitos[63], no parece en absoluto, por lo que está ocurriendo en otros Estados y espacios jurídicos, que esta propuesta vaya a tener repercusiones únicamente hacia dentro de la Unión.

---

62 https://www.gov.br/anpd/pt-br/assuntos/noticias/anpd-publica-analise-preliminar-do-projeto-de-lei-no-2338-2023-que-dispoe-sobre-o-uso-da-inteligencia-artificial (a 10 de diciembre de 2023).

63 https://www.brookings.edu/articles/the-eu-ai-act-will-have-global-impact-but-a-limited-brussels-effect/ (a 10 de diciembre de 2023). Al respecto, ARNAL, J. y JORGE RICART, R. *Inteligencia artificial (i): el menor "efecto Bruselas", las posibles consecuencias desglobalizadoras de un enfoque regulatorio divergente y la importancia de políticas públicas para el empleo,* Real Instituto Elcano, 2023.

BIBLIOGRAFÍA

ÁLVAREZ GARCÍA, V. y TAHIRI MORENO, J., "La regulación de la inteligencia artificial en Europa a través de la técnica armonizadora del nuevo enfoque", *Revista General de Derecho Administrativo,* nº 2023, 2023.

AÑÓN ROIG, M. J., "Desigualdades algorítmicas: conductas de alto riesgo para los derechos humanos", *Derechos y libertades,* nº 47, 2022, pp. 17-49.

ARNAL, J. y JORGE RICART, R. *Inteligencia artificial (i): el menor "efecto Bruselas", las posibles consecuencias desglobalizadoras de un enfoque regulatorio divergente y la importancia de políticas públicas para el empleo,* Real Instituto Elcano, 2023.

BARRIO ANDRÉS, M., *Introducción al Derecho de las Nuevas Tecnologías,* Wolters Kluwers, 2021.

BARRIO ANDRÉS, M., "Inteligencia artificial: origen, concepto, mito y realidad", *El Cronista del Estado social y democrático de Derecho (monográfico sobre inteligencia artificial y Derecho)*, nº 100, 2022, pp. 14-21.

BARRIO ANDRÉS, M., "Novedades en la tramitación del próximo Reglamento europeo de inteligencia artificial", *ARI Real Instituto Elcano,* 67, 2023.

BARRIO ANDRÉS, M., "Sobre la Agencia Española de Supervisión de la Inteligencia Artificial (AESIA)", *Diario LA LEY,* nº 10349, Sección Tribuna, 2023.

BRADFORD, A., "The Brussels Effect", *Northwestern University Law Review,* 1, 2012.

BRADFORD, A., *The Brussels Effect: How the European Union Rules the World,* Oxford University Press, 2020.

BRADFORD, A., *Digital Empires. The Global Battle to Regulate Technology,* Oxford University Press, 2023.

CAMPIONE, R., *La plausibilidad del Derecho en la era de la inteligencia artificial. Filosofía carbónica y filosofía jurídica del Derecho,* Dykinson, 2020.

CASTELLANOS CLARAMUNT, J., "Sobre los desafíos constitucionales ante el avance de la Inteligencia Artificial. Una perspectiva nacional y comparada", *Revista de Derecho Político,* nº 118, pp. 261-287, 2023.

COTINO, L., "Un análisis crítico constructivo de la Propuesta de Reglamento de la Unión Europea por el que se establecen normas armonizadas sobre la Inteligencia Artificial (Artificial Intelligence Act)", *Diario La Ley,* 2 de julio, 2021.

DE HOYOS SANCHO, M., "El proyecto de Reglamento de la Unión Europea sobre inteligencia artificial, los sistemas de alto riesgo y la creación de un ecosistema de confianza", en BARONA VILAR, S. (ed.) *Justicia poliédrica en periodo de mudanza: Nuevos conceptos, nuevos sujetos, nuevos instrumentos y nueva intensidad,* Tirant lo Blanch, 2022, pp. 403-422.

DE LA SIERRA, S., *European integration, digitalisation and the Brussels effect,* preprint, nº 3/2023, 2023.

ESTEVE PARDO, J., *Técnica, riesgo y Derecho (Tratamiento del riesgo tecnológico en el Derecho ambiental),* Ariel, 1999.

ESTEVE PARDO, J., *El desconcierto del Leviatán (Política y Derecho ante las incertidumbres de la Ciencia),* Marcial Pons, 2009.

GARCÍA SÁNCHEZ, M. D., "Propuesta de reglamento europeo sobre inteligencia artificial: especial referencia a la identificación biométrica remota y los sistemas de puntuación social", en GONZÁLEZ PULIDO y BUENO DE MATA *Fodertics 10.0: estudios sobre derecho digital,* Comares, pp. 779-793.

GONZÁLEZ CABANES, F. y DÍAZ DÍAZ, N. "¿Qué es la Inteligencia Artificial?", en GAMERO CASADO, E. y PÉREZ GUERRERO, F. L., *Inteligencia artificial y sector público: retos, límites y medios,* Tirant lo Blanch, 2023, pp. 37-72.

FLORIDI, L., *La rivoluzione dell'informazione,* Codice edizioni, Turín, 2012.

JOVE VILLARES, D., *La protección de los sensible, o cuando la naturaleza del dato no lo es todo,* Tirant lo Blanch, 2023.

MIRÓ LLINARES, F., El modelo policial que viene: Mitos y realidades del impacto de la inteligencia artificial y la ciencia de datos en la prevención policial del crimen. En: MARTÍNEZ ESPASA, J. (coord.). *Libro blanco de la prevención y seguridad local valenciana: Conclusiones y propuestas del Congreso Valenciano de Seguridad Local: la prevención del siglo XXI,* 2019, pp. 98-113.

MITCHELL, M., Inteligencia artificial. Guía para seres pensantes, Capitán Swing, 2024.

OLIVER, N., *Inteligencia artificial, naturalmente,* Observatorio Nacional de Tecnología y Sociedad, 2020. https://www.ontsi.es/es/publicaciones/Inteligencia-artificial%2C-naturalmente

PRESNO LINERA, M. A., *Derechos fundamentales e inteligencia artificial,* Marcial Pons, 2022.

PRESNO LINERA, M. A., "Policía predictiva y prevención de la violencia de género: el sistema *VioGén*", *Revista de Internet, Derecho y Política, monográfico sobre Digitalización y algoritmización de la justicia,* nº 39, 2023.

RUÍZ TARRÍAS, S., "La búsqueda de un modelo regulatorio de la IA en la Unión Europea", *Anales de la Cátedra Francisco Suárez* (ejemplar dedicado a: Inteligencia Artificial y Derecho), nº 57, 2023, pp. 91-119.

RUSSELL, S. y NORVIG, P., *Inteligencia Artificial: un enfoque moderno,* Pearson Education, 2004.

SAN MARTÍN SEGURA, D., *La intrusión jurídica del riesgo,* CEPC, 2023.

SCHAEFER, K., China's social credit system: context, competition, technology and geopolitics, *Trivium China,* 2020, https://www.uscc.gov/sites/default/files/2020-12/Chinas_Corporate_Social_Credit_System.pdf.

SORIANO ARNANZ, A., "La propuesta de Reglamento de Inteligencia Artificial de la Unión Europea y los sistemas de alto riesgo", *Revista General de Derecho de los Sectores Regulados,* nº 8, 2021.

YU-HSIN LIN, L. y MILHAUPT, C., "China's Corporate Social Credit System: The Dawn of Surveillance State Capitalism?", *The China Quarterly*, 2023, pp. 1-19.

El reconocimiento facial como herramienta para garantizar la seguridad: de la incertidumbre ¿a un escenario de certeza?[1]

M.ª JOSEFA RIDAURA MARTINEZ
Universidad de Valencia

SUMARIO: 1. Introducción. 2. Avances y riesgos del reconocimiento facial como herramienta securitaria. 3. Regimen jurídico del reconocimiento facial basado en inteligencia artificial. 4. El reconocimiento facial como herramienta para preservar la seguridad. 5. El acuerdo para la aprobación del Reglamento de Inteligencia Artificial.

1. INTRODUCCION

La demanda de seguridad ha sido y seguirá siendo una constante histórica, lo que cambia son los riesgos y las amenazas que pueden menoscabarla, así como los medios y los métodos para asegurarla. En efecto, la aceleración de la tecnología, con el nacimiento de nuevas y sofisticadas herramientas, ha transformado la búsqueda de la seguridad influyendo en el desem-

---

[1] Este trabajo se inserta en el marco del Proyecto de Investigación PID2022-136548NB-I00 *Los retos de la inteligencia artificial para el Estado social y democrático de Derecho,* financiado por el Ministerio de Ciencia e Innovación en la Convocatoria Proyectos de Generación de Conocimiento 2022.

peño ordinario de las funciones de los responsables de su garantía, ya que ha innovado y mutado las tareas de las Fuerzas y Cuerpos de Seguridad en todas sus dimensiones desde muy distintas perspectivas.

En este contexto de transformación del riesgo y de la modernización de las herramientas para abordarlo se implantan las cámaras de alta definición con el objeto de identificación facial basadas en Inteligencia Artificial. Su uso cobra cada vez nuevas potencialidades, tanto en el ámbito privado como en el público: por ejemplo, como sustitución de la contraseña para el desbloqueo del teléfono móvil[2], o el de diversas aplicaciones como las cuentas bancarias; incluso para el control laboral, o bien para sustituir la comprobación documental[3] en aeropuertos. Usos que, en la mayoría de las ocasiones, se aceptan voluntariamente, aún sin ser conscientes de los riesgos que puedan acarrear. En todos estos casos se trata de un *sistema*

---

2 En China se ha aprobado una normativa que obliga a los operadores de telecomunicaciones chinos a escanear los rostros de los usuarios que registren nuevos servicios de telefonía móvil; de forma que pasa de ser una medida voluntaria a coercitiva. https://www.reuters.com/article/idUSKBN1Y60Y2/#:~:text=SHANGH%C3%81I%2C%202%20dic%20(Reuters),objeto%20acabar%20con%20el%20fraude.

3 El sistema utiliza el reconocimiento de la cara para embarcar sin necesidad de mostrar la documentación, que se está implantando en algunos aeropuertos.; validándose los datos biométricos del pasajero, sus rasgos faciales y documentación (el DNI o pasaporte), con el objetivo de que los viajeros puedan embarcar en el vuelo sin necesidad de mostrar ni la tarjeta de embarque ni su documentación de identificación, agilizando el proceso y aumentando la seguridad. Esta validación de documentación con datos biométricos se realiza una sola vez durante el piloto, siempre que el pasajero dé su consentimiento para posteriores vuelos. Su objetivo es incrementar la seguridad y agilizar y facilitar los procesos en el aeropuerto en una gran cantidad de vuelos y destinos diferentes: www.aena.es.

de verificación en el que se contrasta entre dos plantillas, produciéndose una correspondencia de 1 a 1[4]. También las cámaras de reconocimiento facial, que funcionan con inteligencia artificial, son capaces de captar una imagen y compararla -incluso en tiempo real- con imágenes almacenadas previamente en unas bases de datos (de 1 a muchos). Sistema denominado de *identificación,* que se viene utilizando en lugares públicos con fines de preservar la seguridad; y aunque se implantó en la década de los 90 del siglo pasado, la inteligencia artificial ha potenciado y mejorado su rendimiento[5].

En este trabajo me centro en el reconocimiento facial como herramienta para garantizar la seguridad pública[6], que nos sitúa en el marco de la denominada *policía predictiva;* esto es, "la utilización de recursos de inteligencia artificial para realizar una serie de actividades cuya naturaleza son típicas del ejercicio del poder de policía"[7]. Analizaré, en primer lugar, el escenario en el que —hoy en día— nos encontramos, con un entramado

---

4 *Vid.* Guidelines 05 / 2022 on the use of facial recognition technology in the area of law enforcement Version 1.0 Adopted on Adopted version for public consultation 12 May 2022, https://edpb.europa.eu/our-work-tools/documents/public-consultations/2022/guidelines-052022-use-facial-recognition_es.

5 SIMON CASTELLANO, P., "Tecnología ad hoc para la seguridad y para la valoración del riesgo", *Thêmis-Revista de Derecho* 79, enero-junio, 2021, p. 165.

6 El uso del reconocimiento facial con fines de seguridad privada lo abordé en mi trabajo "El uso de cámaras de reconocimiento facial por empresas privadas de seguridad", en RIDAURA MARTINEZ, M.J, (coord.), *Retos para la seguridad,* Tirant lo Blanch, Valencia, 2023.

7 SUAREZ XAVIER, P.R., "Reconocimiento facial y policía predictiva: entre seguridad y garantías procesales, Colex, 2022, p. 83. Es, remarca el autor, la "técnica que emplea el conocimiento y una base científico-criminológica y estadística, utilizando cantidades masivas de datos procesados por algoritmos y sistemas de diversa índole, con fines de prestarse a la realización y apoyo de actividades policiales".

normativo que no nos ofrece garantías para el empleo del reconocimiento facial; incluso con normas como la Ley española de protección de datos (LO 3/2018, LOPD) (TOL6.933.570) que ignora la realidad patente de su uso y ni siquiera se atisba en ella una ordenación cabal de lo que realmente es un hecho incontestable: que el reconocimiento facial no es una realidad remota, sino manifiesta. Una ley, pues, ciega a la realidad, que perdió la oportunidad de avanzar un marco jurídico que diera cobijo a lo que en realidad se ya se venía aplicando cuando se aprobó, pues sólo lo enmarca —muy genéricamente— en los datos biométricos. En segundo lugar, analizaré la nueva ordenación que resulta del acuerdo alcanzado para la aprobación del Reglamento de Inteligencia artificial, que se ha producido al tiempo en que se elaboraba este trabajo. En dicho acuerdo el reconocimiento facial ha constituido uno de los temas centrales, de forma que abordaré la regulación que nos ofrece para determinar si, finalmente, nos ofrece un andamiaje más preciso para su empleo.

El estudio del reconocimiento facial nos aboca, una vez más, a adentrarnos en la necesidad de armonizar —con equilibrio— la libertad y la seguridad. Binomio al que ha de unirse la privacidad, ya que la aceleración de la tecnología ha revolucionado las posibilidades de la hipervigilancia, afectando también a esta última; de tal forma que la ausencia de dicho equilibrio puede hacer que los pilares esenciales de las democracias puedan resquebrajarse. Desde esta perspectiva, analizaré las ventajas, pero también las aristas vidriosas que el uso del reconocimiento facial plantea, ya que puede conducirnos a escenarios de vigilancia masiva, afectando a derechos fundamentales que son nucleares en un estado democrático.

La premisa metodológica sobre la que se asiente este trabajo es que la garantía de seguridad demanda respuestas, ya que de no adoptarse se puede llegar a resquebrajar el orden de valores democráticos; pero, las herramientas para su consecución no pueden conducirnos a *zonas de no derechos*[8] en las que los individuos no estemos amparados por un sistema jurídico capaz de asegurar su realización efectiva. En definitiva, se trata de determinar si en el siempre proceloso intento de graduar las respuestas en función de los riesgos a los que se enfrenta la seguridad, el reconocimiento facial puede constituir una herramienta idónea para ello.

2. AVANCES Y RIESGOS DEL RECONOCIMIENTO FACIAL COMO HERRAMIENTA SECURITARIA

El reconocimiento facial con fines de preservar la seguridad es una realidad en el marco internacional. Pese a que en algunos casos está prevista legalmente con fines policiales, en la mayoría de ellos las normas no contienen una regulación cabal, que ofrezca suficientes garantías. China, por ejemplo, está inundada de cámaras y la policía dispone de gafas que cuando captan las imágenes se accede a un número ingente de datos de la persona identificada. Se utiliza, asimismo, para el control de manifestantes. Sin embargo, la legislación relativa a la protección de datos no contiene una ordenación garantista acerca de los datos biométricos; lo cual no sorprende si tenemos en cuenta que su modelo descansa sobre el hombre súbdito, no sujeto de derechos. En EEUU también hay una fuerte implantación, aunque algunas ciudades han optado por una moratoria, pero, por ejemplo, en Times Square hay robots policías que llevan incorporadas las cámaras de reconocimiento facial que ya patrullan por las calles de Nueva York (*Digidog*). En Colombia se usan helicópteros para controlar manifestaciones que llevan cámaras de reconocimiento facial, habiendo sido reconocido por la policía que pueden

---

[8] En terminología del TEDH, en la Sentencia de 23 de febrero de 2012, caso *Hirsi Jamma y otros contra Italia.*

identificar rostros a 15 kilómetros de distancia, reconociendo incluso caras tapadas[9]. Podríamos seguir refiriendo múltiples ejemplos que vienen a confirmar que su implantación es una realidad palmaria.

Por el contrario, en San Francisco[10] se ha aprobado normativa específica para prohibir su uso por parte de la policía local, ya que, entre otras razones, según el impulsor de dicha medida prohibicionista su uso "constituiría un paso adelante en la represión estatal", como sucede en China[11]. También las autori-

---

9 Informe *In focus, Facial Recognition TEch stories and rights harmas from around the world,* producido por la Red Internacional de Organizaciones de Libertades Civiles (INCLO), PDF (www.dejusticia.org) En Reino Unido la policía metropolita lo ha implantado: https://www.met.police.uk/advice/advice-and-information/fr/facial-recognition-technology/.
En diversos informes se reconoce la utilización del RF con fines de seguridad al menos en 109 países. *Un mapa realizado por Surfshark* , proveedor de redes privadas virtuales (VPN), https://expansion.mx/tecnologia/2023/07/12/tecnologias-de-reconocimiento-facial-gobiernos-que-usan#:~:text=China%20es%20uno%20de%20los,6.8%20millones%20de%20im%C3%A1genes%20diarias%20.

10 En 2019 la Junta de Supervisores de San Francisco aprobó la Ordenanza sobre Adquisición de Tecnología de Vigilancia que prohíbe el uso de tecnología de reconocimiento facial, con excepciones limitadas, y exige la publicación de las tecnologías de vigilancia actuales en posesión o uso de los departamentos de la ciudad. https://www.sanfranciscopolice.org/your-sfpd/policies/19b-surveillance-technology-policies. CHAPTER 19B: ACQUISITION OF SURVEILLANCE TECHNOLOGY, https://codelibrary.amlegal.com/codes/san_francisco/latest/sf_admin/0-0-0-47320.

11 Elpais.com/tecnologia/2019/05/15/actualidad/1557904606_766075.html#:~:text=San%20Francisco%2C%20la%20ciudad%20que,de%20tecnología%20de%20reconocimiento%20facial. Y como resalta DOMINGO JARAMILLO, C., otros muchos Estados y ciudades estadounidenses ya están tomando la iniciativa en la regulación y prohibición de esta tecnología: INIOLUWA,

dades locales de Berkeley, Somerville y Oakland han prohibido su uso. Si bien dicha prohibición no se aplica a las medidas de seguridad en aeropuertos o puertos marítimos como el de San Francisco, ya que están administrados por agencias federales, no locales en cuyo marco se ha regulado su prohibición.

En Europa distintos países han utilizado el reconocimiento facial en eventos públicos, por ejemplo, en Hamburgo, pese a que la autoridad de datos lo consideró inadmisible, su decisión está *sub iudice.* En Colonia se detuvo su utilización jurisdiccionalmente. En Países Bajos se viene utilizando, pese a que la autoridad de datos ha considerado que su marco normativo es insuficiente. Y en Italia el Sistema SARI, no se ha aceptado por la autoridad italiana de protección de datos[12].

Ciertamente, el reconocimiento facial tiene innumerables ventajas; particularmente en el ámbito de la seguridad que es el que nos ocupa, ya que puede coadyuvar al esclarecimiento

---

D.R., y otros "Saving Face: Investigating the Ethical Concerns of Facial Recognition Auditing", Actas de la Conferencia AAAI/ACM sobre IA, ética y sociedad, 2020, p. 145. "Utilización del sistema de reconocimiento facial para preservar la seguridad ciudadana. Use of the facial recognition system to preserve public safety", *El Criminalista Digital. Papeles de Criminología,* II Época, Número 9, 2021, p. 24.

12 Más detalladamente puede verse en COTINO HUESO, L., "Reconocimiento facial automatizado y sistemas de identificación biométrica bajo la regulación superpuesta de inteligencia artificial y protección de datos", en BALAGUER CALLEJON, F. y COTINO HUESO, L. (coords.), Derecho Público de la Inteligencia Artificial, Fundación Manuel Giménez Abad, 2023, pp. 347 a 402.
En particular, el sistema SARI lo aborda SOTTILE, L., *Mapping the use of facial recognition technologies in Italy,* 2023. En, https://urldefense.com/v3/__https://www.strali.org/__;!!D9dNQwwGXtA!X4Hy1JAAlRhN9K4n7_qO9_Bhoym4OSNxkkZ8hUXqZ_04Zj88wpcQJ9z81ZwTfRVeBLm6S-B2ty1c-fXJu1FjLFWVs92AI7QB$E.

de la investigación criminal[13]; asimismo, se ha demostrado su utilidad en el reconocimiento de acosadores y en la lucha antiterrorista, entre otros. Así se reconoce en el Libro Blanco sobre IA cuando se afirma que la técnica del reconocimiento facial aporta "numerosas ventajas a los ciudadanos, las empresas y la sociedad en su conjunto, siempre y cuando sea antropocéntrica, ética y sostenible y respete los derechos y valores fundamentales"[14], pero advierte también de los riesgos que presenta.

Junto a las fortalezas que el reconocimiento facial presenta, también las debilidades son sustanciales. En efecto, su uso y la ausencia de una ordenación normativa que lo regule cabalmente afectan a derechos fundamentales que van más allá de la privacidad y la protección de datos, pues también puede perturbar la libertad de movimiento, la ideológica, la de reunión, la presunción de inocencia, al derecho a la tutela judicial efectiva, o a la prohibición de discriminación. Afectación de derechos que se agrava si tenemos en cuenta que el uso de cámaras de reconocimiento facial con fines de seguridad no entraña consentimiento, como el que se produce con otros usos voluntarios o —al menos— consentidos. Nada consiente el que transita por un lugar público cuyo rostro es captado por una cámara de reconocimiento facial que lo transforma en un dato para su tratamiento.

Y no podemos olvidar que en el equilibrio entre seguridad y derechos se requiere que las injerencias respondan a una nece-

---

13 Abordo sólo en el reconocimiento facial en el ámbito de la seguridad. Qué duda cabe que la Inteligencia Artificial, en general, ofrece a la policía muchas otras herramientas para dar una mejor respuesta tanto a la prevención como a la persecución del delito. Puede verse el trabajo de RIESCO GARCIA, M., "Inteligencia Artificial. Enfoque Policial", en *El Derecho y la Inteligencia Artificial*, PERALTA GUTIERREZ, A. y TORRES LOPEZ, L.P, Universidad de Granda, 2022.

14 *Libro Blanco sobre la inteligencia artificial: un enfoque europeo orientado a la excelencia y la confianza*, Bruselas, 19.2.2020 COM (2020) 65 final.

sidad social acuciante y, en particular, que sean proporcionadas con el fin legítimo que persigue (STEDH Leander contra Suecia, 26 de marzo de 1987). En el mismo sentido, Tribunal Suprior de Justicia de la Unión Europea ha manifestado en diversas ocasiones que la limitación de derechos cuando el Estado miembro debe enfrentarse a una «amenaza grave» para la seguridad nacional, ha de tratarse de una amenaza «auténtica y presente» o, en su caso, «previsible» (casos *Maximillian Schrems, Digital Rights Ireland* (TOL5.497.716) *y Seitlinger* entre otros).

2.1. Carácter invasivo de la privacidad

Como ha advertido el Comité Europeo de Protección de Datos (EDBP), el reconocimiento facial plantea un alto riesgo de intrusión en la esfera de importantes derechos, en la medida en que provocan una vigilancia masiva que tiene un difícil acomodo en el marco de las sociedades democráticas. Este riesgo nos conduce a plantearnos la permanente cuestión de si es proporcional vigilar a todos para controlar solo a algunos, ya que el seguimiento que se hace en la vía pública es generalizado e indiscriminado, no sólo de aquellos rostros buscados. Se plantea, así, la eterna cuestión de si una sociedad hipervigilada es una sociedad más segura[15]. Y si una sociedad más vigilada y segura es también más libre; sobre todo, en el marco de la digitalización, ya que el reconocimiento facial se basa en datos digitalizados y, como ha advertido certeramente Veliz, "digitalizar es vigilar", pues implica hacer rastreable aquello que no lo era[16].

---

15 Un tratamiento pormenorizado de la vigilancia masiva lo realiza PERALTA GUTIERREZ, A. en "La necesaria regulación de la vigilancia masiva: Casos Quadrature du Net y Big Brother Watch", Diario la Ley, 24/11/2021.

16 VELIZ, C., "DIGITALIZAR ES VIGILAR", 2021, https://elpais.com/opinion/2021-12-03/digitalizar-es-vigilar.html?ssm=TW_CC

Ciertamente, la privacidad no tiene carácter absoluto. Ahora bien, las intromisiones en la misma demandan justificación, y deben respetar criterios de idoneidad, necesidad y proporcionalidad; además de cumplir con las exigencias que reconoció el TEDH en el caso *Marper v. the United Kingdom*, para la implementación de un programa de vigilancia activa: (a) debe existir una cobertura legal muy precisa y clara. (b) y la normativa debe ofrecer garantías sólidas de los derechos de las personas concernidas.

Al respecto el TEDH ha sostenido que la mera vigilancia de los actos y movimientos de una persona en un lugar público mediante una cámara que no registró los datos visuales no constituye en sí misma una forma de injerencia en la vida privada (*Herbecq y la Asociación "Ligue des Droits de l'Homme" v. Bélgica,*). Sin embargo, sí que puede suponer una afectación de la vida privada si existe un registro sistemático o permanente de esos datos personales, en particular imágenes de una persona identificada (Peck c. el Reino Unido, y Vukota-Bojić c. Switzerland, 18 de octubre de 2016). En consecuencia, la mayor intromisión en la vida privada estará en función de que las imágenes se almacenen permanentemente. Más adelante nos referiremos a estas exigencias.

De todos modos, no todo uso de reconocimiento facial constituye una injerencia en la vida privada, ya que como certeramente afirma Izquierdo cuando nos sometes al control de seguridad en un aeropuerto somos conscientes de que vamos a ser sometido a un control policial de identidad, por lo que resulta irrelevante que eso lo haga un agente policial mirando la cara y el pasaporte o lo haga un sistema automático. En este

---

Trasladar cualquier actividad al mundo digital es convertirla en datos, crear un registro, poner etiquetas y hacerlo rastreable.

caso, no hay injerencia alguna en la vida privada[17], lo que no excluye que afecte a otros derechos.

2.2. Los algoritmos fallan y pueden conducir a identificaciones erróneas

Uno de los problemas que plantea el RF es que provoca detenciones por error. Y ello se produce, sobre todo, cuando la policía no lleva a cabo ninguna labor de contraste y aseguramiento adicional. Tengamos en cuenta que, como se ha advertido, estamos ante una técnica que se basa en una "probabilidad", y no en una certeza absoluta, de correspondencia entre los rostros comparados y la plantilla de referencia. Por lo tanto, las variaciones en el rendimiento pueden tener consecuencias muy significativas para las personas poco reconocidas[18]. En efecto, como todo procesamiento biométrico, el reconocimiento facial se basa en estimaciones estadísticas entre los elementos que se comparan; por tanto, es intrínsecamente falible. La respuesta de un sistema de comparación biométrica nunca es binaria (sí o no); es una probabilidad de coincidencia[19].

En este sentido, las empresas de software reconocen que los algoritmos de RF no son tan precisos como puedan serlo los de

---

17 IZQUIERDO CARRASCO, M., "La utilización policial de los sistemas de reconocimiento facial automático", *Ius Et Veritas*, 60, 2020, pp. 86-103. https://doi.org/10.18800/iusetveritas.202001.004, p.93.

18 COMMISSION NATIONALE DE L'INFORMATIQUE ET DES LIBERTÉS-CNIL (2019). "Reconnaissance faciale: pour un débat à la hauteur des enjeux". Disponible (30/09/2020) en https://www.cnil.fr/fr/reconnaissance-faciale-pour-un-debat-la-hauteur-des-enjeux

19 Así lo advierte el CNIL, "Reconnaissance faciale. Pour un debat à ka hauteur des enjeux", 14/11/2019; en https://www.cnil.fr/fr/reconnaissance-faciale-pour-un-debat-la-hauteur-des-enjeux

otros datos biométricos como las huellas dactilares o el iris[20]. Esa falta de precisión provoca falsa positividad (cuando el software considera erróneamente que las fotos de dos personas diferentes son la misma persona), o falsa negatividad (cuando el software no puedo reconocer a la misma persona). En consecuencia, existen importantes márgenes de error. En un estudio realizado en la Universidad de Essex (pruebas realizadas entre junio de 2018 y febrero de 2019) el RF arrojó un nivel de eficacia del 19% frente a un 81% de error[21]. Aunque cada vez más los algoritmos de reconocimiento facial líderes en el mundo van reduciendo dichos márgenes de error[22]. A pesar de ello, los riesgos que encierra su uso exigen, como veremos más adelante, garantías de comprobación.

2.3. El algoritmo tiene sesgos humanos

Generalmente, la identificación errónea suele coincidir con sesgos discriminatorios, ya que, por ejemplo, la mayoría de las personas detenidas erróneamente han sido negras[23] y muchas

---

20 Así se resalta en el Informe realizado por GARVIE, C.; BEDOYA, A.; Y FRANKLE J. (2016) del Center on Privacy & Technology, de la Universidad de Georgetown, del uso del RF por la policía, https://www.perpetuallineup.org/findings/accuracy.acerca

21 PETER FUSSEY y DARAGH MURRAY, New report raises concerns over Met Police trials of live facial recognition technology, 2019. Disponible en: https://www.essex.ac.uk/news/2019/07/03/met-police-live-facial-recognition-trial-concerns. .

22 *Vid.* https://www.innovatrics.com/facial-recognition-technology/?utm_campaign=Search%20(EN)%20-%20SmartFace%20-%20Europe&utm_source=google&utm_medium=cpc&utm_content=Face%20recognition&utm_term=face%20recognition%20system&gad_source=1.

23 *Vid.* https://www.nytimes.com/es/2023/08/08/espanol/reconocimiento-facial-mujer-embarazada.html.

otras mujeres. En efecto, un estudio realizado en el MIT y la Universidad de Stanford[24] —que evaluó programas de análisis facial de tres productores de Software de RF disponibles en el mercado— encontraron errores en más del 20% de los casos relacionados con las caras de mujeres de piel oscura, contrastando con una frecuencia de error de menos del 1% entre hombres de piel clara. Si bien estos son riesgos que pueden ir minimizándose. Así, por ejemplo, el MIT [25] lleva tiempo trabajando en la reducción de los sesgos significativamente (reduciéndose cerca de un 60%)[26]. La técnica consiste en re muestrear con *los que se le entrena*, tratando de que se ajuste a una gama más amplia de grupos humanos.

Una investigación policial que se basa sólo en esta tecnología es probable que lleve a acusaciones e imputaciones erróneas de manera desproporcionada entre determinados grupos. Estos sesgos discriminatorios —que conducen a detenciones por error en el reconocimiento facial— quebrantan la libertad personal, conduciendo a detenciones ilegales, y socavando la presunción de inocencia. Debido a este elevado

---

24 BUOLAMWINI, J. y GEBRU, T., "GenderShades: IntersectionalAccuracyDisparitiesin CommercialGenderClassification", *Proceedings of Machine Learning Research*, Vol. 81, 1{15, 2018.

25 Más información sobre este estudio puede verse en la pagina de noticias del Laboratorio de Inteligencia Artificial y Ciencia Informática (CSAIL) del MIT https://www.csail.mit.edu/news/ai-de-biases-algorithms.

26 https://elpais.com/retina/2019/01/28/innovacion/1548688951_026054.html.
Además, un estudio detallado de medidas para hacer frente a la discriminación algorítmica lo realiza VALLE ESCOLANO, R., "Una inteligencia artificial a medida de las personas: el control de la discriminación algorítmica", en COTINO HUESO, L. y CASTELLANSO CLARAMUNT, J. (eds.), (2023), *Algoritmos abiertos y que no discriminen en el sector público*, Tirant lo Blanch, Valencia, pp. 57 a 78, en particular, las pp. 72 a76.

riesgo, su empleo con fines policiales exige la comprobación, más allá del resultado arrojado por la máquina.

2.4. La escasa garantía en relación con la obtención de las imágenes opera como riesgo

Uno de los riesgos considerables en el uso del RF es la procedencia de las imágenes digitalizadas que van a servir para cotejar e identificar los rostros. Señaladamente porque en muchas ocasiones la policía usa bases privadas. El riesgo está en la fiabilidad de estas imágenes, ya que hay importantes empresas que cuentan con un ingente número de éstas que se obtienen de redes sociales: el ejemplo de Clearview AI[27] es paradigmático, sobre todo si estas bases se usan por la policía. Por un lado, el problema es, pues, la calidad y fiabilidad de las imágenes que pueden acarrear riesgos importantes. Además, en esta captación de imágenes desde las redes no debemos olvidar que la fuente de la obtención puede ser errónea, ya que no se descarta que provenga de un perfil falso. O como destaca Presno Linera, se acude a la creación de imágenes nuevas y ficticias a partir del uso de millones de fotos de personas reales mediante inteligencia artificial que se basa en una técnica denominada GAN[28].

---

27 *Clearview* es una *startup* que ofrece sus servicios a más de 600 agencias de seguridad en EE. UU, según un estudio realizado por el *New York Times*: Carolina de Cachemira, https://www.nytimes.com/2020/01/18/technology/clearview-privacy-facial-recognition.html, publicado el Publicado el 18 de enero de 2020 y actualizado el 2 de noviembre de 2021.

28 PRESNO LINERA, M. A., *Derechos fundamentales e inteligencia artificial*, Marcial Pons, Madrid, 2022, p.45. Obra en la que el autor hace un recorrido por los diversos derechos fundamentales que pueden verse afectados por la Inteligencia Artificial.

Problema que debería merecer especial atención, ya que la identificación y detención de una persona puede tener su origen en una suplantación de personalidad. Por otro lado, son imágenes que se están almacenando para usos distintos para los que los usuarios consintieron.

2.5. El reconocimiento facial aboca al chilling effect

En el marco de una sociedad democrática libre el efecto desalentador por el miedo a estar siendo vigilados constante y masivamente puede afectar hondamente al ejercicio de determinados derechos, ya que los ciudadanos podemos sentirnos intimidados o coartados a la hora de ejercerlos. En efecto, la sobrevigilancia del Estado produce un efecto inhibidor del comportamiento personal a la hora de ejercer los derechos[29]: su carácter invasivo acaba provocando un efecto intimidatorio. Saberse vigilados puede afectar de lleno a la libertad en general, y particularmente a la libertad de manifestación y de expresión. Así lo reconoce el TEDH cuando afirma que el uso de tecnología de reconocimiento facial "sumamente intrusiva para identificar y detener participantes de una manifestación pacífica podría tener un efecto amedrentador ('*chilling effect*') respecto a los derechos a la libertad de expresión y asociación". En consecuencia, su uso "contra una persona que ejerce su derecho a la libertad de expresión es incompatible con los ideales y valores de una sociedad democrática" (STEDH *Glukhin contra Rusia,* de 4 de julio de 2023). Así pues, puede tener un claro

---

29 SERRA CRISTOBAL, R., "Enfrentar riesgos para la seguridad sanitaria en el marco de un estado de derecho. Lecciones a aprender de la covid-19"; *Teoría y Realidad Constitucional,* num. 51, 2023, pp. 231-257. DE DOMINGO PÉREZ, T., "La argumentación jurídica en el ámbito de los derechos fundamentales: en torno al denominado chilling effect o efecto desaliento", *Revista de Estudios Políticos,* núm. 122, 2003, pp. 141-166.

efecto silenciador de las protestas que afecta hondamente a la libertad en una sociedad democrática libre.

2.6. El carácter intrusivo del reconocimiento facial no soporta un amplio margen de discrecionalidad

En el marco de una sociedad democrática no cabe una actuación de las autoridades policiales sin tener en cuenta las garantías inherentes al Estado de Derecho; en consecuencia, el uso de las herramientas de reconocimiento facial requiere un marco jurídico preciso y detallado. Así lo ha confirmado el TEDH en la importante Sentencia referida *Glukhin contra Rusia*, de 4 de julio de 2023[30], en la que afirma que el uso del reconocimiento facial para identificar a una persona por ejercer su derecho a la protesta —individualmente— de manera pacífica, no causó

---

[30] Un hombre realizó una manifestación pacífica en un subterráneo de Moscú, donde sostuvo una figura de cartón de un reconocido activista y opositor político. El Código de Infracciones Administrativas (el CAO) de Rusia, requiere que las personas notifiquen a las autoridades antes de realizar manifestaciones públicas con determinados objetos. El Tribunal falló que *Rusia* violó los derechos a la libertad de expresión (Art. 10 CEDH) y a la privacidad y a la vida familiar (Art. 8 CEDH) del ciudadano ruso Nikolay Sergeyevich Glukhin, ya que había utilizado reconocimiento facial para identificarlo tras una protesta individual en el metro de Moscú.
Entendió el Tribunal que las medidas tomadas contra el demandante fueron particularmente intrusivas frente a lo que había sido una protesta pacífica; concluyendo que "(…) el tratamiento de los datos personales biométricos del solicitante mediante tecnología de reconocimiento facial en el marco de procedimientos administrativos de infracción, en primer lugar, para identificarlo a partir de las fotografías y, en segundo lugar, para localizarlo y detenerlo mientras viajaba en el metro de Moscú, no correspondió, por tanto, a una necesidad social apremiante y no puede considerarse necesario en una sociedad democrática".

ningún peligro al orden público o seguridad; en consecuencia, su uso es particularmente intrusivo e incompatible con los valores de una sociedad democrática. Por ello ha entendido que dado el carácter tan intrusivo de esta herramienta se requiere un nivel adicional de justificación para su uso en una sociedad democrática. Pensemos que la falta de un marco jurídico preciso y detallado permite que las autoridades policiales dispongan de un amplio margen de discrecionalidad a la hora de decidir el uso del RF, sin las debidas garantías. De ahí que su uso exija una especial justificación. Una necesaria "ponderación *ex ante*" de los derechos que podrían entrar en conflicto, como expresa Simón Castellano, exigible a todos los operadores, tanto en la fase de diseño como de implementación[31].

3. RÉGIMEN JURÍDICO DEL RECONOCIMIENTO FACIAL BASADO EN INTELIGENCIA ARTIFICIAL

3.1. La imagen como dato biométrico

Aunque no es una tesis pacíficamente admitida, la normativa europea vigente concibe las imágenes tratadas técnicamente como *datos biométricos*[32], ya que son datos relacionados con las características del rostro de una persona que nos permiten su

---

31 SIMON CASTELLANO, P., "Las evaluaciones de impacto algorítmico en los derechos fundamentales: hacia una efectiva minimización de sesgos", en COTINO HUESO, L. y CASTELLANSO CLARAMUNT, J. (eds.), *Algoritmos abiertos y que no discriminen en el sector público,* Tirant lo Blanch, Valencia, 2023, pp. 27 a 56; especialmente la p.55.

32 GRUPO DE TRABAJO DEL ARTÍCULO 29. Dictamen 3/2012 sobre la evolución de las tecnologías biométricas (00720/12/ES WP193). Disponible en: https://ec.europa.eu/justice/article-29/documentation/opinion-recommendation/files/2012/

identificación. Esto es, son datos personales obtenidos a partir de un tratamiento técnico específico, relativos a las características físicas, fisiológicas o conductuales de una persona física que permitan o confirmen su identificación única (RGPD)[33]. Además, cuando estos datos biométricos se utilizan con el fin de identificar —de manera univoca— a una persona constituyen datos personales confidenciales. En efecto, el reconocimiento facial -como dato biométrico- posibilita su tratamiento técnico dirigido a la identificación o la autenticación unívocas de una persona física. Y en la medida en que implica buscar la correspondencia entre una cara y las imágenes que están almacenadas en otras bases de datos, con el objeto de determinar si corresponden a la misma persona, *se consideran datos personales confidenciales*. Esta configuración es, pues, la que determina el régimen jurídico aplicable.

Ciertamente, que todos los datos biométricos tengan la consideración de datos especiales, tal y como mantiene el Comité Europeo de Protección de Datos en sus Directrices 05/2022 sobre el uso de técnicas de reconocimiento facial en el ámbito de aplicación de la ley, puede resultar excesivo. Creo que la posición de la Agencia Española de Protección de Datos española es más acertada que la de la europea[34], pues en su informe sobre el uso de técnicas de reconocimiento facial en el ámbito de la aplicación de la ley entiende que —con carácter general— los datos biométricos sólo tendrán la consideración de categoría especial en los supuestos en que se sometan a trata-

wp193_es.pdf. Incluye entre las técnicas biométricas el reconocimiento facial.

33 Artículo 4, punto 14, del Reglamento (UE) 2016/679 del Parlamento Europeo y del Consejo; en el artículo 3, punto 18, del Reglamento (UE) 2018/1725 del Parlamento Europeo y del Consejo y en el artículo 3, punto 13, de la Directiva (UE) 2016/680 del Parlamento Europeo y del Consejo.

34 Informe N/REF: 0036/2020.

miento técnico dirigido a la identificación biométrica: es decir determinar la identidad de la persona comparando sus datos biométricos con otros que existen en la base de datos, uno-a-varios); pero no concibe como datos especiales la verificación o autenticación biométrica, que consiste en comprobar la identidad de la persona comparando sus datos biométricos con sus propios datos biométricos existentes en la base de datos (de uno-a-uno).

También en el marco del Consejo de Europa, el Convenio para la protección de las personas con respecto al tratamiento automatizado de carácter personal (modificado por Protocolo de 2018) reconoce a los datos biométricos como categoría especial de datos.

En consecuencia, en la medida en que la imagen facial de una persona está considerada como un dato sensible en la normativa europea, su tratamiento se ajusta a la normativa sobre protección de datos; aunque su consideración como dato biométrico no significa que sólo pueda afectar al derecho a la protección de datos. Así se reconoce también en las Directrices del EDBP 5/2022 cuando se afirma que la aplicación del reconocimiento facial "es considerablemente propensa a interferir sobre los derechos fundamentales más allá del derecho a la protección de datos personales", como tendremos ocasión de comprobar[35].

---

[35] *Vid.* EUROPEAN DATA PROTECTION (2020): Guidelines 05 / 2022 on the use of facial recognition technology in the area of law enforcement Version 1.0 Adopted on Adopted version for public consultation 12 May 2022, https://edpb.europa.eu/our-work-tools/documents/public-consultations/2022/guidelines-052022-use-facial-recognition_es.

3.2. Su sujeción a las exigencias del Reglamento General de Protección de Datos

De esta configuración de la normativa europea se desprende que la imagen facial es un dato sujeto a las exigencias de licitud para su tratamiento (art. 6 RGPD). Además, como dato biométrico, al ser especial, su tratamiento solo cabe:

(i) en el marco de las excepciones del art. 9.2 del RGPD, g) que tan sólo consiente su utilización cuando su tratamiento sea necesario por razones de un interés público esencial; permitiendo que los Estados miembros puedan mantener o introducir condiciones adicionales; y que, además, su utilización esté prevista en una norma con rango de ley.

(ii) y, en aplicación del art. 35 RGPD, cuando se lleve a cabo una evaluación de impacto. En efecto, de acuerdo con el apartado primero de este precepto:

Cuando sea probable que un tipo de tratamiento, en particular si utiliza nuevas tecnologías, por su naturaleza, alcance, contexto o fines, entrañe un alto riesgo para los derechos y libertades de las personas físicas, el responsable del tratamiento realizará, antes del tratamiento, una evaluación del impacto de las operaciones de tratamiento en la protección de datos personales. Una única evaluación podrá abordar una serie de operaciones de tratamiento similares que entrañen altos riesgos similares.

Prevé este precepto, además, que dicha evaluación se requerirá en particular en caso de observación sistemática a gran escala de una zona de acceso público.

(iii) además, el art. 36 de la misma norma establece una obligación de consulta previa a la autoridad nacional en materia de protección de datos si la Evaluación de Impacto determinara la existencia de un riesgo elevado.

3.3. Carencia de normativa específica que regule con las debidas garantías el uso del reconocimiento facial

A pesar de este marco general aplicable al tratamiento de los datos, la normativa europea no ofrece respuestas suficientemente claras específicas para el uso del reconocimiento facial. Pese a su expansiva implantación, hoy en día, no existe aún un marco jurídico que lo ordene cabalmente[36]. Y, además del régimen jurídico aplicable en materia de protección de datos que acabamos de referir, destacan, más que las normas vinculantes, las de *soft law*, como las siguientes:

(a) Directrices 5/2022 del Comité Europeo de Protección de Datos sobre el uso de técnicas de reconocimiento facial en el ámbito de la aplicación de la ley; que siendo muy loables por las luces que aportan no dejan de ser directrices.

(b) La Resolución del Parlamento Europeo, de 20 de enero de 2021, sobre inteligencia artificial[37], que advierte de los problemas que plantea la utilización de métodos de reconocimiento facial, en la medida en que pueden constituir una in-

---

[36] Dada la falta actual de un marco regulatorio efectivo sobre el uso de tecnologías de vigilancia para mitigar y remediar los daños que pueden causar, David Kaye (Relator Especial de las Naciones Unidas sobre la promoción y protección del derecho a la libertad de opinión y de expresión), ha expresado que "es imperativo que los Estados limiten los usos de tales tecnologías a los legales únicamente, sujetos a las clases más estrictas de supervisión y autorización, y que los Estados condicionen la exportación de dichas tecnologías a la más estricta diligencia debida en materia de derechos humanos", en https://news.un.org/es/story/2019/06/1458401 (25 de junio de 2019).

[37] Sobre cuestiones de interpretación y de aplicación del Derecho internacional en la medida en que la UE se ve afectada en los ámbitos de los usos civil y militar, así como de la autoridad del Estado fuera del ámbito de la justicia penal (2020/2013(INI)), DOUE, C 456/34, 10.11.2021.

trusión en la vida privada, la no discriminación y la protección de los datos personales

(c) La Resolución del Parlamento Europeo sobre la inteligencia artificial en el Derecho Penal y su utilización por las autoridades policiales y judiciales, de 6 de octubre de 2021[38], a la que nos referiremos a continuación.

Ambas Resoluciones, que no tienen carácter vinculante, alertan de los riesgos de la utilización de técnicas de reconocimiento facial, tratando de determinar los principios y exigencias para su empleo, marcando la dirección en la que debe caminar la normativa europea que la ordene. Hasta ahora lo que ha quedado patente es que el Parlamento Europeo se ha mostrado contrario al uso del reconocimiento facial frente a la posición de la Comisión que ha sido más abierta.

En el marco del Consejo de Europa, el 28 de enero de 2021, el Comité del Convenio 108, para la protección de las personas con respecto al tratamiento automatizado de datos de carácter personal, aprobó una serie de directrices en materia de reconocimiento facial que, persiguiendo la salvaguarda de los derechos fundamentales, dirigió a las autoridades de los Estados miembros y a los fabricantes, desarrolladores y proveedores de sistemas de este tipo. El Comité reconoce los peligros que pueden derivarse de técnicas especialmente invasivas y señala la necesidad de un debate público y de un enfoque preventivo.

3.4. El relevante papel de la Agencia Española de Protección de Datos

La AEPD en diversos Informes, así como en la resolución de expedientes sancionadores, ha ofrecido luces en el uso del

---

[38] DOUE, C 132/17, 24.3.2022.

reconocimiento facial que contrastan con los claroscuros de las normas. En ellos ha venido cuestionando los sistemas de reconocimiento facial, especialmente en el ámbito de la seguridad privada, ya que constituyen técnicas extremadamente intrusivas, con riesgos muy elevados, pues cuentan con un margen de error que debe ser tomado en consideración[39].

Ha venido entendiendo que sería necesaria la aprobación de una norma con rango de ley que justificara específicamente en qué medida y en qué supuestos su utilización respondería a dicho interés público esencial. Previsión legal que deberá establecer requisitos adicionales relativos a su seguridad y confidencialidad (art. 9.2 LOPDGD). Norma que debe enmarcar su uso en los requisitos de proporcionalidad, idoneidad y necesidad. Pero, por el momento, no existe ese marco legal que permita la utilización de técnicas de reconocimiento facial en sistemas de videovigilancia empleados por personal de seguridad privada, siendo necesario que se aprobara una norma con rango de ley que lo justificara.

4. EL USO DEL RECONOCIMIENTO FACIAL PARA PRESERVAR LA SEGURIDAD

Si hasta ahora el marco al que nos hemos referido es el general, vamos a adentrarnos en la normativa específica que regula el uso de los datos biométricos por las Fuerzas y Cuerpos de Seguridad para preservar la seguridad:

---

[39] Informe 31/2019, 010308/2019, disponible en https://www.aepd.es/es/informes-y-resoluciones/informes-juridicos. Informe 010308/2019 del Gabinete Jurídico de la AEPD sobre la licitud de incorporar sistemas de reconocimiento facial en los servicios de videovigilancia proporcionados por empresas seguridad privada. Informe 0036/2020 del Gabinete Jurídico de la AEPD sobre la utilización del reconocimiento facial para realizar exámenes.

a. En el marco europeo, además del RGPD[40], la Directiva 2016/680[41], relativa a la protección de las personas físicas en lo que respecta al tratamiento de datos personales por parte de las autoridades competentes para fines de prevención, investigación, detección o enjuiciamiento de infracciones penales permite el uso de datos biométricos sólo cuando:

(i) exista una necesidad estricta

(ii) que estén autorizados también por la legislación nacional o de la Unión y que se revista de las debidas garantías;

(iii) pudiendo solo utilizarse con fines de identificación biométrica remota cuando dicho uso esté debidamente justificado, sea proporcionado y esté sujeto a garantías adecuadas (artículo 10).

En este sentido, resulta de interés la sentencia del Alto Tribunal de Justicia de Inglaterra y Gales (4/9/2019), que enjuicia la utilización por parte de la policía de un sistema de Reconocimiento Facial Automático (AFR) en tiempo real de carácter

---

40 En cuyo considerando 51 señala que "El tratamiento de fotografías no debe considerarse sistemáticamente tratamiento de categorías especiales de datos personales, pues únicamente se encuentran comprendidas en la definición de datos biométricos cuando el hecho de ser tratadas con medios técnicos específicos permita la identificación o la autenticación unívocas de una persona física. Tales datos personales no deben ser tratados, a menos que se permita su tratamiento en situaciones específicas contempladas en el presente Reglamento".

41 DIRECTIVA (UE) 2016/680 DEL PARLAMENTO EUROPEO Y DEL CONSEJO de 27 de abril de 2016, relativa a la protección de las personas físicas en lo que respecta al tratamiento de datos personales por parte de las autoridades competentes para fines de prevención, investigación, detección o enjuiciamiento de infracciones penales o de ejecución de sanciones penales, y a la libre circulación de dichos datos y por la que se deroga la Decisión Marco 2008/977/JAI del Consejo (TOL5.703.211).

masivo en ciertos eventos públicos[42]. El sistema empleado en determinados eventos utilizaba cámaras de vigilancia para capturar imágenes del público en tiempo real que se procesaban y se comparaban con listas de imágenes para su identificación quedaba sometido a las exigencias del art. 10 de la Directiva, ya que se trata de identificar de manera unívoca a una persona.

Aun en el marco de *soft law*, la Resolución del Parlamento Europeo sobre la Inteligencia Artificial en el Derecho Penal y *su utilización por las autoridades policiales y judiciales*, de 6 de octubre de 2021[43], consciente de que las autoridades policiales suelen utilizar el reconocimiento facial (por ejemplo, para buscar en bases de datos de sospechosos e identificar a víctimas de trata de seres humanos o abuso y explotación sexual infantiles), reafirma que:

- dicha utilización ha de estar sujeta, por un lado, al cumplimiento de una serie de requisitos propios de la protección de datos (minimización, exactitud, limitación del almacenamiento, seguridad de los datos y rendición de cuentas).

---

[42] La Sentencia ha sido minuciosamente analizada por IZQUIERDO CARRASCO, M., "La utilización policial de los sistemas de reconocimiento facial automático", *Ius Et Veritas*, (60), 2020, pp. 86-103. https://doi.org/10.18800/iusetveritas.202001.004
La Sentencia le parece cuestionable en algunos de los argumentos que utiliza, sobre todo porque, basándose en el derecho consuetudinario la policía puede adoptar medidas para el mantenimiento del orden público y la prevención del crimen, sin embargo, ello no implica que pueda utilizar métodos tan intrusivos, que sí que requieren la habilitación legal. Pero, sorprendentemente, entiende que la utilización del reconocimiento facial no es tan intrusiva porque no requiere entrada física, ni contacto ni fuerza, por ello quedaría cubierto por los poderes que en el marco de *common law* tiene la policía. Por ello, entiende que este planteamiento no cabría en el marco del ordenamiento español de *civil law*.

[43] DOUE, C 132/17, 24.3.2022.

- además, debe ser legal, y perseguir un fin específico, explícito y legítimo que esté definido claramente en la legislación de los Estados miembros o la Unión.

- por otro lado, solo pueden seguir desplegándose y utilizándose con éxito siempre y cuando sus efectos adversos puedan mitigarse.

En dicha Resolución el Parlamento solicita una moratoria (a menos que se utilicen estrictamente para fines de identificación de víctimas de delitos), hasta que las normas técnicas puedan considerarse plenamente acordes con los derechos fundamentales, los resultados obtenidos no estén sesgados y no sean discriminatorios, y el marco jurídico "prevea salvaguardias estrictas contra el uso indebido y un control y supervisión democráticos estrictos y existan pruebas empíricas de la necesidad y proporcionalidad del despliegue de estas tecnologías".

También en este marco de *soft law,* las Directrices 05/2022 sobre el uso de la tecnología de reconocimiento *facial en el ámbito de la prevención e investigación de delitos,* consideran que el procesamiento de datos biométricos constituye una «seria intromisión» en los derechos a la privacidad y a la protección de datos personales (artículos 7 y 8 de la Carta de los Derechos Fundamentales de la UE). La Directriz advierte acerca de la importancia de velar por la calidad, la fiabilidad y la exactitud de los conjuntos de datos utilizados en los tratamientos de reconocimiento facial, así como el derecho de los interesados a la rectificación de los datos personales inexactos, ya que de no cumplirse estas garantías es posible que se produzcan sesgos y errores que supongan un riesgo para el interesado. Por ello, obligan a que las leyes de cada país sean lo suficientemente claras como para que sus ciudadanos entiendan las circunstancias y condiciones por las que las autoridades pueden hacer uso de estas tecnologías. Estas Directrices consideran que en todo caso el reconocimiento facial será siempre un dato de categoría especial.

b. Y en el marco del Consejo de Europa se ha advertido de que el uso de sistemas de reconocimiento facial por parte de las fuerzas del orden sólo debe permitirse cuando sea estrictamente necesario para prevenir un riesgo inminente y grave para la seguridad pública.

c. En nuestro ordenamiento, la Ley Orgánica 3/2018, de 5 de diciembre, de Protección de Datos Personales y garantía de los derechos digitales permite el tratamiento de datos biométricos con consentimiento, requiriendo el desarrollo de una norma con rango de ley cuando se invoquen como fundamento del tratamiento razones de un interés público esencial (art. 9). Pero, adviértase que pese a ser una ley reciente no regula directamente el uso del Reconocimiento Facial.

d. La norma determinante es la Ley Orgánica 7/2021, de 26 de mayo, de protección de datos personales tratados para fines de prevención, detección, investigación y enjuiciamiento de infracciones penales y de ejecución de sanciones penales (TOL8.439.617); en cuyo análisis nos detendremos a continuación. Esta ley traspone la Directiva (UE) 2016/680, de 27 de abril de 2016, relativa a la protección de las personas físicas en lo que respecta al tratamiento de datos personales por parte de las autoridades competentes para fines de prevención, investigación, detección o enjuiciamiento de infracciones penales o de ejecución de sanciones penales.

Pero, la realidad es que, como veremos a continuación, no existe hoy en día normativa europea que permita con las debidas garantías el uso del reconocimiento facial, y tampoco la legislación interna ha venido a colmar este vacío. Haré un tratamiento diferenciado de los fines que podrían enmarcar el uso del reconocimiento facial en la preservación de la seguridad, ya que creo que exigen un tratamiento diferenciado.

4.1. Con fines de investigación criminal

El empleo de datos con fines de investigación criminal tiene como marco jurídico la Ley Orgánica 7/2021, de 26 de mayo, de protección de datos personales tratados para fines de prevención, detección, investigación y enjuiciamiento de infracciones penales y de ejecución de sanciones (TOL8.439.617)[44]. Esta norma tiene como propósito singularizar a los autores o partícipes de infracciones penales, así como poder reconocer si son las personas que se supone o se busca, y de esta forma, atribuir o exonerar su participación en determinados hechos, gracias a posibles indicios o vestigios biométricos.

En este contexto se prevé por parte de las Fuerzas y Cuerpos de Seguridad el uso de ABIS (Sistema de Identificación Biométrica Automática)[45], una herramienta que emplea algoritmos de inteligencia artificial para determinar en pocos segundos si en una imagen cualquiera figura un rostro del que se tengan registros (en este caso, de personas con ficha policial)[46]. Su uso aquí en España plantea una serie de cues-

---

44 Además, se sustenta en el tratamiento/fichero número 15 denominado "SAID" que ya estaba autorizado por la AEPD y recogido en la Orden INT/1202/2011, de 4 de mayo, por la que se regulan los ficheros de datos de carácter personal del Ministerio del Interior.

45 ABIS es una «herramientas multibiométrica» de búsqueda, procesamiento y edición de registros faciales. Un programa que ha sido utilizado por el Departamento de Seguridad Nacional de los Estados Unidos y por 32 países que usan EURODAC, la base de datos europea de huellas dactilares para identificar a los solicitantes de asilo y a los migrantes irregulares que cruzan la frontera.

46 MANUEL G. PASCUAL (2023) "Los miedos de los expertos sobre el nuevo sistema de reconocimiento facial de la policía española: vigilancia masiva, pérdida de anonimato y borrado de datos", https://elpais.com/tecnologia/2023-01-10/los-miedos-de-los-expertos-sobre-el-nuevo-sistema-de-reconocimiento-facial-de-la-policia-espanola-vigilancia-masiva-perdida-de-anonimato-y-borrado-de-datos.html.

tiones que guardan relación con la ausencia de normativa que regule cabalmente la materia.

Este programa —en principio— no debería conllevar el riesgo de una vigilancia masiva, ya que su uso es post-delictual; de ahí que sea menos intrusivo que su empleo como método de vigilancia en espacios públicos. Siempre y cuando no se utilice con fines de vigilancia. ABIS, según fuente policiales, coteja la imagen introducida por los agentes con las fotografías disponibles en el sistema para buscar coincidencias; las imágenes que almacena son sólo correspondientes a los reseñados detenidos. La herramienta tiene por finalidad identificar a personas implicadas en las actuaciones llevadas a cabo en ilícitos penales que hagan necesaria la aplicación de la medida cautelar de detención o identificación para trasladarla a la autoridad judicial de conformidad con lo que disponen principalmente el artículo 11.1.g) de la Ley Orgánica 2/1986, de 13 de marzo, de Fuerzas y Cuerpos de Seguridad (TOL148.178) y el artículo 13 del Real Decreto de 14 de septiembre de 1882 por el que se aprueba la Ley de Enjuiciamiento Criminal (TOL214.466)[47]. Sin embargo, plantea una serie de interrogantes:

a. En primer lugar, la fuente y el método de obtención de esas imágenes: si se obtiene de cámaras de seguridad, su régimen jurídico viene determinado por la Ley Orgánica 4/1997, de 4 de agosto, por la que se regula la utilización de videocámaras por las Fuerzas y Cuerpos de Seguridad en lugares públi-

---

[47] Información que amablemente nos ofrece la DELEGADO DE PROTECCIÓN DE DATOS DE LA SES de la DIRECCIÓN GENERAL DE COORDINACIÓN Y ESTUDIOS. La información pública sobre dicho tratamiento puede hallarse en el Registro de Actividades de Tratamiento del Ministerio del Interior en el siguiente enlace web: https://www.interior.gob.es/opencms/pdf/servicios-al-ciudadano/participacion-ciudadana/proteccion-de-datos-de-caracter-personal/tutela-de-los-derechos/Registro_de_Actividades_de_Tratamiento_del_Ministerio_del_Interior.pdf.

cos, abiertos o cerrados, y su posterior tratamiento (TOL5.924). Pero esta norma, como veremos a continuación, no ofrece cobertura para aplicar inteligencia artificial a la imagen obtenida.

El problema, como se ha alertado, es que "en el ámbito policial y penal se usen algoritmos diseñados por empresas privadas que, escudándose en la propiedad intelectual, no siempre se muestran colaboradoras para compartir el código fuente[48].

La obtención de imágenes nos plantea, también, la duda acerca del alcance territorial, esto es, aunque en nuestro ordenamiento la norma contemplara suficientes garantías, nos podemos encontrar con que los programas que se utilizan y las bases de imágenes que sirven para realizar el cotejo provengan de un ordenamiento que no las contemple. En consecuencia, puesto que cabe margen de error en función de las fuentes de obtención de imágenes, su uso requerirá siempre la comprobación personal[49]. En esta dirección, apunta Presno que debido al alto riesgo que ofrece la identificación biométrica, deben

---

48 SIMÓN CASTELLANO, P.; DORADO FERRER, X., "Límites y garantías constitucionales frente a la identificación biométrica", *IDP. Revista de Internet, Derecho y Política,* núm. 35. UOC, 2022 http://dx.doi.org/10.7238/idp.v0i35.392324.

49 Como advierte Faraldo, "en relación con las bases de datos policiales y de condenados, los requisitos para las imágenes faciales y las prácticas utilizadas para el control de calidad muestran variaciones significativas entre los Estados miembros de la UE, la mayoría de los cuales no aplican normas de calidad estandarizadas para la obtención de imágenes y su introducción en la base de datos...lo que compromete la solidez jurídica de los resultados", FARALDO CABANA, P. "Uso del reconocimiento facial automático por las Fuerzas y Cuerpos de Seguridad en España", en CASTRO TOLEDO, F.J (coord.), *La transformación algorítmica del sistema de justicia penal,* Aranzadi, 2022, p. 141.

aplicarse requisitos específicos referentes a las capacidades de registro y la vigilancia humana[50].

b. En segundo lugar, plantea también dudas acerca de la posterior gestión de las bases que contienen las imágenes, así como los límites a los que se debe ceñir su uso. Tengamos en cuenta que, tal y como se ha advertido, si el sistema ABIS se pretende compartir con otras bases comunitarias como Eurodac, EU-Lisa o VIS, puede acarrear un riesgo adicional, ya que se pueden estar compartiendo datos relativos a solicitantes de asilo, que no han delinquido ni son criminales[51]. En este sentido hay que tener en cuenta que las operaciones de tratamiento entre autoridades competentes deben ajustarse al artículo 6 de la Ley Orgánica 7/2021, de 26 de mayo.

c. En tercer lugar, dudas relativas a la conservación de las imágenes. Debemos tener en cuenta que el TEDH en *Gaughran v. United Kingdom* (13-02-2020) entendió que el uso de herramientas de reconocimiento facial, utilizando fotos que se habían tomado en el momento de la detención de una persona y luego almacenadas en una base de datos policiales, interfiere en el derecho al respeto a la vida privada (art. 8 CEDH). Por ello, el almacenamiento de fotografías de una persona detenida por un tiempo indefinido incumple con dicho precepto[52]. De modo que los Estados deben establecer límites de conservación de los datos biométricos de los condenados.

---

50 PRESNO LINERA, M. A., *op. cit.* p 45.

51 Javier Sánchez Monedero, investigador Beatriz Galindo en Inteligencia Artificial del Departamento de Informática y Análisis Numérico de la Universidad de Córdoba.

52 Y el art. 8. 1 de la Ley Orgánica 4/1997 prevé que las grabaciones serán destruidas en el plazo máximo de un mes desde su captación, salvo que estén relacionadas con infracciones penales o administrativas graves o muy graves en materia de seguridad pública, con una investigación policial en curso o con un procedimiento judicial o administrativo abierto.

4.2. Con fines de vigilancia para preservar la seguridad

El uso de herramientas de reconocimiento facial con fines de preservar la seguridad mediante la vigilancia pública exige determinar, en primer lugar, el régimen jurídico aplicable. Con tal finalidad debe precisarse que:

(a) El reconocimiento facial no puede confundirse con el servicio de monitorización de aforo, por ejemplo, mediante drones, aunque estos tengan cámaras, ya que el sistema de procesamiento de imágenes en tiempo real las anonimiza en el mismo proceso de generación y elimina las originales inmediatamente después [53]. Se convierte la imagen en un punto negro, precisamente para controlar aforos, pero no para identificar a las personas.

(b) La videovigilancia no se corresponde, exactamente, con el reconocimiento facial. Las videocámaras de vigilancia -que cuentan con la correspondiente cobertura legal— no son cámaras de reconocimiento facial, sino de grabación de imágenes y sonidos. Su régimen jurídico es distinto. En esta línea, la Agencia Española de Protección de Datos rechaza que la legitimación reconocida para los sistemas de videovigilancia (que sólo captan y graban imágenes y sonidos), aunque también rea-

---

[53] El Ayuntamiento de Barcelona ha adoptado un Protocolo de relativo a la "Definición de metodologías de trabajo y protocolos para la implementación de sistemas algorítmicos", —pionero en el ámbito local—. En este marco el Ayuntamiento y el Instituto Municipal de Informática han firmado un convenio de colaboración para llevar a cabo el proyecto, que será de las primeras iniciativas del Laboratorio de Innovación Urbana de Barcelona. El protocolo se basa en la propuesta de regulación europea sobre la inteligencia artificial y define, paso a paso, los mecanismos de garantía y salvaguardia de derechos que se tienen que introducir en cada momento de la implementación de un sistema de inteligencia artificial por parte del Ayuntamiento de Barcelona.

licen un tratamiento de datos personales, no llega a procesar la información contra una base de datos previa que permita o confirme la identificación de personas[54]. Reafirma que las imágenes de una persona que figuran en un sistema de videovigilancia no pueden considerarse datos biométricos si no se han tratado técnicamente de una forma específica con el fin de contribuir a la identificación única de esa persona[55].

La norma de cabecera que regula este uso es la Ley Orgánica 4/1997, de 4 de agosto, por la que se regula la utilización de videocámaras por las Fuerzas y Cuerpos de Seguridad en lugares públicos, abiertos o cerrados, y su posterior tratamiento (TOL5.924). Se trata de una norma cuya finalidad es contribuir a asegurar la convivencia ciudadana, la erradicación de la violencia y la utilización pacífica de las vías y espacios públicos, así como prevenir la comisión de delitos, faltas e infracciones relacionados con la seguridad pública. Esto es, una norma que tiene como finalidad ofrecer herramientas que coadyuven a garantizar la seguridad, mediante la utilización de cámaras. Y que ofrece importantes garantías ya que sujeta su uso al principio de proporcionalidad, en su doble versión de (a) idoneidad, esto es, cuando resulte adecuado, en una situación concreta, para el mantenimiento de la seguridad ciudadana; (b) demandando la ponderación, en cada caso, entre la finalidad pretendida y la posible afectación por la utilización de la videocámara al derecho al honor, a la propia imagen y a la intimidad de las personas. En todo caso, su utilización exigirá la existencia de un razonable riesgo para la seguridad ciudadana, en el caso de las fijas, o de un peligro concreto, en el caso de las móviles (art. 6.4). Además, debe informarse a la ciudadanía de manera clara y permanente de la existencia

---

54 Procedimiento sancionador PS/00120/2021, pág. 28.

55 Expediente N.º: PS/00413/2022.

de videocámaras fijas[56]. No olvidemos que el Tribunal Europeo de Derechos Humanos ha reconocido expresamente que la videovigilancia constituye una injerencia en el derecho de respeto a la vida privada, en consecuencia, ha de estar sujeta a una serie de exigencias y garantías[57]. Además, el artículo 22.1 de la Ley Orgánica 3/2018, de 5 de diciembre, de Protección de Datos Personales y garantía de los derechos digitales (TOL6.933.570), excluye de la aplicación de la propia ley los tratamientos llevados a cabo por las FFCS con fines de prevención, detección e investigación de delitos.

En consecuencia, esta Ley de Videovigilancia no es una ley que dé cobertura a la obtención de imágenes con finalidad de reconocimiento facial. Las garantías tan loables que establece están dirigidas a la obtención de imágenes que no son —como hemos visto— de reconocimiento facial. Por consiguiente, la Ley Orgánica 4/1997 —hoy— no es la norma que habilite para la captación de imágenes con fin de reconocimiento facial.

(c) Esta exclusión nos conduce a determinar si la legislación aplicable en este caso permite el uso del reconocimiento facial. Para este análisis la norma de referencia en este ámbito que es la Ley Orgánica 7/2021, de 26 de mayo, de protección de datos personales tratados para fines de prevención, detección, investigación y enjuiciamiento de infracciones penales y de ejecución de sanciones penales (TOL8.439.617). La ley parte de que los datos biométricos (como las huellas dactilares

---

56 Artículo 22 de la Ley Orgánica 3/2018, de 5 de diciembre, de Protección de Datos Personales regula el tratamiento de imágenes a través de sistemas de cámaras o videocámaras con la finalidad de preservar la seguridad de las personas y bienes, así como de sus instalaciones. Así como el Artículo 22 de la Ley Orgánica 4/2015, de 30 de marzo, de protección de seguridad ciudadana (TOL4.788.339).

57 Al respecto son también destacables las exigencias de la Comisión de Venecia en relación con la videovigilancia.

o la imagen facial) se consideran incluidos en esta categoría especial de datos cuando su tratamiento está dirigido a identificar de manera unívoca a una persona física. En consecuencia, prevé su uso sujeto a una serie de exigencias, sólo cuando sea estrictamente necesario:

- siempre y cuando esté regulado en una norma con rango de ley o por el Derecho de la Unión Europea;

- cuando sea necesario para proteger los intereses vitales, así como los derechos y libertades fundamentales del interesado o de otra persona física;

- su tratamiento se refiera a datos que el interesado haya hecho manifiestamente públicos.

Esta ley traspone, como ya hemos visto, la Directiva (UE) 2016/680, de 27 de abril de 2016 (TOL5.703.211), pero, tal y como ha advertido R. Martínez, lleva a cabo una trasposición apresurada[58], planteando una serie de problemas que son relevantes:

(i) Siendo trasposición de la Directiva, conviene subrayar que se trata de una Directiva de mínimos, que no contempla expresamente el reconocimiento facial. Sin embargo, la norma española va más allá de la Directiva y permite el tratamiento de datos biométricos sin las debidas restricciones.

Por una parte, el artículo art. 13 de la norma española reproduce el art. 10 de la Directiva, pero ello no garantiza nada, ya que la Agencia de Protección Europea recordó en sus Di-

---

[58] MARTINEZ MARTINEZ, R., "Vigilancia activa. Trazabilidad y control del uso policial de información personal", en RIDAURA MARTINEZ, M. J. (Dr.), *Retos para la Seguridad*, Tirant lo Blanch, Valencia, 2023, p. 344-345.

rectrices que la invocación de este precepto por la normativa estatal no es suficiente para el uso de los datos biométricos[59].

Por otra parte, el apartado 2 del art. 13 va más allá y autoriza que las autoridades competentes, en el marco de sus respectivas funciones y competencias, puedan tratar datos biométricos dirigidos a identificar de manera unívoca a una persona física con los fines de prevención, investigación, detección de infracciones penales, incluidas la protección y la prevención frente a las amenazas contra la seguridad pública. Ahora bien, este precepto, de inicio, presenta dos problemas: a) no prevé con claridad la evaluación de impacto. b) además, su autorización es demasiada amplia. Y es cierto que el RGPD confiere a los Estados un margen para especificar el interés público esencial que justifique la restricción del derecho a la protección de datos personales, así como las circunstancias en puede limitarse; debiendo determinar las reglas precisas que hagan previsible la limitación y sus consecuencias. Pero, no es suficiente la invocación genérica de un interés público.

En este sentido, ha subrayado nuestro Tribunal Constitucional que la legitimidad constitucional de la restricción del derecho fundamental a la protección de datos personales no puede estar basada, por sí sola, en la invocación genérica de un indeterminado interés público; siendo necesario que el legislador "predetermine los supuestos, las condiciones y las garantías en que procede la adopción de medidas restrictivas de derechos fundamentales". Dichas garantías deben reforzarse cuando el tratamiento afecta a categorías especiales de datos, también llamados "datos sensibles", pues su uso es susceptible de comprometer más directamente la dignidad, la libertad y

---

59 Argumento en el que ahonda COTINO HUESO para reafirmar que la normativa española no es una ley habilitante y que regule las garantías respecto de un sistema de identificación biométrico concreto, ni para el sector público ni para el sector privado, pp.19-20.

el libre desarrollo de la personalidad (STC 76/2019, de 22 de mayo (TOL7.278.791)). Y este es, precisamente, el caso del reconocimiento facial.

(ii) la Ley Orgánica 7/2021, de 26 de mayo no establece los casos en los que se podría permitir el uso del reconocimiento.

(iii) además, no deroga formalmente la Ley Orgánica 4/1997 (TOL8.439.617), y ello obliga a una interpretación sistemática de las dos normas.

Es importante destacar que en el marco de la investigación penal (medidas previstas en la LO 13/2015, de 5 de octubre de modificación de la Ley de Enjuiciamiento Criminal para el fortalecimiento de las garantías procesales y la regulación de las medidas de investigación tecnológica), el Artículo 588 quinquies a.) permite la captación de imágenes en lugares o espacios públicos (TOL5.497.670). Textualmente dice:

"1. La Policía Judicial podrá obtener y grabar por cualquier medio técnico imágenes de la persona investigada cuando se encuentre en un lugar o espacio público, si ello fuera necesario para facilitar su identificación, para localizar los instrumentos o efectos del delito u obtener datos relevantes para el esclarecimiento de los hechos.

2. La medida podrá ser llevada a cabo aun cuando afecte a personas diferentes del investigado, siempre que de otro modo se reduzca de forma relevante la utilidad de la vigilancia o existan indicios fundados de la relación de dichas personas con el investigado y los hechos objeto de la investigación".

Sin embargo, la no derogación de la Ley 4/1997 no nos permite aclarar si la obtención y grabación por cualquier medio técnico de imágenes de la persona investigada nos sitúa en el escenario de la Ley de Videovigilancia, y ésta —como ha quedado aclarado— no permite imágenes de reconocimiento facial, sino mera captación y grabación de imágenes. Pero, adviértase que el artículo referido alude textualmente a imágenes, pero no como datos biométricos. Ello nos suscita serias dudas acerca de que pueda ser la LeCRim la base legal suficiente para la utilización del reconocimiento facial de las personas investigadas.

Así pues, la Ley 7/2021 es una norma que está muy lejos de cumplir los estándares que se están requiriendo en el marco del Derecho Comparado. Podría ser de referencia para el legislador español la importante Sentencia del Tribunal Constitucional Alemán de 16 de febrero de 2023 que resuelve los recursos de inconstitucionalidad presentados frente a la Ley de Hesse sobre seguridad y orden público (2018), y la Ley de Procesamiento de datos de la Policía de Hamburgo (2019)[60]. Sentencia en la que el Tribunal estima la inconstitucionalidad de los preceptos recurridos, esencialmente, debido a la ausencia de las debidas garantías legales dada la intensidad de la intrusión en los derechos fundamentales. Las principales razones residen en la redacción demasiado amplia de los poderes para la realización de tratamientos de datos automatizados, sin que se regule de modo suficiente el peligro identificable que puede permitir estos tratamientos de datos, ni los datos concretos a tratar y los métodos a utilizar[61]. Así, pues, de modo sintético, el Tribunal establece unas férreas condiciones para su uso: a) la Ley debe regular qué bases de datos se pueden incluir y en qué medida se pueden automatizar; b) la Ley debe contener

---

60 Un análisis minucioso de esta Sentencia, en el que nos basamos lo realiza COTINO HUESO, L., "Una regulación legal y de calidad para los análisis automatizados de datos o con inteligencia artificial. Los altos estándares que exigen el Tribunal Constitucional alemán y otros tribunales, que no se cumplen ni de lejos en España", *Revista General de Derecho Administrativo,* 63, 2023. Otros estudios del autor que se ha ocupado del tema son "Sistemas de inteligencia artificial con reconocimiento facial y datos biométricos. Mejor regular bien que prohibir mal", en *El Cronista del Estado Social,* IUSTEL, monográfico Inteligencia artificial, nº 100, septiembre-octubre 2022, pp. 68-79.

61 *Op. cit.*, p. 8.

garantías técnicas suficientes; c) debe haber un control por el delegado de protección de datos; d) su uso debe sujetarse al principio de proporcionalidad.

Exigencias que contrastan con las previsiones de la normativa española, pese a algunas garantías destacables que, como indica R. Martínez, introduce: que el funcionario policial carezca de espacio de discrecionalidad alguno, ya que todas sus decisiones serán trazables y la eventual infracción de los derechos de las personas interesadas podrá ser investigada por la autoridad de protección de datos. Y, además, el artículo 25 refuerza la posición de las autoridades de protección de datos. Aun así, debido a la intensidad de la intrusión en los derechos fundamentales, no son suficientes.

Finalmente, ahondando en la dispersión y en la incertidumbre, frente a todo este complejo e incierto marco normativo que no ofrece cobertura suficiente para el uso del reconocimiento facial, la Agencia Española de Protección de Datos —que ha sido restrictiva en materia de reconocimiento facial— ha sido más flexible en algunos supuestos y ha considerado que en determinados casos excepcionales podría quedar justificado el empleo de sistemas de reconocimiento facial como podría ser el caso de las infraestructuras críticas. Entiende que "En este caso, la adecuada protección de estas tiene por finalidad garantizar la seguridad de los ciudadanos y el correcto funcionamiento de los servicios esenciales, por lo que la autorización por el legislador del empleo de técnicas de reconocimiento facial, estableciendo las garantías adecuadas, podría considerarse proporcional". Es cierto que en ocasiones no son aconsejables las respuestas binarias. Pero, en todo caso, conviene recordar que a una infraestructura crítica le es de aplicación el RGPD, de modo que la identificación biométrica, sólo podría realizarse si concurren las circunstancias contenidas en el párrafo 2º del art. 9.2 RGPD, debiendo existir un "interés público esencial", que esté previsto en una norma con rango de ley, y aplicando las garantías de los artículos 35 y 36 RGPD, tal y como hemos visto. Otra cosa es que los responsables de algunas infraestructuras críticas se sujeten a estas exigencias. Por ello, creo que la posición de la AEPD requería mayor justificación.

Cuestiones distintas plantea el uso del reconocimiento facial para preservar la seguridad en estadios; que escapa de este estudio, aun convergiendo el interés de la seguridad, y que abordaré en una investigación próxima.

5. EL ACUERDO PARA LA APROBACIÓN DEL REGLAMENTO DE INTELIGENCIA ARTIFICIAL

Todo el disperso y exiguo entramado normativo analizado hasta el momento, tanto en el ámbito europeo como en el de los Estados, ha evidenciado palmariamente la insuficiencia de normas que cumplan debidamente con los necesarios estándares que permitan el uso del reconocimiento facial. En consecuencia, una ordenación del tema —no como freno, sino como garantía— resulta necesaria.

El trayecto para alcanzar la aprobación del Reglamento de Inteligencia Artificial ha sido proceloso, pero finalmente—al mismo tiempo en que se gestaban estas páginas— se ha alcanzado un acuerdo que posibilitará aprobar la denominada Ley de Inteligencia Artificial[62].

1. El Proyecto de Reglamento, en primer término, consideraba el reconocimiento facial como una *"tecnología de alto riesgo"*, y, en consecuencia, preveía que su uso para fines de prevención, detención o investigación de crímenes graves o te-

[62] Este *iter* que ha durado varios años está excelentemente tratado por PRESNO LINERA, M. A., "La propuesta de Ley de Inteligencia Artificial Europea", *Revista de las Cortes Generales,* núm. 116, 2023, pp. 81-133.

rrorismo", incluso, en el control de fronteras, debía sujetarse a una serie de exigencias:

En consecuencia, aprobado el Reglamento, no estaría permitido, en principio, el uso del RF en lugares públicos, sino que se requerirán verificaciones especiales; aunque se podría permitir excepcionalmente, cuando su utilización fuera estrictamente necesaria para alcanzar uno o varios de los objetivos siguientes (art. 5):

"i) la búsqueda selectiva de posibles víctimas concretas de un delito, incluidos menores desaparecidos;

ii) la prevención de una amenaza específica, importante e inminente para la vida o la seguridad física de las personas físicas o de un atentado terrorista;

iii) la detección, la localización, la identificación o el enjuiciamiento de la persona que ha cometido o se sospecha que ha cometido alguno de los delitos mencionados en el artículo 2, apartado 2, de la Decisión Marco 2002/584/JAI del Consejo para el que la normativa en vigor en el Estado miembro implicado imponga una pena o una medida de seguridad privativas de libertad cuya duración máxima sea al menos de tres años, según determine el Derecho de dicho Estado miembro".

El Parlamento Europeo había venido proponiendo bien la prohibición total, bien una moratoria sobre su uso en espacios públicos tanto por parte de las fuerzas del orden como de las empresas privadas, considerando que facilita la vigilancia masiva.

2. El acuerdo final. Ante la frontal oposición del Parlamento, el 8 de diciembre de 2023 se ha alcanzado un acuerdo entre la Eurocámara, los Estados y el Parlamento europeo. Precisamente, en este acuerdo uno de los ejes nodales ha sido la aceptación del reconocimiento facial por parte de las fuerzas de seguridad, ya que los Estados exigían introducir unas cláusulas vinculadas a la seguridad nacional. En consecuencia, en dicho

acuerdo se acepta que el reconocimiento facial estará sujeto a una serie de condiciones:

- Autorización judicial previa.

- Sólo en caso de determinados delitos como una amenaza terrorista "genuina y previsible" o "genuina y presente". Aunque los Estados han presionado para que se ampliara a otros delitos como la búsqueda de una persona condenada o sospechosa de haber cometido un delito grave, a casos de trata, explotación sexual, asesinato, secuestro, violación, robo a mano armada, participación en una organización criminal o delitos medioambientales.

Esta propuesta[63] se ha aprobado definitivamente en abril 2024 y su entrada en implantación definitiva se pospondrá hasta 2026/27. Sin embargo, pese a la *vacatio legis* prevista, la oficina europea se creará de forma inmediata, y se podrá aplicar en un plazo de seis meses desde su entrada en vigor la prohibición —en este caso concreto– del reconocimiento facial, con las excepciones previstas.

Quedan excluidos de las exigencias del RIA los sistemas de IA destinados a las verificación biométrica (1 a 1). Y el Reglamento no se aplica a actividades con fines militares, de defensa o de seguridad nacional; pero si a la seguridad pública.

Tras su aprobación, dos son los regímenes jurídicos que confluyen en el uso de la identificación biométrica: I. los sujetos al Reglamento de Inteligencia Artificial y II. los regulados por normativa específica de protección de datos.

---

63 Proposal for a Regulation of the European Parliament and of the Council laying down harmonised rules on artificial intelligence (Artificial Intelligence Act) and amending certain Union legislative acts–Analysis of the final compromise text with a view to agreement Brussels, 26 January 2024 (OR. en) 5662/24.

(a) El Reglamento prohíbe la identificación biométrica en tiempo real y con fines policiales, en espacios públicos, salvo en determinadas situaciones que enumera de manera taxativa en las que sea necesario su uso para lograr un interés público esencial cuya importancia compense los riesgos. Dichas excepciones están previstas en el Artículo 5(1)(h), y están rodeadas de unas precisas garantías:

- Cuando se esté realizando una búsqueda selectiva de posibles víctimas concretas de un determinado delito (secuestro, trata de seres humanos o explotación sexual de seres humanos), y personas desaparecidas.

- Para prevenir amenazas específicas, importantes e inminentes para la vida o seguridad de las personas o de una amenaza real y actual o real y previsible de un atentado terrorista.

- Para la detección, localización, identificación o enjuiciamiento de la persona que ha cometido o se sospecha que ha cometido alguno de los delitos recogidos en el Anexo II que en el Estado miembro de que se trate se castigue con una pena o una medida de seguridad privativas de libertad cuya duración máxima sea de al menos cuatro años.

- Aún en estos supuestos, debe realizarse una evaluación de impacto y debe mediar autorización judicial expresa y previa o de la autoridad administrativa independiente de un Estado cuya decisión sea vinculante. Autorización que se prestará sólo cuando tenga constancia de que el uso del sistema de identificación biométrica remota «en tiempo real» sea necesario y proporcionado para alcanzar alguno de los objetivos que figuran en este precepto. No obstante, en una situación de urgencia debidamente justificada, se podrá empezar a utilizar tal sistema sin autorización, siempre que se solicite sin demora indebida, a más tardar en un plazo de 24 horas. Ahora bien, si se rechaza dicha autorización, el uso se interrumpirá con efecto inmediato y todos los datos, así como los resultados y la información de salida generados por dicho uso, se desecharán y suprimirán inmediatamente.

- Asimismo, se imponen limitaciones temporales, geográficas y personales.

- Y, por último, su aplicación se deberá notificar a la autoridad de vigilancia del mercado pertinente y a la autoridad nacional de protección de datos, que deberán presentar informes anuales ante la Comisión sobre su aplicación; informes que se publicarán, sin incluir datos operativos sensibles.

(b) Por otro lado, cuando no estén aplicados a fines policiales, los sistemas de identificación biométrica están considerados como sistemas de alto riesgo, en atención a su impacto sobre derechos fundamentales. Estos no están prohibidos como en el caso anterior, pero han de sujetarse a las obligaciones previstas en el Reglamento (art. 6), debiendo realizarse evaluaciones de riesgos, quedando sujetos a exigencias de transparencia y supervisión humana constantes.

En todo caso, el Reglamento determina que los Estados deberán legislar internamente Estados siguen teniendo la libertad de no ofrecer esta posibilidad o de ofrecerla únicamente en relación con algunos de los objetivos que pueden justificar un uso autorizado conforme al presente Reglamento.

Puede observarse como el texto aprobado es muy similar a la propuesta de Reglamento, una vez sorteada la frontal oposición del Parlamento Europea.

Todo apunta, pues, a un escenario de mayor certeza para el uso del reconocimiento facial con fines de seguridad.

6. BIBLIOGRAFÍA

BUOLAMWINI, J. y GEBRU, T., "GenderShades: IntersectionalAccuracyDisparitiesin CommercialGenderClassification", *Proceedings of Machine Learning Research,* 81, 1{15, 2018.

COTINO HUESO, L., "Reconocimiento facial automatizado y sistemas de identificación biométrica bajo la regulación superpuesta de inteligencia artificial y protección de datos", en BALAGUER CALLEJON, F. y COTINO HUESO, L. (coords.), *Derecho Público de la Inteligencia Artificial*, Fundación Manuel Giménez Abad, 2023, pp. 347 a 402.

COTINO HUESO, L., "Sistemas de inteligencia artificial con reconocimiento facial y datos biométricos. Mejor regular bien que prohibir mal", *El Cronista del Estado Social*, IUSTEL, monográfico Inteligencia artificial, nº 100, septiembre-octubre 2022, pp. 68-79.

COTINO HUESO, L., "Una regulación legal y de calidad para los análisis automatizados de datos o con inteligencia artificial. Los altos estándares que exigen el Tribunal Constitucional alemán y otros tribunales, que no se cumplen ni de lejos en España", *Revista General de Derecho Administrativo*, 63, 2023.

DE DOMINGO PÉREZ, T., "La argumentación jurídica en el ámbito de los derechos fundamentales: en torno al denominado chilling effect o efecto desaliento", *Revista de Estudios Políticos*, núm. 122, 2003, pp. 141-166.

FARALDO CABANA, P., "Uso del reconocimiento facial automático por las Fuerzas y Cuerpos de Seguridad en España", en CASTRO TOLEDO, F. J. (coord.), *La transformación algorítmica del sistema de justicia penal*, Aranzadi, 2022.

GARVIE, C., BEDOYA, A. y FRANKLE, J., *Informe del Center on Privacy & Technology*, Universidad de Georgetown, del uso del RF por la policía, 2016. Disponible en: https://www.perpetuallineup.org/findings/accuracy.acerca.

INIOLUWA, D. R., y otros, "Saving Face: Investigating the Ethical Concerns of Facial Recognition Auditing", *Actas de la Conferencia AAAI/ACM sobre IA, ética y sociedad*, 2020.

IZQUIERDO CARRASCO, M., "La utilización policial de los sistemas de reconocimiento facial automático", *Ius Et Veritas*, 60, 2020, pp. 86-103. https://doi.org/10.18800/iusetveritas.202001.004.

JARAMILLO, C. D. "Utilización del sistema de reconocimiento facial para preservar la seguridad ciudadana. Use of the facial recognition system to preserve public safety", *El Criminalista Digital. Papeles de Criminología*, II Época, Número 9, 2021.

MARTINEZ MARTINEZ, R., "Vigilancia activa. Trazabilidad y control del uso policial de información personal", en RIDAURA MARTINEZ, M. J. (Dr.), *Retos para la Seguridad*, Tirant lo Blanch, Valencia, 2023.

PASCUAL, M. G., "Los miedos de los expertos sobre el nuevo sistema de reconocimiento facial de la policía española: vigilancia masiva, pérdida de anonimato y borrado de datos", 2023. Disponible en: https://elpais.com/tecnologia/2023-01-10/los-miedos-de-los-expertos-sobre-el-nuevo-sistema-de-reconocimiento-facial-de-la-policia-espanola-vigilancia-masiva-perdida-de-anonimato-y-borrado-de-datos.html.

PERALTA GUTIERREZ, A., "La necesaria regulación de la vigilancia masiva: Casos Quadrature du Net y Big Brother Watch", *Diario la Ley*, 24/11/2021.

PETER FUSSEY y DARAGH MURRAY, *New report raises concerns over Met Police trials of live facial recognition technology*, 2019. Disponible en: https://www.essex.ac.uk/news/2019/07/03/met-police-live-facial-recognition-trial-concerns.

PRESNO LINERA, M. A., "La propuesta de Ley de Inteligencia Artificial Europea", *Revista de las Cortes Generales*, núm. 116, 2023, pp. 81-133.

PRESNO LINRA, M. A., *Derechos fundamentales e inteligencia artificial*, Marcial Pons, Madrid, 2022.

RIDAURA MARTINEZ, M. J, "El uso de cámaras de reconocimiento facial por empresas privadas de seguridad", en RIDAURA MARTINEZ, M.J, (coord.), *Retos para la seguridad*, Tirant lo Blanch, Valencia, 2023.

RIESCO GARCIA, M., "Inteligencia Artificial. Enfoque Policial", *El Derecho y la Inteligencia Artificial*, PERALTA GUTIERREZ, A. y TORRES LOPEZ, L.P, Universidad de Granda, 2022.

SERRA CRISTOBAL, R., "Enfrentar riesgos para la seguridad sanitaria en el marco de un estado de derecho. Lecciones a aprender de la covid-19"; *Teoría y Realidad Constitucional*, num. 51, 2023, pp. 231-257.

SIMÓN CASTELLANO, P. y DORADO FERRER, X., "Límites y garantías constitucionales frente a la identificación biométrica", *IDP. Revista de Internet, Derecho y Política*, núm. 35. UOC, 2022. Disponible en: http://dx.doi.org/10.7238/idp.v0i35.392324.

SIMON CASTELLANO, P., "Las evaluaciones de impacto algorítmico en los derechos fundamentales: hacia una efectiva minimización de sesgos", en COTINO HUESO, L. y CASTELLANSO CLARAMUNT, J. (eds.), *Algoritmos abiertos y que no discriminen en el sector público*, Tirant lo Blanch, Valencia, 2023, pp. 27 a 56.

SIMON CASTELLANO, P., "Tecnología ad hoc para la seguridad y para la valoración del riesgo", *Thêmis-Revista de Derecho* 79, enero-junio, 2021.

SOTTILE, L., MAPPING THE USE OF FACIAL RECOGNITION TECHNOLOGIES IN ITALY, 2023. Disponible en: https://urldefense.com/v3/__https://www.strali.org/__;!!D9dNQwwGXtA!X4Hy1JAAlRhN9K4n7_qO9_Bhoym4OSNxkkZ8hUXqZ_04Zj88wpcQJ9z81ZwTfRVeBLm6S-B2ty1c-fXJu1FjLFWVs92AI7QB$E

SUAREZ XAVIER, P.R., "Reconocimiento facial y policía predictiva: entre seguridad y garantías procesales, Colex, 2022.

VALLE ESCOLANO, R., "Una inteligencia artificial a medida de las personas: el control de la discriminación algorítmica", en COTINO HUESO, L. y CASTELLANSO CLARAMUNT, J. (eds.), *Algoritmos abiertos y que no discriminen en el sector público,* Tirant lo Blanch, Valencia, 2023, pp. 57 a 78.

VELIZ, CARISSA, "DIGITALIZAR ES VIGILAR", 2021. Disponible en: https://elpais.com/opinion/2021-12-03/digitalizar-es-vigilar.html?ssm=TW_CC.

Respuestas normativas ante la inteligencia artificial generativa: ¿son suficientes?[1]

ANA ABA CATOIRA
Universidad de A Coruña
ana.abac@udc.es

SUMARIO: 1. Derecho y tecnología: Una relación difícil 2. Evolución de la inteligencia artificial. 3. Marco regulatorio de la inteligencia artificial. 4. La IA generativa/modelos fundacionales como elemento de fricción en la tramitación de la regulación europea. 5. Bibliografía.

1. DERECHO Y TECNOLOGÍA: UNA RELACIÓN DIFÍCIL

La relación del derecho con las tecnologías nunca ha sido fácil. Como señalaba el profesor Pérez-Luño, "el pensamiento jurídico, desde finales del pasado siglo, no fue insensible a la urgencia de tomar en serio la tarea de construir una teoria del derecho abierta, y responsablemente comprometida con la respuesta a las nuevas necesidades y exigencias de los hombres que viven en la era de la informática. Esa nueva coyuntura reclama de los juristas, los filósofos y los teóricos del derecho

---

[1] Este es uno de los trabajos que se realizan en el marco del proyecto "Derechos y garantías públicas frente a las decisiones automatizadas y el sesgo y discriminación algorítmicas" 2023-2025 (PID2022-136439OB-I00) financiado por MCIN/ AEI/10.13039/501100011033/ FEDER, UE.

una "consciencia tecnológica", término acuñado por Vittorio Frosini para apelar a una actitud reflexiva, crítica y responsable ante los nuevos problemas que, en las diversas esferas del acontecer social, suscita la tecnología, y ante los que ni el derecho, ni quienes lo aplican o lo estudian pueden permanecer insensibles. Esa exigencia complica sobremanera la labor de los operadores jurídicos y los teóricos del derecho, porque les obliga a ampliar el angosto horizonte de las autorreferencias normativas con la apertura hacia los estímulos de la ciencia y la tecnología"[2].

Así lo anterior, el derecho actual se enfrenta a numerosos retos y desafíos planteados con los usos tecnológicos y que ponen en riesgo los valores y derechos que son el basamento de nuestro modelo de convivencia. Un escenario presidido por las incertidumbres, ya que las indudables ventajas que conlleva la innovación tecnológica han conducido a una utilización generalizada de las tecnologías en todos los ámbitos, tanto públicos como privados, donde los sistemas de inteligencia artificial y los algoritmos detentan un absoluto protagonismo. Tanto es así que nuestra existencia ya discurre plenamente en el universo digital, pero, aún nos falta mucho para alcanzar la ciudadanía digital entendida como un conjunto de competencias y conocimientos necesarios para participar de forma activa y responsable en este entorno. Por tanto, también hablamos de adquisición de valores y de capacidad crítica para consumir contenidos de calidad sin dejarnos influir por la desinformación y respetar los derechos de los demás, como los datos personales y la igualdad de trato.

---

[2] Pérez Luño, A. E., "El derecho ante las nuevas tecnologías", *El Notario del Siglo XXI: Revista del Colegio Notarial de Madrid,* Revista 41, 2012, https://www.elnotario.es/revista-41/548-el-derecho-ante-las-nuevas-tecnologias-0-8050094412686392.html.
Frosini, Vittorio, *L´uomo artificiale. Etica e diritto nell´era planetaria,* Spirali, Milano, 1986.

Ahora bien, las indudables ventajas que, en términos de eficacia, economía, desarrollo o bienestar supone el empleo de sistemas de inteligencia artificial que adoptan decisiones automatizadas basadas en algoritmos o en redes neuronales no pueden soslayar los riesgos que estos usos conllevan para los derechos e intereses de la ciudadanía y que requieren contar con una regulación adecuada para garantizar la protección de la privacidad y los datos personales, el uso ético y responsable de la inteligencia artificial, la ciberseguridad o la protección de la propiedad intelectual, así como la gobernanza en internet. En este sentido, resulta meridianamente claro el *Libro Blanco sobre la inteligencia artificial*, de la Comisión Europea de 2020, en el que aludiendo al rápido desarrollo de la IA, se afirmaba que "Cambiará nuestras vidas, pues mejorará la atención sanitaria (por ejemplo, incrementando la precisión de los diagnósticos y permitiendo una mejor prevención de las enfermedades), aumentará la eficiencia de la agricultura, contribuirá a la mitigación del cambio climático y a la correspondiente adaptación, mejorará la eficiencia de los sistemas de producción a través de un mantenimiento predictivo, aumentará la seguridad de los europeos y nos aportará otros muchos cambios que de momento solo podemos intuir. Al mismo tiempo, la IA conlleva una serie de riesgos potenciales, como la opacidad en la toma de decisiones, la discriminación de género o de otro tipo, la intromisión en nuestras vidas privadas o su uso con fines delictivos"[3].

Sin respuestas éticas y normativas adecuadas aumentará el temor a que el ser humano se convierta en un mero objeto de los desarrollos tecnológicos.

En relación a estos temores, más o menos fundados, podríamos identificar varias posiciones frente a la tecnología que se

---

[3] *Vid.* https://op.europa.eu/es/publication-detail/-/publication/ac957f13-53c6-11ea-aece-01aa75ed71a1

mueven entre la confianza ciega y la negativa total de uso[4], existiendo otras moderadas o intermedias como la adoptada en el ámbito de la U.E. y que podríamos concretar en una apuesta tecnológica por favorecer un cambio favorable, siempre y cuando determinados aspectos que pueden suponer riesgos y peligros para los derechos y valores democráticos sean regulados desde la ética y la responsabilidad. Ahora bien, con independencia de mantener una posición más optimista o más pesimista respecto a la IA podemos afirmar que los riesgos tecnológicos "presentan una naturaleza muy singular en tanto no comprometen físicamente nuestra supervivencia como ocurre con los riesgos medio ambientales, sanitarios o para la seguridad pública. Por el contrario, los riesgos digitales afectan a los derechos y libertades e incluso a nuestro sistema político, ya que, además de la intimidad de las personas, implica a la libertad de expresión, las libertades políticas y al propio funcionamiento de la democracia, al principio de igualdad y, en última instancia, a la dignidad humana"[5].

La posición de la Unión Europea es clara al respecto.

Esta posición resulta, a nuestro juicio, totalmente alineada con el derecho constitucional, pues desde esta se sostiene que el uso de la inteligencia artificial tiene que ser ético y responsable, de modo que las personas siempre estén en el centro. En este sentido, no se trata de regular el uso de la tecnología, sino

---

4 Ver el interesante trabajo de García Mexía, P., "Contra el «ciberfatalismo». Beneficio y riesgo en la sociedad digital", *Revista de las Cortes Generales,* Nº 114, Segundo semestre, 2022, pp. 285-354, https://doi.org/10.33426/rcg/2022/114/1724.

5 Aba-Catoira, A., "Los desórdenes informativos en un sistema de comunicación democrático", *Revista de Derecho Político,* 1, 109, 2020, pp. 119-151, https://doi.org/10.5944/rdp.109.2020.29056; Vida Fernández, J., "La gobernanza de los riesgos digitales: desafíos y avances en la regulación de la inteligencia artificial", *Cuadernos de Derecho Transnacional,* vol. 14, nº 1, 2022, pp. 489-503.

de regular de forma adecuada y efectiva determinados aspectos, todos ellos derivados del principio de transparencia interna y externa. Se trata, en definitiva, de avanzar en la rendición de cuentas en estos procesos de toma de decisiones automatizadas que resultan opacos, con el objetivo de garantizar que las personas puedan supervisar aquellas decisiones que les afectan. Y, como paso previo prácticamente imprescindible para que este control sea efectivo, resulta una condición *sine qua non*, asegurar un adecuado suministro de información sobre los algoritmos utilizados[6].

En efecto, son muchos los derechos que pueden resultar negativamente afectados por estos usos, no solo la privacidad o la protección de datos, sino también el derecho al debido proceso, las libertades informativas, la propiedad intelectual y derechos de autor[7] y como derecho transversal, muy afecta-

---

6 Soriano Arnanz, A., "Decisiones automatizadas y discriminación: aproximación y propuestas generales", *Revista General de Derecho Administrativo*, nº 56, 2021; Aba-Catoira, A., "Los algoritmos en la vida de las personas: la transparencia o derecho a saber cómo garantía de los derechos fundamentales en su relación con la inteligencia artificial", *Ciencia de datos y perspectivas de la inteligencia artificial* (Francisca Ramón Fernández coord.), Tirant lo Blanch, Valencia, 2023, pp. 145-166.

7 Este pasado diciembre The New York Times demandó a OpenAI y Microsoft por violación de sus derechos de autor a través de la utilización de sus artículos y contenidos para el entrenamiento de sus modelos ChatGPT o Copilot. Una utilización ilegal al no contar con el consentimiento de su propietaria ni haber pagado por la producción de las informaciones que, posteriormente, utiliza la IA para responder a sus usuarios, https://marketing4ecommerce.net/the-new-york-times-demanda-a-openai-y-microsoft-por-usar-sus-publicaciones-para-entrenar-modelos-de-ia/
Como se compruebe, el debate se centra en varias cuestiones: la protección de los contenidos desarrollados por una IAG; el entrenamiento del modelo con contenidos protegidos por derechos de

do por las decisiones automatizadas, el derecho a la igualdad y a no sufrir ningún tipo de discriminación, en este ámbito, algorítmica[8]. La protección de estos derechos imprime una doble dimensión desde la perspectiva de la IA legal, pero también desde el enfoque de la ética digital y el uso de tecnologías confiables y responsables (IA Ética). En este punto resulta fundamental atender a la Recomendación de la UNESCO sobre Ética de la Inteligencia Artificial, que opera como brújula ética internacional en este ámbito[9].

2. EVOLUCIÓN DE LA INTELIGENCIA ARTIFICIAL

Las inteligencias artificiales son muchas y algunas muy recientes. Entre todas ellas, quizás por ser muy utilizadas en el día a día, cabe citar a los asistentes virtuales que usan IA para comprender y responder a comandos de voz; los filtros de correo electrónico no deseado que utilizan IA para identificar y

---

propiedad intelectual; y el surgimiento de servicios secundarios alrededor de la IAG.

Respecto a la protección de contenidos recordar que el artículo 5 del Texto Refundido de la Ley de Propiedad Intelectual (TRLPI) afirma que la autoría se le atribuye únicamente a la persona natural que crea alguna obra literaria, artística o científica, por lo que, en consecuencia, únicamente una persona humana puede serlo. Por tanto, si un contenido ha sido creado por una IA Generativa no disfrutará de la protección otorgada por los derechos de propiedad intelectual.

8 Aba-Catoira, A., "La era de la ciudadanía conectada: digitalización y retos del futuro desde una perspectiva de género", *Un estudio sobre el Estado autonómico: propuestas de mejora para el tercer decenio del Siglo XXI*, (Jorge Castellanos Claramunt coord.), Tirant lo Blanch, Valencia, 2023, pp. 165-190.

9 https://www.unesco.org/es/artificial-intelligence/recommendation-ethics

mover los correos a la carpeta adecuada; las recomendaciones de contenido en las plataformas que utilizan IA para las sugerencias basadas en el historial de visualización; la autenticación biométrica como el reconocimiento facial y de huellas dactilares en dispositivos móviles que utilizan IA para garantizar la seguridad de los datos; o los chatbots impulsados por IA para brindar respuestas y soluciones a preguntas frecuentes en sus sitios web.

Así, pues, la IA está presente en nuestra realidad desde hace mucho tiempo y no cesa de evolucionar, si bien es cierto que, a partir de 2021, con el inicio de la tramitación de la Propuesta de Reglamento de IA, y de 2022, con la aparición de los servicios de inteligencia artificial generativa (IAG) como Stable Diffusion, DALL-E, Midjourney y ChatGPT con capacidad para generar contenidos, los desafíos éticos y legales que se plantean con su uso están muy presentes en el debate público y privado[10].

La IA generativa es un tipo de IA integrada por sistemas capaces de generar o crear contenido nuevo como imágenes, textos, música o videos, a través de técnicas consistentes en redes neuronales.

---

10 En el Real Decreto 817/2023, de 8 de noviembre, que establece un entorno controlado de pruebas para el ensayo del cumplimiento de la propuesta de Reglamento del Parlamento Europeo y del Consejo por el que se establecen normas armonizadas en materia de inteligencia artificial (TOL9.759.261) se entiende por «modelo fundacional» un modelo de inteligencia artificial entrenado en una gran cantidad de datos no etiquetados a escala (generalmente mediante aprendizaje autosupervisado y/o con recopilación automática de contenido y datos a través de internet mediante programas informáticos) que da como resultado un modelo que se puede adaptar a una amplia gama de tareas posteriores (artículo 3.6).

El Chat GPT de Open AI es un modelo de lenguaje que utiliza tecnologías de IA, entrenando con una gran cantidad de datos de texto, de forma que genera automáticamente respuestas y mejora la precisión en los sistemas de búsqueda de información. Se trata de un chatbot conversacional que responde a preguntas formuladas en lenguaje natural, que se desarrolla gracias a tecnologías de aprendizaje profundo de máquinas o Deep Learning, y se enmarca en una de las modalidades que puede ofrecer la IA denominada Generative AI, o IA generadora de contenidos que se diferencia de aquellas otras que solo ofrecen recomendaciones o predicciones. En este sentido, genera textos, imágenes, audios y videos de la misma manera o de forma muy similar a como lo haría una persona[11].

Esta tecnología se utiliza con distintas finalidades como la generación de textos coherentes y naturales, el aumento de precisión en los sistemas de búsqueda de información por su capacidad para comprender textos e intenciones de las consultas, el desarrollo de chatbots conversacionales que responden de manera natural y precisa a las intenciones de los usuarios y, en general, para mejorar los procesamientos del lenguaje en sus diversas aplicaciones.

Los riesgos y problemas que se derivan de esta inteligencia artificial provienen principalmente del hecho de que se alimenta de cantidades ingentes de datos para entrenar los sistemas que han de ofrecer las respuestas solicitadas. Lo que hace la aplicación es recoger información y datos de millones de sitios web a partir de textos estructurados (data scraping o web scraping) para generar nuevos contenidos que, en apariencia,

---

[11] García Sánchez, M. D., "El abordaje de ChatGPT: el "Rinoceronte Gris" de la IA conversacional", *Ius et Scientia*, 9, 1, 2023, pp. 46-68. https://doi.org/10.12795/IESTSCIENTIA.2023.i01.04.

son tan coherentes como si los hubiese escrito una persona[12]. Esta herramienta funciona de forma muy sencilla y gratuita, pues una vez formalizado el registro nos dirige a una interfaz donde se formula la pregunta y se ofrece la respuesta, existiendo un proceso constante y continuo en el que la herramienta se retroalimenta.

En consecuencia, esta técnica de obtención de información genera problemas de privacidad si no se cumple con la normativa sobre protección de datos personales que obliga a contar con una base de legitimación para el tratamiento y a la utilización de los datos para la finalidad prevista[13]. Como bien es sabido, en el artículo 6.1° del RGPD se establecen las bases de legitimación para el tratamiento de datos personales entre las que se ha de buscar la que más se ajuste o adecúe a la operación de que se trate. Durante todo el ciclo de vida del sistema debe cumplirse la legalidad vigente de modo que en todas las fases debe mantenerse la base legítima que podrá variar respecto a la utilizada durante el entrenamiento.

---

12 Alonso-Arévalo, J., Quinde-Cordero, M., "ChatGPT: La creación automática de textos académicos con Inteligencia artificial y su impacto en la comunicación académica y educativa", *Desiderata*, vol. 6, nº 22, 2023, pp. 136-142.

13 Este sistema se entrena con grandes cantidades de datos de texto para poder realizar una amplia variedad de tareas relacionadas con el lenguaje natural. Estos datos de texto incluyen libros, artículos, noticias, conversaciones, entre otros, que se utilizan para enseñarle al modelo cómo comprender y generar texto de manera coherente y natural. Por lo tanto, Chat GPT obtiene la información necesaria para generar respuestas complejas a partir de estos datos que le permiten comprender el contexto y la intención detrás de las preguntas o consultas de los usuarios. Además, el modelo también puede utilizar otros tipos de información, como imágenes o videos, para mejorar su capacidad para comprender el mundo que lo rodea y generar respuestas más precisas y coherente.

En relación con las decisiones automatizadas el RGPD, en su artículo 22 establece que toda persona interesada tendrá derecho a no ser objeto de una decisión basada únicamente en el tratamiento automatizado, incluida la elaboración de perfiles, que produzca efectos jurídicos en él o le afecte significativamente de modo similar excepto en algunos casos y bajo determinadas garantías como la adopción de medidas adecuadas por parte del responsable del tratamiento y como mínimo el derecho a obtener intervención humana por parte del responsable, a expresar su punto de vista y a impugnar la decisión. Nótese que estas garantías del artículo 22 RGPD solo aplican respecto de decisiones "únicamente" automatizadas con efectos jurídicos o similares "significativos" sobre las personas.

Esta previsión en materia de privacidad viene a complementarse con lo establecido en la Propuesta de Reglamento de IA en relación con los sistemas de alto riesgo[14] que produzcan efectos legales o impacten significativamente de manera negativa a la salud, seguridad, derechos fundamentales, bienestar socioeconómico o cualquier otro de los derechos derivados de las obligaciones previstas en el Reglamento. A diferencia del artículo 22 aplicable a decisiones automatizadas con efectos jurídicos o similares que afecten a la persona positiva o negativamente, la previsión contenida en este artículo 6 se aplicará solo si dichas consecuencias tienen carácter negativo, de modo

---

14 La determinación del "alto riesgo" en la futura Ley de IA se produce a través de su artículo 6 combinado con los anexos II y III. En su Considerando 27 precisa que esta calificación como "de alto riesgo" "debe limitarse a aquellos sistemas de IA que tengan consecuencias perjudiciales importantes para la salud, la seguridad y los derechos fundamentales de las personas de la Unión, y dicha limitación reduce al mínimo cualquier posible restricción del comercio internacional, si la hubiera". Esta clasificación es determinante para la imposición de un complejo régimen de cumplimiento y un nutrido conjunto de obligaciones.

que se reconoce el derecho a solicitar una explicación clara y sencilla sobre el proceso de toma de decisiones y los datos de entrada a quien usó dicho sistema de IA[15].

Así lo anterior se produce una concurrencia entre las normas contenidas en el RGPD y en el Reglamento de IA que establecen el requisito de intervención humana como elemento esencial en aras a garantizar los derechos fundamentales en riesgo a causa de la toma de decisiones mediante estos sistemas.

Se constata como, dadas las características del funcionamiento de estos sistemas, y tal como se ha puesto de manifiesto, son varios e intensos los riesgos que se generan con indudable impacto en el ámbito de los derechos. Por un lado, sobre la privacidad y los datos personales, pero también sobre las libertades de información, dado que no se puede garantizar la veracidad de los contenidos porque el entrenamiento con datos erróneos o inadecuados producirá contenidos inexactos. Así

---

15 Redacción del artículo 6.2º de la Propuesta con la enmienda del Parlamento (enmienda 234): "Además de los sistemas de IA de alto riesgo mencionados en el apartado 1, se considerarán de alto riesgo los sistemas de IA correspondientes a uno o más de los ámbitos y casos de uso críticos que figuran en el anexo III si presentan un riesgo significativo de causar perjuicios para la salud, la seguridad o los derechos fundamentales de las personas físicas. Cuando un sistema de IA esté comprendido en el ámbito de aplicación del anexo III, punto 2, se considerará de alto riesgo si presenta un riesgo significativo de causar perjuicios medioambientales.
Seis meses antes de la entrada en vigor del presente Reglamento, la Comisión, previa consulta a la Oficina de IA y a las partes interesadas pertinentes, proporcionará orientaciones que especifiquen claramente en qué circunstancias la información de salida de los sistemas de IA a que se refiere el anexo III presentaría un riesgo significativo de causar perjuicios para la salud, la seguridad o los derechos fundamentales de las personas físicas o en qué casos no presentaría dicho riesgo"; https://www.europarl.europa.eu/doceo/document/TA-9-2023-0236_ES.html

también, respecto a la seguridad, pues en efecto se producen problemas no solo por la posible revelación indebida de informaciones sensibles y el acceso ilegítimo a datos personales, sino también porque la utilización de ChatGPT conlleva la exposición a riesgos operativos como infracciones de las obligaciones de confidencialidad o brechas de seguridad de la propia herramienta, entre otros. En este sentido, informaciones confidenciales o secretos industriales pueden hacerse públicos a causa de una revelación involuntaria a través de interactuaciones con la herramienta produciendo graves perjuicios económicos y reputacionales para las empresas que incumplen así sus cláusulas de confidencialidad.

La utilización del ChatGPT puede ser la causa de problemas de ciberseguridad a través de la generación de mensajes automatizados similares a los escritos por personas y orientados a conseguir o facilitar la consecución de determinados objetivos delictivos como, por ejemplo, prácticas de phishing o de suplantación de identidad de entidades o instituciones financieras para ganar la confianza de los usuarios y obtener información financiera de las víctimas[16].

Ante tanta duda e incertidumbre sobre los efectos e impacto negativo sobre los derechos de las personas afectadas por el uso de esta tecnología las autoridades nacionales de protección de datos de Italia y España se posicionaron frente a la utilización del Chat. En el caso de Italia el Garante per la Protezione dei Dati Personali (Autoridad nacional de Protección de Datos) ordenó la restricción provisional o bloqueo de la herramienta que trata datos de los usuarios italianos, al estimar que

---

16 «Europol advierte que ChatGPT ya está ayudando a cometer delitos,» Perfil, 02 Abril 2023, https://www.perfil.com/noticias/economia/europol-adviertequechatgpt-ya-esta-ayudando-a-cometer-delitos.phtml

incumple la normativa europea e italiana sobre privacidad[17]. El Chat necesita una gran cantidad de datos, también datos de los usuarios de la herramienta, para ofrecer salidas adecuadas a las preguntas que se le plantean, pero no ofrece garantías de cumplimiento. Así, entre otras cuestiones, la herramienta no facilita información a los usuarios e interesados sobre los datos que recoge el sistema; no existe una base jurídica adecuada en relación a la recogida de datos personales y su tratamiento para entrenar los algoritmos; o, el servicio no dispone de ningún sistema para verificar la edad de los usuarios, pese a estar reservado a sujetos que hayan cumplido al menos 13 años.

A causa de tales insuficiencias en el funcionamiento de la herramienta, la autoridad italiana requirió a OpenAI[18] para que, en un plazo de 20 días, comunicase qué medidas iba a adoptar para responder a las cuestiones planteadas, advirtiéndole de las consecuencias económicas que conllevaría el no hacerlo. En su respuesta OpenAI mostró su disposición a colaborar con la autoridad italiana para cumplir con la normativa europea sobre privacidad y así poder solucionar los problemas que, a juicio del Garante, se planteaban en relación con el tratamiento de

---

17 https://www.garanteprivacy.it/web/guest/home/docweb/-/docweb-display/docweb/9870847

18 Garante per la protezioni dei dati personali:
Provvedimento del 30 marzo 2023 [9870832], https://www.gpdp.it/web/guest/home/docweb/-/docweb-display/docweb/9870832
Comunicado de 4 de abril de 2023, https://www.gpdp.it/web/guest/home/docweb/-/docweb-display/docweb/9872284
Comunicado de 6 de abril de 2023, https://www.gpdp.it/web/guest/home/docweb/-/docweb-display/docweb/9872832
Provvedimento del 11 de abril 2023 [9874702], https://www.gpdp.it/web/guest/home/docweb/-/docweb-display/docweb/9874702
Comunicado de 12 de abril de 2023, https://www.gpdp.it/web/guest/home/docweb/-/docweb-display/docweb/9874751
Comunicado de 28 de abril de 2023, https://www.gpdp.it/web/guest/home/docweb/-/docweb-display/docweb/9881490

los datos de los ciudadanos italianos (GPDP, 2023b). El 5 de abril se celebró una reunión entre las dos partes en la que la empresa americana mostró su compromiso de reforzar la transparencia en el uso de los datos personales de los afectados, los mecanismos existentes para el ejercicio de los derechos y las garantías para los menores (GPDP, 2023c). A tal efecto la autoridad italiana concedió de plazo hasta el 30 de abril (GPDP, 2023d) para que la empresa cumpliese con los requisitos en materia de información, derechos de los interesados, base jurídica para el entrenamiento de algoritmos con datos de usuarios y tutela de los menores.

El conjunto de medidas que debía cumplir, sin perjuicio de la adopción de otras a mayores, una vez concluida la investigación, se pueden resumir del siguiente modo:

- La publicación de un aviso en su sitio web. En este aviso se indicaría a las personas interesadas (usuarias o no del servicio de ChatGPT) cuyos datos hayan sido recogidos y tratados con la finalidad de entrenar a los algoritmos, cuales son los métodos de tratamiento, la lógica subyacente al tratamiento necesario para el funcionamiento del servicio, sus derechos como interesados y cualquier otra información exigida por el RGPD, según lo establecido en su artículo 12, de forma accesible y visible (GPDP, 2023e).
- La garantía de los derechos que el RGPD reconoce a las personas interesadas, especialmente, los derechos de oposición y supresión. La oposición al tratamiento de sus datos personales, obtenidos con la finalidad de entrenar a los algoritmos y para la prestación del servicio. La rectificación de los datos que hayan sido tratados de forma inexacta en la generación de contenidos y, si esto no fuera posible a causa del estado de la técnica, su derecho de supresión.
- La modificación de la base jurídica del tratamiento de los datos personales con fines de entrenamiento de algo-

ritmos, eliminando toda referencia a la ejecución de un contrato e introduciendo la base del consentimiento o el interés legítimo para este tipo de tratamiento.

- Cuando el servicio se inicie desde Italia se ha de solicitar a todas las personas usuarias, incluidas las ya registradas, una verificación de edad, a fin de excluir a las personas menores de 13 años y a quienes carezcan del consentimiento paterno.
- La promoción de una campaña informativa, en los principales medios de comunicación italianos, sobre la recopilación de datos personales para la formación de algoritmos y sobre el derecho a solicitar en el sitio web su eliminación.

Una vez que la autoridad recibió una nota de la empresa con las medidas que iba a adoptar para cumplir con sus peticiones se emitió un comunicado en el que se informaba sobre la reactivación del servicio en Italia (GPDP, 2023f). Las medidas se concretaban del siguiente modo:

- Se proporciona información detallada en la política de privacidad, una vez actualizada, sobre la alimentación del algoritmo. Se ofrece un apartado donde se puede consultar la información personal recolectada por la compañía, indicando expresamente la proporcionada directamente por el usuario como la recibida automáticamente cada vez que se emplea el servicio. Asimismo, en otra sección se informa sobre los usos que pueden darse a la información y se advierte de la eventual cesión de los datos a terceros (vendedores y otros proveedores de servicios) por razón de transmisión de empresas o el cumplimiento de requisitos o exigencias legales, entre otros.
- Se reconoce el derecho de todas las personas residentes en Europa, incluidas las no usuarias, a oponerse al tratamiento de sus datos personales para entrenar al modelo,

pudiendo excluir las conversaciones y su historial de dicho entrenamiento algorítmico. El ejercicio del derecho mejora sensiblemente, pues se puede acceder a través del perfil para deseleccionar el historial del chat y su uso para el entrenamiento, de modo que, a partir de ese momento, las nuevas conversaciones no se utilizarán para entrenar y mejorar el algoritmo ni aparecerán en el historial. No obstante, se advierte que, para evitar abusos, estas serán conservadas durante 30 días antes de ser eliminadas definitivamente. Antes de este cambio solo se podía evitar el uso de los datos obtenidos a través de la interacción con el Chat solicitándolo mediante la cumplimentación de un formulario (User Content Opt Out Request). Por otro lado, respecto al derecho de supresión, tras declarar la empresa las dificultades técnicas del modelo para corregir errores, se posibilita la eliminación de datos personales inexactos o incorrectos a través de un formulario especial que puede cumplimentarse en línea.

- Respecto a la verificación de edad, las personas ya registradas para acceder nuevamente al servicio deben declarar, a través de un botón ubicado en la pantalla de bienvenida, que son mayores de edad o mayores de 13 años y, en este último caso, contar con consentimiento paterno. En este orden de cosas, en el momento del registro se solicitará la fecha de nacimiento y se establecerá un bloqueo para los menores de 13 años y, en el caso de los mayores de 13, pero menores de edad, tendrán que confirmar el consentimiento paterno para utilizar la herramienta.

Ya en el contexto norteamericano el Center for AI and Digital Policy (CAIDP) consideró al ChatGPT como «sesgado, engañoso y que supone un riesgo para la privacidad y la seguridad pública», porque no cumple con las garantías de solidez empírica de los datos, ni cuenta con las suficientes salvaguardas para limitar la parcialidad y el engaño. El Gobierno federal a través de la Comisión Federal de Comercio (FTC) con competencia para investigar y, en su caso, sancionar a las empresas que violen las leyes de privacidad y seguridad de datos,[19] abrió una investigación sobre ChatGPT y la compañía creadora del producto Open AI, a la que han enviado una petición oficial de información para determinar si ha dañado a los consumidores en la construcción de sus modelos de lenguaje. Ya la Comisión había emitido directrices indicando que las compañías que utilizan IA y algoritmos deben cumplir la legislación sobre privacidad y seguridad de datos.

Con este requerimiento la Comisión Federal pretendía aclarar si esta herramienta ha puesto en riesgo los datos o la protección de los usuarios cuya información ha utilizado para alimentar el modelo de lenguaje que permite responder a las preguntas de quienes acceden a la aplicación. Por ello, solicitó una descripción detallada de los datos utilizados en el entrenamiento, además de las soluciones previstas para el problema conocido como "alucinaciones", que son respuestas que estando bien estructuradas son totalmente incorrectas. En otras palabras, requiere a la empresa para que informe sobre las soluciones previstas para evitar que el Chat genere contenidos engañosos o incorrectos y para evitar posibles implicaciones para la reputación de las personas afectadas[20].

Como venimos diciendo esta preocupación está presente en varios países como es el caso de España cuya Agencia de

---

19 Además, existen diversas leyes en el país que se encargan de regular la privacidad y la seguridad de los datos. Entre ellas se encuentran la Ley de Privacidad del Consumidor de California (CCPA), la Ley de Privacidad de la Información en Línea de los Niños (COPPA), la Ley de Portabilidad y Responsabilidad de Seguros de Salud (HIPAA) y la Ley de Redes de Publicidad Justa (FCC).

20 Pueden consultarse las preguntas planteadas en el requerimiento en https://www.washingtonpost.com/documents/67a7081c-c770-4f05-a39e-9d02117e50e8.pdf?itid=lk_inline_manual_4

Protección de Datos ha realizado de oficio investigaciones sobre las actuaciones de la empresa OpenAI a fin de determinar el impacto del Chat GPT en relación con los datos de los usuarios y los abonados y sus derechos fundamentales a causa de un posible incumplimiento de la normativa[21].

La autoridad española solicitó al Comité Europeo de Protección de Datos que el servicio ChatGPT fuese uno de los temas en su reunión plenaria, puesto que estos tratamientos de datos pueden tener un importante impacto sobre los derechos de las personas y requieren de acciones armonizadas y coordinadas a nivel europeo en aplicación del RGPD[22]. El Comité Europeo de Protección de Datos hizo pública el 13 de abril de 2023 su decisión de crear un grupo de trabajo encargado de su supervisión y control; así como de crear un sistema de cooperación e intercambio de información con las autoridades en aquellos casos en los que los datos o la seguridad se vean afectados para tomar medidas, siguiendo el principio de coherencia recogido en el RGPD[23].

Por su parte, también la Autoridad Catalana de Protección de Datos (APDCAT) ha publicado la Recomendación 1/2023[24], para advertir a las entidades y organismos de su ámbito de actuación sobre los riesgos de utilizar la herramienta de inteligencia artificial ChatGPT, por lo que se refiere al cum-

---

21 Agencia Española de Protección de Datos (13 de abril de 2023), La AEPD inicia de oficio actuaciones de investigación a OpenAI, propietaria de ChatGPT. https://www.aepd.es/prensa-y-comunicacion/notas-de-prensa/aepd-inicia-de-oficio-actuaciones-de-investigacion-a-openai

22 La AEPD actuó a raíz del bloqueo de la herramienta acordado el 30 de marzo por el Garante per la Protezione dei Dati Personali.

23 https://edpb.europa.eu/news/news/2023/edpb-resolves-dispute-transfers-meta-and-creates-task-force-chat-gpt_en

24 https://apdcat.gencat.cat/.content/01autoritat/normativa/documentos/Recomanacio12023_ChatGPT.pdf

plimiento de los requerimientos en materia de protección de datos. El documento se dirige a la Generalitat, los ayuntamientos, las escuelas y universidades públicas y privadas de Cataluña y los colegios profesionales, entre otros, y recomienda que no se incorpore la herramienta ChatGPT en el ejercicio de funciones públicas y la prestación de servicios públicos, cuando se traten datos personales, hasta que el Comité Europeo de Protección de Datos se pronuncie al respecto.

Dentro del sector privado, grandes empresas españolas como Telefónica, BBVA o Redeia han resuelto limitar, e incluso prohibir, a sus empleados el uso de ChatGPT. Las razones de dicha decisión descansan en la alta probabilidad de que la información generada por la herramienta tenga sesgos o aporte información errónea, así como el peligro de introducir datos personales y corporativos y que se produzcan filtraciones. Otras compañías como Naturgy y Enagás han enviado a sus empleados recomendaciones para la utilización de sistemas de IA y, además, en el caso de Enagás se introdujo en su código ético una serie de principios sobre el uso correcto de la IA y se ofertó un programa de formación para su plantilla.

En definitiva, estas iniciativas suponen asumir que toda innovación tecnológica conlleva riesgos, por eso hay que gestionar su prevención a través de una regulación del uso ético y responsable de la IA.

3. MARCO REGULATORIO DE LA INTELIGENCIA ARTIFICIAL

La IA generativa preocupa en todo el mundo y está siendo objeto de regulación, principalmente en la UE donde en breve se implementará el Reglamento que se aplicará inmediatamente en sus 27 países sin necesidad de transponerlo a la normativa nacional[25]. Por tanto, nos hallamos ante la primera propuesta legislativa de tipo transversal en el mundo que, sin duda, será un referente mundial para regular la IA, tal como fue, en su momento, el RGPD en materia de privacidad. De hecho, esta ley está presente en las reuniones más importantes, como en el contexto de la asociación tecnológica entre la UE y los EE.UU para lograr avanzar conjuntamente sobre la implementación de una IA confiable y responsable, sobre todo respecto a la IA Generativa (GenAI).

Ciertamente el objetivo es regular los sistemas inteligentes, pero no solo a través de la aprobación de normas nuevas sino también con la adaptación de las existentes y con una imprescindible cooperación internacional que permita una regulación efectiva y coherente. En este orden de cosas, conviene traer a colación los acuerdos que se están alcanzando para seguir avanzando en la gobernanza de la Inteligencia Artificial

---

25 Este Reglamento se enmarca dentro de la Estrategia Europea de IA, presentando la Comisión su paquete de IA, en abril de 2021, que incluye su Comunicación sobre el fomento de un enfoque europeo de la IA; una revisión del Plan Coordinado de Inteligencia Artificial (con los Estados miembros de la UE); su propuesta de marco regulador sobre inteligencia artificial y evaluación de impacto pertinente. Según estas comunicaciones la visión europea se centra en el ser humano, es sostenible, segura, inclusiva y fiable. Desde el Libro Blanco se afirma que el fundamento sobre el que se ha de construir la regulación de la IA es la confianza y excelencia en la IA. Así, por lo que respecta a la confianza, desde un enfoque antropocéntrico de la norma, se propone una clasificación de los sistemas de IA en función del riesgo: inaceptable, alto, reducido y mínimo. Los usuarios que tiene información transparente y fiable podrán decidir sobre su uso.
En lo que respecta a la excelencia, el Plan coordinado actualizado sobre IA busca poner en práctica la Estrategia Europea de IA y posicionar a Europa como líder mundial A tal efecto el Reglamento de IA se considera un instrumento crucial en la estrategia.

sobre principios éticos y responsabilidad, ya sea a través de principios y códigos de conductas como el proceso de Hiroshima, el Executive Order de Biden, la actualización de la OCDE, la declaración de Bletchley o el Convenio sobre Inteligencia Artificial, Derechos Humanos, Democracia y Estado de Derecho (Convenio sobre IA) del Consejo de Europa que verá la luz próximamente que presenta la importancia de convertirse en el primer tratado internacional sobre inteligencia artificial. Estas iniciativas van en paralelo al Reglamento europeo y, al igual que la norma europea, tienen como objetivo la prevención y mitigación de los riesgos inherentes al diseño y desarrollo de la IA, incluida la IA generativa.

Esta preocupación compartida resulta constatable si bien con diferentes enfoques o perspectivas. En Estados Unidos, el pasado 30 de octubre de 2023, el presidente Biden adoptó la orden ejecutiva sobre una inteligencia artificial segura y fiable, *Executive Order on Safe, Secure, and Trustworthy Artificial Intelligence*[26]. Se trata de la primera iniciativa norteamericana para regular la IA. Esta orden presidencial tiene cierto carácter obligatorio y va más allá de los códigos voluntarios internos de las empresas, es decir, trasciende la autorregulación, ahora bien, nada que ver con la regulación europea contenida en el Reglamento de IA. Como señala Barrio "El fin último del Reglamento Europeo de IA es la protección de los derechos fundamentales de los ciudadanos, mientras que la orden ejecutiva del presidente Biden gira enteramente en torno a las dos palabras clave: seguridad y protección. Es decir, adopta un enfoque más relacionado con la ciberseguridad y la evitación de injerencias externas en detrimento de la seguridad nacional estadounidense. Por eso, la norma norteamericana pasa de

---

26 Disponible en https://www.whitehouse.gov/briefing-room/presidential-actions/2023/10/30/executive-order-on-the-safe-secure-and-trustworthy-development-and-use-of-artificial-intelligence/

puntillas en lo que se refiere a los derechos fundamentales de la ciudadanía. No contiene obligaciones directas y puntuales hacia las grandes plataformas que producen y distribuyen aplicaciones que utilizan IA. Su enfoque es el de protección del libre mercado e incentivar a los operadores privados para que trabajen en las mejores prácticas para que los sistemas de IA sean seguros y fiables"[27].

China ha sido uno de los pocos países en implementar nuevas regulaciones sobre IA[28], ahora bien, no se puede perder de vista que la IA se utiliza para el control que ejerce el sistema y, en consecuencia, se utilizan sistemas como de crédito social prohibidos en Europa. Así, en agosto de 2023 aprobó una Ley general reguladora de la Inteligencia Artificial (IA) compuesta por 73 artículos que se estructuran en siete capítulos, que se centra en las personas y resulta de aplicación dentro de las fronteras de la República Popular de China (RPC) aunque establece una previsión de extraterritorialidad cuando las actividades relacionadas con la IA realizadas fuera del territorio de la RPC afecten o puedan afectar a la seguridad nacional, los intereses públicos o los derechos e intereses legítimos de personas u organizaciones de la RPC. Resulta interesante el sistema de listas negativas para la IA, sujeta a la concesión de permisos para el desarrollo de productos y servicios de IA. Esta lista se basará en el daño potencial para la seguridad nacional, el interés público, los derechos e intereses legales de las personas y organizaciones, y el orden económico que puedan derivarse de la utilización de estos sistemas.

---

[27] Disponible en https://confilegal.com/20231102-estados-unidos-quiere-liderar-la-regulacion-juridica-de-la-inteligencia-artificial/

[28] https://diariolaley.laleynext.es/dll/2023/09/01/china-aprueba-una-regulacion-de-la-inteligencia-artificial-y-de-la-inteligencia-artificial-generativa

Por otra parte, aprobó una norma específica que regula la IA generativa que tiene como objetivo promover el desarrollo sólido de la IA generativa y sus aplicaciones estándar, salvaguardar la seguridad nacional y los intereses públicos sociales, y proteger los derechos e intereses legítimos de los ciudadanos, las personas jurídicas y las organizaciones. Esta norma se aplicará a las empresas nacionales y a los proveedores de servicios de IA generativa extranjeros que ofrezcan servicios de IA generativa al público en general en China.

En otros países, considerados potencias tecnológicas, la regulación está dando sus primeros pasos, enfocándose en la precisión y veracidad de los datos de entrenamiento.

Resulta de sumo interés el acuerdo global alcanzado en noviembre de 2023 por Estados Unidos, China, la Unión Europea y otros 26 países, con el objetivo de avanzar en régimen de cooperación para intentar frenar los riesgos «catastróficos» de la IA. Este acuerdo denominado como *Bletchley Declaration* reconoce la necesidad de proteger los derechos de las personas y otros valores y principios esenciales para garantizar el buen uso de la IA[29]. El principio de cooperación se plasma en la voluntad de crear una red internacional.

Por lo que se refiere a España no contamos con legislación específica sobre IA ni con una adaptación normativa. Así, no se contemplan delitos específicos relacionados con la IA, por ejemplo, delitos cometidos a través de la generación de imágenes mediante esta técnica, por lo que se aplican las normas que tipifican los delitos contra la intimidad y la propia imagen, sucediendo lo mismo con los delitos relacionados con la propiedad intelectual e industrial. Por lo que se refiere a los

---

29 https://www.gov.uk/government/publications/ai-safety-summit-2023-the-bletchley-declaration/the-bletchley-declaration-by-countries-attending-the-ai-safety-summit-1-2-november-2023

derechos de la personalidad, intensamente afectados, obviamente, la Ley Orgánica 1/1982, de 5 de mayo, de protección del derecho al honor, a la intimidad personal y familiar y a la propia imagen (TOL585.549), no menciona la IA, pero cabe interpretarla acomodándola a la realidad actual, de modo que la creación y difusión de imágenes hiperrealistas sin consentimiento de las personas representadas infringe esta ley.

En páginas precedentes hemos señalado como el artículo 5 de la Ley de Propiedad Intelectual no responde específicamente respecto a la autoría y derechos de las obras creadas por IA, no obstante, quienes utilizan IAG pueden dar instrucciones concretas con el fin de guiar la creación, por lo que podrían registrar los derechos de propiedad intelectual sobre obras concebidas de esta manera siempre que se pruebe que existe un proceso creativo detrás de la herramienta.

Algunos países cuentan con legislación específica para proteger creaciones de IA a través de los derechos de autoría, no siendo el caso de España.

Por otro lado, los contenidos con los que se entrena la IA afectan a derechos de terceros. Ya en la Directiva 2019/790 (TOL7.219.009)[30] se obliga a los Estados miembros a establecer limitaciones al derecho exclusivo de reproducción de los diferentes titulares, para permitir la minería de textos y datos. Por tanto, existe regulación europea relativa a estas actividades definidas en la Directiva MUD como el «análisis computacional automatizado de información en formato digital, por ejemplo, de textos, sonidos, imágenes o datos», incluyendo si dicho procesamiento se lleva a cabo por una IAG.

---

30 Directiva (UE) 2019/790 del Parlamento Europeo y del Consejo de 17 de abril de 2019 sobre los derechos de autor y derechos afines en el mercado único digital y por la que se modifican las Directivas 96/9/CE y 2001/29/CE (TOL7.219.009).

De modo que, al amparo de estas excepciones, cabe la reproducción de obras y prestaciones ajenas para su análisis automatizado con el objetivo de que los algoritmos puedan llevar a cabo instrucciones concretas, si bien únicamente para el caso de organismos de investigación e instituciones responsables del patrimonio cultural, que tengan fines de investigación científica (art. 3 Directiva) o, para cualquier empresa, que debe acceder de forma legítima a la obra u otra prestación, si bien siempre y cuando los titulares de derechos no hagan una expresa reserva de derechos (art. 4 Directiva).

Por tanto, existiendo dicha reserva, los responsables de la herramienta de IAG deberán requerir la correspondiente licencia por los usos de obras o prestaciones de terceros, como describe el Considerando 18 de la Directiva MUD. En el Reglamento de IA se establece que los proveedores de modelos fundacionales que sean utilizados en sistemas de IAG tendrán que elaborar un documento, que deberán poner a disposición del público, con información sobre si los datos con los que ha sido entrenado dicho modelo estaban protegidos por derechos de autor.

Por otro lado, y en relación con estos modelos fundacionales, su posible protección por derechos de propiedad intelectual, industrial o mediante secretos empresariales es otra de las cuestiones esenciales para las empresas de IA en la actualidad. Según el Reglamento de IA, un modelo fundacional es “un modelo de sistema de IA entrenado con un gran volumen de datos, diseñado para producir información de salida de carácter general y capaz de adaptarse a una amplia variedad de tareas diferentes”[31].

No obstante, ya contamos con referencias a estas tecnologías en las leyes como la Ley 15/2022, de 12 de julio, integral para la igualdad de trato (TOL9.113.969) y la no discriminación y

---

31 Artículo 3.1 quater de la Propuesta de Reglamento IA.

además resulta reseñable que se ha creado la Agencia Española de Supervisión de Inteligencia Artificial, una autoridad nacional que se encargará de supervisar la aplicación de la legislación y se ha regulado el entorno controlado de pruebas "para el ensayo del cumplimiento de la propuesta de Reglamento del Parlamento Europeo y del Consejo por el que se establecen normas armonizadas en materia de inteligencia artificial"[32].

4. LA IA GENERATIVA/MODELOS FUNDACIONALES COMO ELEMENTO DE FRICCIÓN EN LA TRAMITACIÓN DE LA REGULACIÓN EUROPEA

El marco normativo más completo relativo a las cuestiones éticas y legales planteadas por la IA es el de la Unión Europea. El gran objetivo del Reglamento por el que se establecen normas armonizadas en materia de inteligencia artificial ha sido proteger los derechos fundamentales de la ciudadanía a la par que se impulsa la innovación y se promueve el liderazgo euro-

---

32 Por el Decreto 817/2023, de 8 de noviembre ((TOL9.759.261)), se crea el primer entorno controlado de pruebas (Sandbox), en colaboración con la Comisión Europea, para ensayar la aplicación de ciertos requisitos previstos en la Propuesta de Reglamento de Inteligencia Artificial a los sistemas de inteligencia artificial de alto riesgo, con el objetivo de obtener, unas guías que ayuden a las empresas al cumplimiento de la Propuesta IA. Esta iniciativa forma parte de la Estrategia española de transformación digital (Agenda de España Digital 2026) y responde al compromiso establecido en la Carta de Derechos Digitales para "establecer un marco ético y normativo que refuerce la protección de los derechos individuales y colectivos".
España se convirtió en el primero de los Estados Miembros en poner en funcionamiento un Sandbox en materia de Inteligencia Artificial (IA), anticipándose a la previsión del artículo 53 de la Propuesta, por el que se prevé la implementación de este tipo de entornos controlados.

peo, lo que plantea muchos problemas respecto a la regulación de los modelos de IA de propósito general (IA generativa o modelos fundacionales) en los que se basa, por ejemplo, ChatGPT.

En estos momentos, solo Europa ofrece una regulación específica para la IA, incluyendo la IA de propósito general. Se han presentado muchos atascos y parones en su tramitación en buena medida debidos a la irrupción y rápida evolución de herramientas como ChatGPT o Midjourney, que abrió el debate sobre la conveniencia de su inclusión en la propuesta de regulación sobre todo ante la incertidumbre sobre su impacto[33].

En efecto, el objetivo de la regulación europea es evitar los potenciales riesgos que se puedan derivar del uso de la tecnología (neutral) a partir de la capacidad de producir daños en la ciudadanía. Por ello, este Reglamento que busca establecer normas armonizadas para el desarrollo y uso de la IA en la UE, clasifica los sistemas de IA según el riesgo que presentan y establece los requisitos y obligaciones correspondientes. Todo apunta a que tras su entrada en vigor se producirá un cambio significativo en la regulación de estos sistemas de IA en Europa, pues algunas herramientas y modelos de IA se clasifican como de «alto riesgo» e incluso como «inaceptables», lo que conlleva la prohibición de ciertas aplicaciones como, por ejemplo, los sistemas de reconocimiento facial y de puntuación social.

Hemos señalado ya como la irrupción de la IA generativa produjo un shock y un parón en la tramitación del Reglamento a causa de la discusión sobre la conveniencia de introducir la regulación de esta tecnología en la norma europea. Básica-

---

33 La propuesta comenzó con un documento que se viene negociando desde 2019 y su texto definitivo debería ser aprobado en los trílogos cuando las instituciones europeas (Comisión, Parlamento y Presidencia del Consejo) consensuan las propuestas legislativas. La resolución final llegó este mes de diciembre de 2023.

mente se debate sobre si se regula la tecnología en sí o únicamente su uso. Estas dos formas de ver y entender la respuesta europea han sido causa de fricciones y desencuentros. De hecho, como se ha indicado, estamos ante la gran novedad en el final de la elaboración de la norma europea, pues no estaba prevista su regulación en la propuesta. En las enmiendas presentadas por el Parlamento encontramos una definición como un avance reciente en el que se desarrollan modelos de IA a partir de algoritmos diseñados para optimizar la generalidad y versatilidad de la información de salida.

En el artículo 3.6º del Real Decreto que establece un entorno controlado de pruebas para el ensayo del cumplimiento de la propuesta de Reglamento se entiende por «modelo fundacional» un modelo de inteligencia artificial entrenado en una gran cantidad de datos no etiquetados a escala (generalmente mediante aprendizaje autosupervisado y/o con recopilación automática de contenido y datos a través de internet mediante programas informáticos) que da como resultado un modelo que se puede adaptar a una amplia gama de tareas posteriores.

En línea con lo anterior, Alemania, Francia e Italia presentaron una propuesta específica en relación con los modelos fundacionales, en respuesta a una propuesta anterior de la presidencia española, que no salió adelante porque el Parlamento consideró que los códigos de buenas prácticas no son una herramienta adecuada para evitar los problemas que plantea esta tecnología, como pone de manifiesto el código de buenas prácticas sobre la desinformación. En definitiva, se pretende que la IA generativa de propósito general que puede desempeñar muchos tipos de tareas, como el modelo GPT, quedase fuera del ámbito de aplicación del Reglamento, es decir, libre de normas que pongan barreras a sus capacidades. Por el contrario, aquellas empresas que utilizaran GPT para un propósito concreto sí quedarían bajo el ámbito de su regulación.

Estas IAs generativas tendrían que desarrollar sistemas de autorregulación, basados en códigos de conducta, en línea con lo previsto en el proceso de Hiroshima, una solución como la prevista en la Directiva sobre Prácticas Comerciales Desleales, el Reglamento General de Protección de Datos, o el propio borrador de Reglamento de IA, en cuyo artículo 69 se recoge específicamente esta posibilidad[34].

Para implementar este enfoque, el citado tripartito propone que los desarrolladores de este tipo de IA tengan que diseñar una serie de documentación técnica donde se resuma la

---

[34] 1. La Comisión y los Estados miembros fomentarán y facilitarán la elaboración de códigos de conducta destinados a promover la aplicación voluntaria de los requisitos establecidos en el título III, capítulo 2, a sistemas de IA distintos de los de alto riesgo, sobre la base de especificaciones y soluciones técnicas que constituyan medios adecuados para garantizar el cumplimiento de dichos requisitos a la luz de la finalidad prevista de los sistemas.
2. La Comisión y el Comité fomentarán y facilitarán la elaboración de códigos de conducta destinados a promover la aplicación voluntaria a sistemas de IA de los requisitos relativos, por ejemplo, a la sostenibilidad ambiental, la accesibilidad para personas con discapacidad, la participación de partes interesadas en el diseño y desarrollo de los sistemas de IA y la diversidad de los equipos de desarrollo, sobre la base de objetivos claros e indicadores clave de resultados para medir la consecución de dichos objetivos.
3. Los códigos de conducta podrán ser elaborados por proveedores individuales de sistemas de IA, por organizaciones que los representen o por ambos, también con la participación de usuarios y de cualquier parte interesada y sus organizaciones representativas. Los códigos de conducta podrán abarcar uno o varios sistemas de IA, teniendo en cuenta la similitud de la finalidad prevista de los sistemas pertinentes.
4. La Comisión y el Comité tendrán en cuenta los intereses y necesidades específicos de los proveedores a pequeña escala y las empresas emergentes cuando fomenten y faciliten la elaboración de códigos de conducta.

información sobre modelos entrenados, las capacidades y límites del propio modelo y que se base en las mejores prácticas implementadas por los desarrolladores. Esta información se pondría a disposición del público. Además, se propone que las empresas proporcionen información sobre el número de parámetros, los usos previstos, las posibles limitaciones, los resultados de los estudios sobre sesgos y las pruebas de evaluación de su ciberseguridad. En este acuerdo tripartito se proponía que un organismo gestionara cualquier infracción del código de conducta por parte de las empresas y entidades adheridas, o sometidas al código.

En el texto consensuado el pasado diciembre se acuerda un doble nivel para los modelos de propósito general (antes modelos fundacionales) dada la amplia gama de tareas que pueden realizar los sistemas de IA y la rápida expansión de sus capacidades. En este orden de cosas, se diferencia entre los modelos que presentan un riesgo sistémico y aquellos otros que no lo plantean. Se consideran de riesgo sistémico aquellos que utilizan una potencia de cálculo igual o superior a 10 elevado a 26 FLOPS (operaciones de coma flotante) por segundo (versión 4 de ChatGPT).

Pues bien, los modelos que plantean un riesgo sistémico deben cumplir con obligaciones más estrictas: realizar evaluaciones del modelo, evaluar y mitigar riesgos sistémicos, realizar pruebas contradictorias, informar a la Comisión sobre incidentes graves, garantizar la ciberseguridad e informar sobre su eficiencia energética.

El legislador europeo ha concluido que estos modelos deben estar sujetos a requisitos especiales porque un error o sesgo afecta a muchas otras aplicaciones construidas sobre ellos. Se ha resuelto con el establecimiento a dos niveles, por lo que hay unos requisitos de transparencia para todo tipo de IA de propósito general y otros requisitos más estrictos para los modelos potentes con impacto sistémico en el mercado de la UE.

En este sentido, toda IA de propósito general deberá presentar documentación técnica, cumplir la legislación sobre derechos de autor y hacer resúmenes detallados sobre los contenidos utilizados para el entrenamiento del modelo. El contenido generado por IA deberá ser marcado como tal. Y, los modelos de propósito general con alto impacto y riesgo sistémico, es decir, que impliquen un perjuicio potencial significativo para la salud, la seguridad, los derechos fundamentales, el medio ambiente, la democracia y el Estado de Derecho, tienen obligaciones más estrictas. Así, tendrán que realizar evaluaciones de modelos, evaluar y mitigar los riesgos sistémicos, realizar pruebas antagónicas, informar a la Comisión sobre incidentes graves, garantizar la ciberseguridad e informar sobre su eficiencia energética.

Como conclusión y cierre de estas páginas cabe afirmar que uno de los acontecimientos más importantes desde que se aprobó la propuesta de la Comisión Europea, ha sido la irrupción de modelos fundacionales y sistemas de IA de propósito general, capaces de generar contenidos nuevos, lo que ha generado alarma ante la incertidumbre de sus efectos e impacto en los derechos fundamentales. Tal es así que en el texto final del Reglamento se ha incluido la regulación de la IA Generativa tras un encendido debate sobre la conveniencia o no de regular la tecnología, con independencia de su riesgo. Finalmente, la decisión de regular estos modelos y sistemas de IA generativa se hace a través de obligaciones de transparencia y colaboración que se imponen a los proveedores para garantizar que las personas usuarias tengan suficiente información para poder cumplir con los requisitos de la regulación.

- Los modelos de IA de propósito general se clasificarán como aquellos con riesgo sistémico si tienen capacidades de alto impacto o si la Oficina de IA decide, por iniciativa propia o tras una alerta cualificada de un panel científico, que el modelo tiene capacidades o impacto equivalentes si bien se le otorga a la Comisión Europea el poder de ajustar los umbrales y complementar indicadores y puntos de referencia en función del desarrollo tecnológico.

- Los proveedores de la IA generativa deben mantener la documentación técnica del modelo, proporcionar información a otros proveedores que integren el modelo, respetar la ley de derechos de autor de la Unión y publicar un resumen detallado del contenido utilizado para el entrenamiento y, deben cooperar con la Comisión y las autoridades nacionales.
- Los proveedores de modelos con riesgo sistémico deben, además, realizar evaluaciones según protocolos estandarizados, evaluar y mitigar riesgos sistémicos a nivel de la Unión, mantener informes sobre incidentes graves, realizar pruebas adversarias y garantizar un nivel adecuado de protección cibernética.
- Se fomenta y facilita la elaboración de códigos de práctica a nivel de la Unión para contribuir a la aplicación adecuada de la regulación.

5. BIBLIOGRAFÍA

Aba Catoira, A., "La era de la ciudadanía conectada: digitalización y retos del futuro desde una perspectiva de género", *Un estudio sobre el Estado autonómico: propuestas de mejora para el tercer decenio del Siglo XXI*, (Jorge Castellanos Claramunt coord.), Tirant lo Blanch, Valencia, 2023, pp. 165-190.

Aba-Catoira, A., "Los algoritmos en la vida de las personas: la transparencia o derecho a saber cómo garantía de los derechos fundamentales en su relación con la inteligencia artificial", *Ciencia de datos y perspectivas de la inteligencia artificial* (Francisca Ramón Fernández coord.), Tirant lo Blanch, Valencia, 2023, pp. 145-166.

Aba-Catoira, A., "Los desórdenes informativos en un sistema de comunicación democrático", *Revista de Derecho Político*, 1, 109, 2020, pp. 119-151, https://doi.org/10.5944/rdp.109.2020.29056.

Alonso-Arévalo, J., Quinde-Cordero, M., "ChatGPT: La creación automática de textos académicos con Inteligencia artificial y su impacto en la comunicación académica y educativa", *Desiderata*, vol. 6, nº 22, 2023, pp. 136-142.

Frosini, Vittorio, *L´uomo artificiale. Etica e diritto nell´era planetaria*, Spirali, Milano, 1986.

García Mexía, P., "Contra el «ciberfatalismo». Beneficio y riesgo en la sociedad digital", *Revista de las Cortes Generales*, Nº 114, Segundo semestre, 2022, pp. 285-354, https://doi.org/10.33426/rcg/2022/114/1724.

García Sánchez, M. D., "El abordaje de ChatGPT: el "Rinoceronte Gris" de la IA conversacional", *Ius et Scientia*, 9, 1, 2023, pp. 46-68. https://doi.org/10.12795/IESTSCIENTIA.2023.i01.04.

Pérez Luño, A. E., "El derecho ante las nuevas tecnologías", *El Notario del Siglo XXI: Revista del Colegio Notarial de Madrid*, Revista 41, 2012, https://www.elnotario.es/revista-41/548-el-derecho-ante-las-nuevas-tecnologias-0-8050094412686392.html.

Soriano Arnanz, A., "Decisiones automatizadas y discriminación: aproximación y propuestas generales", *Revista General de Derecho Administrativo*, nº 56, 2021.

Vida Fernández, J., "La gobernanza de los riesgos digitales: desafíos y avances en la regulación de la inteligencia artificial", *Cuadernos de Derecho Transnacional*, vol. 14, nº 1, 2022, pp. 489-503.

La protección del cerebro y los nuevos derechos humanos en la era neurotecnológica

ÁNGEL Mª JUDEL PEREIRA
Abogado e Investigador en Ética de la Inteligencia Artificial y la Neurociencia.

SUMARIO: 1. Una ruptura antropológica: la preservación de la esencia del ser humano como actual y principal reto de los derechos humanos. 2. Neuroderechos: nuevos derechos humanos para una nueva era. 3. Conclusiones

"It's my life and I'll do what I want.
It's my mind and I'll think what I want."
The Animals

1. UNA RUPTURA ANTROPOLÓGICA: LA PRESERVACIÓN DE LA ESENCIA DEL SER HUMANO COMO ACTUAL RETO DE LOS DERECHOS HUMANOS

Una de las definiciones más purgadas de la Antigüedad sobre el concepto de libertad la encontramos en la versión justinianea del Digesto: "*libertad es la facultad de hacer lo que se desee, salvo que la fuerza o el Derecho lo impidan*" (D. 1, 4, 5 pr. y IJ. 1, 3, 1)[1]. Esa era la forma de libertad para el hombre antiguo: el ejercicio soberano de la acción gobernada por uno mismo sin

---

1 AMUNATEGUI PERELLO, C., *El Digesto y su definición de libertad. Rev. estud. hist.-juríd*, 2020, n. 42, pp.97-105.

los correajes limitativos de la fuerza, la violencia o las leyes. Antes y después vinieron multitud de definiciones diferentes, pero todas ellas confluyeron en un aspecto esencial: la libertad es fruto y resultado final de un ejercicio intelectivo de autodeterminación personal.

Aquella definición del jurista antiguo nos arroja la gran paradoja de nuestra era: si gracias a la neurotecnología es posible monitorear, patronear, simular, intervenir y alterar los mecanismos del órgano humano donde se desarrollan estos procesos de autodeterminación personal, pudiéndose participar sobre los procesos mentales y cognitivos de los individuos de forma imperceptible para ellos; entonces ya no es necesario la intervención de la fuerza, la violencia o las leyes para hacer claudicar la libertad de autodeterminación personal. Hoy simplemente se precisa el refinamiento, desarrollo y dominio de las técnicas de intervención mental y de patronaje neuronal.

Así pues, si partimos de que la libertad es el elemento imprescindible para la acción y la configuración de la identidad personal, entonces necesariamente ha de entenderse que es esencia y sustrato del resto de los derechos humanos[2]. Ello supone, a su vez, que cualquier intervención y limitación como la ejercida por las neurotecnologías que, directa o indirecta, consciente o inconscientemente, incida sobre la libertad personal del individuo, aunque esta lo sea sin el ejercicio de la fuerza, la violencia o en ejercicio aplicativo de las leyes, se extiende e irradia inevitablemente sobre el resto de los derechos humanos.

A este contexto se suma que hoy nos encontramos ante el mayor avance científico de la historia en el campo de distintas disciplinas tecnocientíficas: la neurotecnología, la biotecnología, la nanotecnología, la aplicación computacional de la física

---

2 PECES-BARBA, G., *Historia de los derechos fundamentales, Dykinson*, Tomo I, 1998, p. 210.

cuántica o el desarrollo de las ciencias de lo artificial (Herbert A. Simon[3]). David J. Chambers, uno de los filósofos más relevantes en el ámbito de la tecnología y las ciencias de lo artificial, lo señaló recientemente: "*Hemos aprendido más sobre el cerebro en la última década de lo que aprendimos en toda la historia anterior de la humanidad*"[4]. Así, mientras estas nuevas ciencias han dado lugar a la creación de un nuevo modelo de inteligencia artificial automatizada de tipo generativo, las nuevas tecnologías plantean un reto inaudito para el Derecho, pues reconfiguran y alteran los principales conceptos sobre los que se asentaron nuestras regulaciones normativas. Son tecnologías que alcanzan un grado de desarrollo hoy impredecible por su capacidad de conversión y de coevolución, integrándose en la biología de los seres humanos hasta configurar nuevos sistemas ciberbiológicos. Esta coevolución permite no sólo el desarrollo de nuevas capacidades de los seres humanos (muchas de ellas aumentadas) y de las entidades artificiales, sino el desarrollo de nuevas formas de cibercrimen, de alteración de la realidad, y de intervención sobre los procesos mentales y de privacidad de las personas[5].

Nos adentramos, pues, en la inaudita plataforma de avance hacia dos factores nuevos: **1)** la desvinculación del exclusivo factor biológico como base del Derecho; y, **2)** la reconfiguración de un nuevo concepto de realidad, denominada virtual. Ello supondrá el paso definitivo hacia la tecnologización de los cuerpos y la modificación de la realidad perceptiva de los seres humanos (hibridación biotecnológica). Esto, sin embargo, no

---

3 GONZALEZ, W. J. "*Las Ciencias de diseño: racionalidad limitada, predicción y prescripción*", Netbiblio, S.L., 2007.

4 https://www.bbc.com/mundo/articles/c0j4nepwdnlo

5 HELBING, Dirk and IENCA, Marcello, "Why Converging Technologies Need International Regulation" (August 7, 2022). http://dx.doi.org/10.2139/ssrn.418379

es algo nuevo. Desde hace décadas determinados sectores de la vanguardia tecnológica, a través de las teorías pretendidamente evolutivas del *transhumanismo*, plantean la *superación* de los límites de la biología y la naturaleza humana (Cuerpos 3.0, tal y como los definió Ray Kurzweil, uno de los grandes ideólogos de la doctrina del *transhumanismo*)[6]. La superación de estos límites, esencia misma de los seres humanos, será el primer paso hacia la pretendida superación de los propios límites del Derecho, cuya base o sustrato son eminentemente biológicos. Esa necesidad de superación de los límites biológicos, además, ya no son solo meras quimeras pretendidamente científicas, sino que se imponen como postulados aceptados entre los sectores económicos más relevantes. Por ejemplo, así lo expresaba sugestivamente Mitch Lowe, fundador de la plataforma de contenidos Netflix: "Nuestra sola competencia es la necesidad de dormir"[7].

En consecuencia, la aspiración de esta nueva era será, pues, que los derechos reconocidos a los seres humanos, consolidados durante los últimos siglos, no queden diluidos en los nuevos conceptos y desarrollos tecnocientíficos. Toda la reformulación conceptual que se anticipa exigirá una redefinición anticipatoria del catálogo de derechos humanos constituidos hasta ahora. Estos sólo se podrán entender en un contexto

---

6 Human Body Version 3.0. I envision human body 3.0—in the 2030s and 2040s—as a more fundamental redesign. Rather than reformulating each subsystem, we (both the biological and nonbiological portions of our thinking, working together) will have the opportunity to revamp our bodies based on our experience with version 2.0. As with the transition from 1.0 to 2.0, the transition to 3.0 will be gradual and will involve many competing ideas.

7 https://es.euronews.com/2020/10/22/mitch-lowe-fundador-de-netflix-nuestra-sola-competencia-es-la-necesidad-de-dormir#:~:text=commercial%20production%20department.-,Mitch%20Lowe%2C%20fundador%20de%20Netflix%3A%20Nuestra%20sola%20competencia,es%20la%20necesidad%20de%20dormir

que ponga en contradicción los riesgos de un desarrollo de las nuevas tecnologías con principios éticos inspirados en la esencia del ser humano y la dignidad de las personas. Como señala el filósofo francés Eric Sadin, nos encontramos ante *"el advenimiento de una ruptura antropológica debida a la emergencia cercana de una "superinteligencia" omnipotente y a la fusión entre cerebro y procesadores"*. Un escenario donde las nuevas ciencias pretenden constituir una "*singularidad ontológica que redefine de cabo a rabo la figura humana, su estatuto, sus poderes, sus derechos, que hasta ese momento, se suponía, garantizarían a todos la posibilidad de su libertad y de su plenitud. Es la razón por la cual la naturaleza de la inteligencia artificial, sus campos de aplicación, los intereses involucrados, la amplitud confesa, tanto como probable, de sus efectos, representan una de las cuestiones civilizatorias y filosóficas más importantes de nuestro tiempo, sino tal vez la cuestión principal*"[8].

Así, los derechos humanos fueron definidos entre los siglos XVIII y XX para los seres humanos de aquel período pretecnológico, previos todos ellos al salto evolutivo generado en el s. XXI, y que podría modificar la especie. Si, como decía Ihering, el Derecho no es otra cosa que la lucha por el Derecho[9], hoy los derechos humanos son derechos *en lucha* por definirse, pues carecen de capacidad protectora frente a los nuevos procesos biotecnológicos. No debemos olvidar que la evolución histórica de los derechos humanos fue fruto de visiones. Nada surgió sin la voluntad y la capacidad de imaginar del hombre, pues aquellas visiones cambiaron los esquemas mentales de la sociedad y desarrollaron una conciencia colectiva. Estas anticipaciones, esencialmente humanas, se proyectan hacia lo que *podría ser*, en vez de conformarse con lo que *es*. Permiten, además,

---

8 SARDIN, E., *La inteligencia artificial o el desafío del siglo: anatomía de un antihumanismo radical*, Ciudad Autónoma de Buenos Aires: Caja Negra, 2020, p. 34.

9 VON HERING, R., *La lucha por el derecho*, Dikynson, 2018.

la elevación sobre las limitaciones y experiencias del pasado[10]. Así pues, la redefinición de nuestros derechos debe volver a su versión aspiracional y utópica, tomando como referencia el humanismo y la defensa de los derechos humanos. Esta es la única contención posible frente a las doctrinas neotecnocráticas, pretendidamente científicas, que dibujan el humanismo (y al propio ser humano) como algo superado. Como señala Pérez Luño: "*El posthumanismo, (…), entraña un antihumanismo, por lo que se sitúa frente a lo que ha sido una de las principales conquistas históricas de la tradición humanista: los derechos humanos. (…). La negación posthumanista de los derechos y libertades puede conducir a la posibilidad ominosa de que determinadas decisiones, fundamentales para la vida, sean sustraídas a la voluntad autónoma y libre de los seres humanos, para ser asumidas por el poder impersonal y difuso de las cosas. Dicha posibilidad deja en la penumbra a las fuerzas o poderes que pueden controlar la autonomía de las cosas y la robótica, en función de sus propios intereses*"[11].

---

10 GORDON LAUREN, P., "*Nuevos retos para los derechos humanos. El futuro a la luz del pasado*", *Nueva Época*, vol. 5, 2004, pp. 381-382. Citado en: MARIN-CASTAN, Mª Luisa. "*Sobre el discurso utópico de los derechos humanos. A propósito de dos conmemoraciones: 1948 y 1968*".

11 PÉREZ LUÑO, A. E., "El posthumanismo no es un humanismo", *Cuadernos de Filosofía del Derecho*, 44, 2021, pp. 291-312, https://doi.org/10.14198/DOXA2021.44.12, p. 308.

2. NEURODERECHOS: NUEVOS DERECHOS HUMANOS PARA UNA NUEVA ERA

2.1. La neurociencia y la neurotecnología. Riesgos ante el desarrollo fulgurante de una tecnología que inicia la última gran exploración

En los albores del siglo XX Fridtjof Nansen publicó *The structure and combination of the histological elements of the central nervous system* (1887). Se convirtió así en el precursor del concepto de independencia neuronal que serviría de fundamento para las nuevas teorías que, a la postre, llevarían a Santiago Ramón y Cajal a la obtención del Premio Nobel de Medicina en 1906 por su *doctrina de la neurona.* Sólo sesenta años después, en 1962, la neurociencia irrumpe como campo autónomo del conocimiento con la creación del "*Neuroscience Research Program*" (NRP) en el Instituto Tecnológico de Massachusetts (MIT). En prácticamente cincuenta años los enfoques nacidos en el MIT se han convertido en dominantes, y han generado un impulso sin precedentes en el campo científico, generalizando los estudios sobre neurociencia y ciencias cognitivas.

Una década después, en 1973, se produce el primer planteamiento teórico de la comunicación directa entre el cerebro y una computadora. El científico informático de la Universidad de California Jacques Vidal acuña ese año el término Interfaz Cerebro-Computadora (BCI, en inglés) en su artículo "*Hacia la comunicación directa cerebro-computadora*". En sólo cincuenta años, ese planteamiento teórico es ya una realidad indiscutible. Hoy la neurotecnología permite el ensamblaje directo de métodos e instrumentos que establecen una conexión directa de los componentes técnicos e informáticos con el sistema nervioso (Müller y Rotter, 2022). Por lo tanto, en apenas cincuenta años nos encontramos con el primer desarrollo en la historia de la humanidad de una tecnología que conecta directamente el cerebro humano con una máquina. Como veremos, hoy esta tecnología, aplicada en distintos interfaces, ya es capaz de identificar y establecer un patronaje sobre los movimientos y los cambios neuronales desarrollados durante los procesos cognitivos (conscientes e inconscientes). El desarrollo ha sido tan espectacular que, a día hoy, ya ni siquiera es necesaria una intervención quirúrgica invasiva para su implantación[12]. Esto nos sitúa ante una ciencia y una tecnología con uno de los desarrollos más fulgurantes conocidos hasta la fecha.

Consciente de la potencialidad de esta nueva ciencia en futuros desarrollos tecnológicos, el 17 de julio de 1990 el Congreso de los EEUU declaró a la década de 1990-2000 como la "*Década del Cerebro*". A la Década del Cerebro le sucedió la "*Década de la Conducta*", así propuesta por el National Institute of Health (NIH). Tal hecho vino a exteriorizar que la ciencia y la tecnología centrarían sus esfuerzos en desentrañar uno de los grandes misterios de nuestra especie: el funcionamiento del cerebro humano y los estados de la conciencia. Hoy la neurociencia es ya una ciencia que explica cómo funciona el cerebro y el sistema nervioso a través de la experimentación, la observación y las hipótesis propias de las ciencias empíricas (Cortina, A., 2011).

Tras aquella inicial etapa de estudio y espectacular desarrollo, sólo dos décadas después de la *Década del Cerebro,* irrumpen los primeros cuestionamientos éticos sobre esta nueva tecnología. El 9 de noviembre de 2017 la Revista Nature publica un artículo[13] dirigido a la comunidad científica

---

12 PORTILLO-LARA, R. y otros. "Mind the gap: State-of-the-art technologies and applications for EEG-based brain–computer interfaces", *APL Bioeng,* 5, 031507, 2021; doi: 10.1063/5.0047237.

13 YUSTE, R., GOERING, S., ARCAS, B. et al. "Four ethical priorities for neurotechnologies and AI", *Nature,* 551, 2017, pp. 159-163. https://doi.org/10.1038/551159a

donde un equipo multidisciplinar de científicos (*Morningside Group*), que además trabajan directamente con la tecnología empleada para el estudio del cerebro, alertan sobre el momento histórico en el que se encuentran tales estudios describiéndolos gráficamente como la superación de "*la última frontera*". La frontera de la que hablan es el inaccesible umbral de acceso al funcionamiento interno del cerebro. Los riesgos inicialmente identificados por el *Morningside Group* fueron los siguientes:

2.1.1. Riesgos sobre la privacidad y consentimiento

La preservación de los datos neuronales y el registro de la actividad cerebral obtenidos a través de los neurodispositivos supone el análisis y la interpretación de los procesos mentales. Por lo tanto, no nos encontraríamos ante un mero acceso a datos personales, sino ante un acceso que permite su decodificación. Con ello también la interpretación, intervención y réplica de los procesos conductuales, emocionales o cognitivos. El riesgo estriba en que una comercialización generalizada de estos neurodispositivos, sin regulación o control, podría provocar que el acceso se realizase sin seguir un proceso reglado de consentimiento informado al individuo, donde se eludiesen o no se explicasen adecuadamente todos los procesos y conclusiones personales que se podrían obtener a través de la lectura de los datos cerebrales. Además, los algoritmos de inteligencia artificial, en su nueva versión generativa, se entrenarán con los datos cerebrales y neuronales de las personas, lo que permite establecer patrones de actividad de las neuronas asociadas con ciertos estados de atención o emoción. Los dispositivos neuronales conectados a Internet también abren la posibilidad de que individuos u organizaciones rastreen o incluso manipulen la experiencia mental de un individuo.

2.1.2. Riesgo sobre el sentido de agencia e identidad

La implantación de dispositivos e implantes cerebrales puede provocar en el ser humano un sentido alterado sobre quién es. Como señalan los autores, algunas personas que reciben estimulación cerebral profunda a través de electrodos implantados en sus cerebros han informado que sienten un sentido alterado de su identidad y de la autoría de sus acciones. Por lo tanto, estos dispositivos podrían generar dudas en el individuo sobre la propia naturaleza del yo, desdibujando la propia esencia del derecho a un libre desarrollo de la personalidad, a una vida autónoma y a la capacidad del ser humano de evitar la injerencia externa en su proceso de actuación e interacción con otras personas y con su entorno físico.

2.1.3. Aumento de capacidades y equidad de acceso

Las capacidades humanas aumentadas es un campo de estudio que lleva desarrollándose desde hace décadas[14], entre ellos en el campo militar[15]. En este contexto de progresiva hibridación entre el cuerpo físico real y el cuerpo tecnológico artificial, la neurotecnología podrá mejorar las capacidades sensoriales o mentales de las personas. Este aumento no regulado de capacidades podría ser el primer paso hacia la creación de la primera brecha en la especie humana entre los individuos con capacidades aumentadas artificialmente y aquellos que no las tienen. Se

---

[14] DCDC, UK Ministry of Defence (December 2020). Human Augmentation – The Dawn of a New Paradigm https://www.gov.uk/government/publications/human-augmentation-the-dawn-of-a-newparadigm Accessed August 2021.

[15] NATO STO. Biotechnology, Human Enhancement and Human Augmentation: A Comprehensive Overview of Its Topical Content. STO-TR-HFM-ST-335. ISBN 978-92-837-2363-9 NATO Science & Technology Organization, Belgium. https://www.sto.nato.int/.

generaría así una brecha social sin precedentes en la Historia, y una nueva subespecie de seres humanos con capacidades integradas artificialmente en su estructura biológica, no adquiridas por procesos ordinarios o sujetos a las leyes de la naturaleza. Este mejoramiento, si no está regulado legalmente y no se desarrolla regido por un principio de rigor clínico, provocará una carrera incontrolable por el mejoramiento comercial de las capacidades de los individuos, en un mercado por explotar, sujeto a la capacidad económica de las personas y a la inversión privada opaca.

2.1.4. Predisposición y manipulación de los procesos mentales

Los algoritmos empleados para el desarrollo e implementación de las neurotecnologías podrían establecer sesgos discriminatorios. Estos sesgos, a través de los neurodispositivos, podrán transferirse directamente a la actividad cerebral y a los procesos mentales, conformando una identidad alterada y no participada por el individuo. El proceso de transferencia de hechos, datos y conocimiento, que en dispositivos tecnológicos externos y ajenos a la actividad mental pasa por el proceso deductivo del cerebro humano; desaparece con los dispositivos de neurotecnología. Con ello, la voluntariedad en su asimilación por los individuos. Se eliminaría así la única barrera hacia la transferencia de ideas ajenas y preconcebidas sin capacidad de resistencia por parte de los usuarios de los dispositivos. De este modo, las decisiones adoptadas por el individuo bajo esta tecnología podrían adoptar sesgos y estereotipos no asumidos o filtrados por el individuo, sino directamente introducidos en sus procesos mentales.

2.2. Identificación de los principales desarrollos y riesgos de la neurotecnología que podrían interferir, alterar o modificar los procesos mentales del ser humano

La neurotecnología ofrece la posibilidad de una revolución clínica de dimensiones hasta ahora desconocidas, pero también plantea unos riesgos extraordinarios para el ser humano que afectan a sus derechos más elementales. La tendencia hacia el desarrollo y la formulación de los nuevos marcos comerciales parecen claramente apuntar hacia la inversión en las tecnologías no invasivas de lectura cerebral. Además, la ausencia de una regulación global sobre la materia hace que nada impida que los resultados publicados en el ámbito clínico sean posteriormente empleados o transferidos para fines comerciales.

Según un reciente estudio de mercado de la consultora internacional Mordor Intelligence[16] el volumen del mercado en el 2023 en las neurotecnologías fue de 1.81 billones de dólares, y se prevé un volumen de mercado para el año 2028 de 2.95 billones de dólares. Por su parte, una publicación del año 2023 de la UNESCO sobre los Riesgos de las Neurotecnologías[17] cifra en 33,2 billones de dólares la inversión privada en estas tecnologías en el año 2021. Este mercado que, como decimos, se centra esencialmente en las neurotecnologías no invasivas de uso comercial, ha desplazado el empleo de las neurotecnologías como complementario a la investigación médica. El objetivo ahora es el estudio del cerebro y de los procesos perceptivos y neuronales, de forma privada y ajena al ámbito clínico. Por lo tanto, el problema más acuciante que plantean estas nuevas tecnologías es el progresivo abandono de su uso clínico, sujeto a la mejora de la salud humana y guiada por principios éticos, y su sustitución para fines puramente comerciales carentes de regulación. A continuación, ofrecemos los estudios científicos más relevantes publicados sobre esta nueva tecnología. Estos estudios evidencian que se ha superado una fase inicial de re-

---

16 https://www.mordorintelligence.com/es/industry-reports/brain-computer-interface-market

17 "*The risks and challenges of neurotechnologies for human rights*" UNESCO [66750], University of Milan-Bicocca (Italy), State University of New York. Downstate Health Sciences University. ISBN: 978-92-3-100567-1.

gistro e interpretación de la actividad cerebral, para internarse en una nueva fase decodificativa y predictiva.

La decodificación del habla: Las interfaces permiten decodificar palabras y oraciones completas directamente de las señales neuronales enviadas desde el cerebro al tracto vocal. En noviembre de 2022 Investigadores de UC San Francisco y UC Berkeley[18] han demostrado que una BCI controlada por voz se puede usar para deletrear oraciones intencionadas de un amplio vocabulario en tiempo real con un 94 % de precisión. Según los autores del estudio, el BCI utilizó algoritmos personalizados de aprendizaje automático para traducir la actividad cerebral directamente en texto, decodificando las oraciones previstas del participante a partir de un vocabulario de más de 1.000 palabras en tiempo real con un 94% de precisión. Además, las simulaciones fuera de línea mostraron que podría funcionar con un vocabulario de más de 9.000 palabras con una precisión de hasta el 92%.

Riesgos que plantean un nuevo escenario normativo:

1) Interpretaciones incorrectas del habla que distorsionen la auténtica voluntad real del individuo, afectando a la formulación y continuidad de su integridad física y psicológica; **2)** la falta de un consentimiento realmente informado sobre personas que no pueden manifestarse, y las posibles intervenciones no consentidas de terceros en el proceso elaborativo del lenguaje de la interfaz, alterando la auténtica voluntad del individuo; **3)** problemas de agencia en el individuo; que pueden determinar la incorrecta percepción de uno mismo, pues no podría diferenciarse entre el lenguaje autogenerado en base

---

[18] MEZTGER, S.L., LIU, J.R., MOSES, D.A. et al. *Ortografía generalizable utilizando una neuroprótesis del habla en un individuo con parálisis vocal y de extremidades severas.* Nat Commun 13, 6510 (2022). https://doi.org/10.1038/s41467-022-33611-3.

a procesos mentales propios, y el generado por procesos interpretativos del neurodispositivo; **4)** decodificación y registro personalizado del proceso cerebral de cada individuo, que sumado al proceso interpretativo del neurodispositivo, que exigiría no sólo el registro y la decodificación, sino la interpretación de todos los matices y elementos intencionales, perceptivos y estructurales que configura el lenguaje como extensión de la propia personalidad del sujeto; y **5)** predicción individualizada, a través de modelos avanzados de inteligencia artificial, del proceso de creación del lenguaje por parte de las personas, y su posible introducción en nuevas tecnologías o réplicas de carácter artificial.

Interpretación y reconstrucción de las imágenes creadas por la actividad cerebral: Neurocientíficos de la Universidad de Osaka publicaron el 1 de diciembre de 2022[19] un estudio donde, aplicando un algoritmo predictivo e interpretativo de la actividad cerebral registrada por un BCI, han obtenido las imágenes interpretativas más nítidas hasta la fecha. Tal y como recogen las conclusiones del estudio, el modelo no necesitó de ningún entrenamiento adicional para ejecutar su tarea: *"Mostramos que nuestro método propuesto puede reconstruir imágenes de gran resolución con alta fidelidad de manera sencilla. Sin la necesidad de ningún entrenamiento adicional, ni ajuste de modelos complejos de aprendizaje profundo"*.

Riesgos que precisan una intervención normativa:

1) las interpretaciones erróneas de la interfaz y las alteraciones en la percepción pueden generar graves riesgos en la configuración de la voluntad y la personalidad del individuo, pro-

---

[19] *High-resolution image reconstruction with latent diffusion models from human brain activity*. .November 2022 DOI:10.1101/2022.11.18.517004. https://www.biorxiv.org/content/10.1101/2022.11.18.517004v1.full.pdf

vocando acciones inesperadas o erróneas por parte del usuario de la tecnología; **2)** posibles intervenciones no consentidas de terceros sobre la interfaz, que podrían alterar el proceso original de interpretación y visualización generado por el individuo; **3)** idénticos problemas de agencia generaría esta reconstrucción de la visualización sensorial por el neurodispositivo en el caso de la reinterpretación de lo observado, generando dudas en el usuario sobre si lo reinterpretado por el dispositivo es lo que realmente está viendo o es lo que éste reinterpreta (disociación o distorsión perceptiva); **4)** individualización y registro de los procesos de generación de la actividad sensorial, que se verían interpretados y registrados para el establecimiento de patrones de la actividad mental, con objeto de producir una interpretación sensorial y perceptiva acorde o semejante a la constituida por el individuo; y **5)** los errores del neurodispositivo en la reinterpretación de los procesos sensoriales podrían suponer una posible alteración e intervención sobre el proceso cognitivo y perceptivo de la persona, alterando su propia personalidad.

Comunicación cerebro a cerebro: La *telepatía digital* ha sido definida como la comunicación directa entre cerebros a distancia con apoyo tecnológico. Una investigación de la Facultad de Psicología de la UB demostró que es posible que los cerebros se comuniquen a distancias de miles de kilómetros de forma directa, con un sujeto emisor equipado con un BCI y un sujeto receptor equipado con un CBI[20]. En el trabajo, publicado en el *lejano* año 2014, se consiguió demostrar la primera comunicación directa y viable de cerebro a cerebro en sujetos humanos a una distancia de 7.800 kilómetros[21]. El estudio se-

---

20 https://web.ub.edu/es/web/actualitat/w/carles-grau-fonollosa-computers-will-exceed-human-abilities-in-some-years

21 https://web.ub.edu/es/web/actualitat/w/researchers-demonstrate-direct-brain-to-brain-communication-in-humans-separated-by-7800-kilometres-

ñalaba: "*Corrientes de bits pseudoaleatorios que representan las palabras "hola" y "ciao" se transmitieron con éxito de mente a mente entre sujetos humanos separados por una gran distancia, con una probabilidad insignificante de que esto sucediera por casualidad*"[22]. Diez años después, en enero del año 2024, la empresa Neuralink anuncia la creación del primer implante cerebral que podrá establecer una comunicación telepática entre un hombre y una computadora[23] -[24]. Tomándolo con las cautelas que supone la ausencia de una supervisión de la comunidad científica ajena a la compañía, objetivamente es un salto cualitativo tecnológico e intencional sin precedentes.

Riesgos que precisan una intervención normativa:

1) Privacidad y control en las comunicaciones: la necesidad de la intervención de neurodispositivos para poder realizar las comunicaciones de carácter interno, donde la comunicación jamás se externaliza, exigirá el desarrollo de un nuevo concepto de privacidad y del derecho a la intimidad y la vida privada de los individuos. Las consecuencias de este tipo de comunicaciones, hoy impredecibles, podría provocar el acceso de terceros a canales de comunicación que emanan directamente de la comunicación cerebro a cerebro, o cerebro a computadora, sin necesidad de la interpretación de los procesos sensoriales; **2)** creación de un nuevo sistema de comunicación y de canales de comunicación no regulados: el método de comunicación que anticipa esta tecnología se antoja completamente disruptivo y ajeno a los canales tradicionales de comunicación entre seres humanos. Estos nuevos sistemas

---

22 Grau C, Ginhoux R, Riera A, Nguyen TL, Chauvat H, Berg M, et al., "Conscious Brain-to-Brain Communication in Humans Using Non-Invasive Technologies", *PLoS ONE*, 9, 8, 2014. https://doi.org/10.1371/journal.pone.0105225.

23 https://neuralink.com/pdfs/PRIME-Study-Brochure.pdf

24 https://www.nature.com/articles/d41586-024-00304-4

de comunicación redefinirán el concepto de privacidad, pero también otros conceptos derivados como el secreto de las comunicaciones, el acceso a la información, y la generación de nuevos canales de comunicación y lenguajes inexistentes hasta entonces; **3)** Duplicidad interpretativa y distorsión sensorial entre las comunicaciones tradicionales y las comunicaciones por telepatía digital: los nuevos sistemas de comunicación han puesto el acento en obtener la viabilidad de la comunicación directa de cerebro a cerebro en sujetos humanos, con especial cuidado para garantizar la no participación de los sistemas sensoriales o motores en el intercambio de información. Ello generará la creación de dos modelos paralelos de comunicación entre individuos, de consecuencias inciertas: subsistirán los sistemas de comunicación tradicionales y la telepatía digital. También podría provocar una distorsión sensorial en los individuos, que podría afectar a la salud y la integridad psíquica, así como a la propia percepción de la realidad. La creación de comunicaciones nacidas de lo *no perceptible* supondrá una reconfiguración completa del concepto mismo de realidad; y **4)** siendo comunicaciones implantadas directamente sobre el cerebro humano, la intervención no consentida de terceros sobre estas comunicaciones podría introducir situaciones que alterarían gravemente la integridad física y mental de las personas.

Otros usos de las BCI ajenos a la actividad clínica o investigadora: En un estudio publicado en julio de 2021 por el Departamento de Bioingeniería del Imperial College de Londres[25], los investigadores localizaron estudios neurocientíficos para la aplicación de las BCI en los siguientes campos que hibridarían la actividad mental, el ocio y el consumo: **(i)**

---

25 APL Bioeng. 2021 Jul 20;5(3):031507. doi: 10.1063/5.0047237. eCollection 2021 Sep. *Mind the gap: State-of-the-art technologies and applications for EEG-based brain-computer interfaces*

el movimiento de objetos y prótesis a través de la actividad cerebral (uso de la domótica aplicada); **(ii)** dispositivos de uso diario, de ocio y de relajación mental (videojuegos, gafas de realidad aumentada, dispositivos de detección de gestos, y de control del estrés mental entre otros); **(iii)** control y predicción de audiencias televisivas[26] control de audiencias televisivas; monitoreo de la capacidad de atención del usuario; y modificación personalizada de la experiencia de visualización.

Usos de las BCI para el control mental, el rendimiento laboral y las actividades militares: En relación con el control de la actividad laboral y perfiles biométricos, en la República de China ya se ha iniciado el camino para emplear esta tecnología con un carácter de vigilancia y control en el ámbito laboral. Varios grupos neurocientíficos chinos han explorado el desarrollo de dispositivos basados en el uso de electroencefalogramas cerebrales (EEG) para establecer patrones biométricos neuronales de cada trabajador, detectar el rendimiento y los comportamientos anormales de los trabajadores[27]. La tecnología, que ha sido definida como *"tecnología de vigilancia emocional"*, ajusta los flujos de trabajo, incluida la colocación de los empleados y los descansos, con objeto de aumentar la productividad y las ganancias. Según el Foro Económico Internacional, en la ciudad suroriental de Hangzhou las ganancias de una de las compañías que implantó el sistema aumentaron en 315 millones de dólares desde que se introdujo la tecnología en el año 2014.

---

26 *"Enheduanna—A Manifesto of Falling" Live Brain-Computer Cinema Performance: Performer and Audience Participation, Cognition and Emotional Engagement Using Multi-Brain BCI Interaction"* Neurosci., 03 April 2018 Sec. Neuroprosthetics Volume 12–2018 | https://doi.org/10.3389/fnins.2018.00191

27 https://www.weforum.org/agenda/2018/05/china-is-monitoring-employees-brain-waves-and-emotions-and-the-technology-boosted-one-companys-profits-by-315-million/

Ello anuncia una tendencia imparable hacia el uso invasivo en el ámbito laboral de esta tecnología.

Con respecto a los usos militares, existen publicaciones (Kosal and Putney, 2022) que plantean pruebas para un uso y control con el cerebro de drones militares y aviones no tripulados. Otros estudios apuntan a la posibilidad de trasladar el aumento de las capacidades humanas generadas por la neurotecnología al ámbito militar[28]. Por otra parte, en agosto del año 2020 la empresa Synchron desarrolló la única interfaz cerebro-computadora implantable que no requiere cirugía cerebral abierta al enlazarse a un ordenador de forma inalámbrica. Calificada como industria con potenciales usos disruptivos, ha sido financiada en parte por la Agencia de Proyectos de Investigación Avanzada de Defensa de los Estados Unidos (DARPA) y el Departamento de Defensa de los Estados Unidos (DoD) [29] en cantidad publicada de más de 10 millones de dólares[30]. Por último, un informe sobre las neurotecnologías de la Law Society inglesa (agosto de 2022[31]) recogía las siguientes conclusiones sobre las aplicaciones de la neurotecnología del Ministerio de Defensa británico al campo militar: "*En términos de aumento, las interfaces cerebrales podrían: mejorar la concentración y la función de la memoria; conducir a nuevas formas de inteligencia colaborativa; o incluso permitir que nuevas habi-*

---

28 NATO NIAG SG-253 (2020). Assessment of Human Augmentation Technologies for Exploitation in Battlefield. P. Proietti, A. Abate, and B. Saß-Möbus. NATO Science & Technology Organization, Belgium. https://www.sto.nato.int/ Accessed August 2021.

29 https://synchron.com/about-us: "*Initial grant funding was provided to a lab in the University of Melbourne by the U.S. Defense Advanced Research Projects Agency (DARPA) and Department of Defense (DoD)*"

30 https://globalventuring.com/university/darpa-helps-implant-10m-in-synchron/

31 https://www.lawsociety.org.uk/topics/research/how-will-brain-monitoring-technology-influence-the-practice-of-law

lidades o conocimientos simplemente se "descarguen". También sería posible manipular el mundo físico únicamente con pensamientos. En teoría, y más recientemente en la práctica, cualquier cosa, desde la manija de una puerta hasta un avión, podría controlarse desde cualquier parte del mundo".

La tecnología *neurotwin* y la eventual externalización o simulación de procesos mentales individualizados fuera del cerebro humano: Actualmente asistimos al desarrollo avanzado de estudios conducentes a implementar la tecnología *neurotwin*, también denominada como "*tecnología digital de gemelos cerebrales*", la cual ya se está desarrollando en la UE a través del proyecto EIC Pathfinder Horizon 2020[32]. Esta nueva tecnología, hoy preparada para el tratamiento de graves enfermedades neurodegenerativas, protagonizará conflictos éticos y legales en el futuro. Espoleada por sus capacidades comerciales, podrá traspasar la frontera de lo clínico con objeto de ser el reservorio y la copia digital y duplicada, fuera de nuestra mente, de los recuerdos, los pensamientos y los procesos activos de nuestra actividad neuronal. Se generará la primera externalización de los procesos mentales y situará, por primera en la historia de la humanidad, todo lo que nos define como seres humanos fuera de un espacio físico o biológico. Hoy las palabras de Ortega y Gasset cobran plena actualidad: "*Las ideas poseen la extravagantísima condición de que no están en ningún sitio del mundo, que están fuera de todos los lugares, aunque simbólicamente las alojemos en nuestra cabeza, como los griegos de Homero las alojaban en el corazón, y los prehoméricos las situaban en el diafragma o en el hígado*".[33]

---

[32] https://www.upf.edu/web/biomed/news/-/asset_publisher/CRcETTCV7Uyn/content/id/243467700/maximized

[33] ORTEGA Y GASSET, J., "*Ensimismamiento y alteración*", *Obras Completas,* Tomo V, 1939, p. 300.

2.3. Las primeras configuraciones teóricas de los 'neuroderechos'

Los derechos humanos, desde su primera formulación y teorización, pretendieron consagrar la libertad intelectual y el principio de no injerencia como valor supremo. Thomas Paine, uno de los grandes teóricos de la revolución francesa, apuntaba: *"Los derechos naturales (…) son todos los derechos intelectuales, o derechos de la mente, así como todos los derechos de actuar como individuo para su bienestar y felicidad propios"*[34]. Desde entonces los derechos intelectuales o de la personalidad se han planteado como derechos limitativos a las intervenciones de agentes externos, teniendo siempre presente que la intervención se produciría a partir de elementos ajenos al propio proceso perceptivo y constitutivo del individuo. Sin embargo, nunca se había previsto que la intervención o la injerencia pueda producirse directamente sobre los procesos mentales; es decir, aquellos que intervienen en la identidad de las personas o en la percepción de su realidad.

Actualmente existen dos modelos de definición de *'neuroderechos'*. La primera de ellas se desarrolla en 2019 por el profesor Rafael Yuste, neurocientífico de la Universidad de Columbia, en una publicación denominada *"Las nuevas neurotecnologías y su impacto en la ciencia, medicina y sociedad"*[35]: **1) derecho a la privacidad mental y al consentimiento.** Esencialmente se centra en (i) proteger a las personas frente al uso ilegítimo y no consentido de su información cerebral o actividad neuronal; y (ii) garantizar a la persona un poder de control sobre sus neurodatos o información cerebral; **2) derecho a la identidad y a la toma de decisiones (agencia).** Planteado como un derecho de protección del concepto de continuidad psicológica, y de la percepción del

---

34 PAINE, T., *Derechos del Hombre*, Alianza Editorial, Madrid, 1984. Del original: *"Derechos del Hombre Parte I, 1791"*.

35 https://zaguan.unizar.es/record/86978/files/BOOK-2020-001.pdf

"yo" tal y como la persona se ha conocido y reconocido a lo largo de su vida; **3) derecho al aumento cognitivo justo y equitativo.** Esenciamente pretende establecer unos estándares o directrices tanto nacionales como internacionales que regulen el desarrollo y aplicaciones de estas neurotecnologías determinando sus objetivos, fines, límites y alcances. De esta manera se pretende lograr la garantía de un acceso justo, equitativo, igualitario y no discriminatorio de toda la población; **4) derecho a la ausencia de sesgos.** A través de este derecho, pretende el control de los sistemas de procesamiento de datos, en general, basados en algoritmos de IA diseñados por los seres humanos, de tal forma que la tecnología que puede afectar a la actividad mental no traslade ningún tipo de sesgo subjetivo del programador al proceso de emisión de opiniones, decisiones o emociones de los individuos.

El segundo de estos trabajos, publicado en 2021 por los profesores Roberto Adorno y Marcello Ienca fue: *"Hacia nuevos derechos humanos en la era de la neurociencia y la neurotecnología"*[36]. Estos investigadores proponen sintetizarlos en tres derechos fundamentales:

1) Derecho a la privacidad mental. Sugieren el reconocimiento formal del derecho a la privacidad mental, con objeto de proteger cualquier bit o conjunto de información cerebral sobre un individuo registrado por un dispositivo neurológico y compartido a través del ecosistema digital. Este derecho protegería las ondas cerebrales no solo como datos, sino también como generadores de datos o fuentes de información. Además, abarcaría no solo los datos del cerebro consciente, sino también los datos que no están (o solo parcialmente) bajo el control voluntario consciente. También garantizaría la protección de la información del cerebro en ausencia de un instrumento

---

[36] Adorno, R. y Ienca, M., "Hacia nuevos derechos humanos en la era de la neurociencia y la neurotecnología", Análisis Filosófico 41, 1, 2021, https://doi.org/10.3929/ethz-b-000497445.

externo para identificar y filtrar esa información. **2) Derecho a la integridad mental.** Proponen una reconceptualización del derecho a la integridad mental, de tal forma que no solo debería garantizar el derecho de tratamiento de patologías mentales, sino garantizar también el derecho de todos los individuos a proteger su dimensión mental de posibles daños. Este derecho reconceptualizado pretende proporcionar una protección normativa específica contra posibles intervenciones habilitadas por la neurotecnología, y que implican la alteración no autorizada de la computación neuronal de una persona. Consideran que un potencial daño directo que afecte a la integridad mental, tiene que: i) implicar el acceso directo y la manipulación de las señales neuronales; ii) no estar autorizada; iii) dar lugar a un daño psicológico. **3) Derecho a la continuidad psicológica.** Con este derecho se preservaría la identidad personal y la coherencia del comportamiento del individuo, protegiéndolas de la modificación no consentida por parte de terceros. Este derecho protege la continuidad dada por los pensamientos habituales de una persona, sus preferencias, y se configura como un modelo de protección de las elecciones por medio de la protección del funcionamiento neuronal subyacente. Garantizaría la protección de los procesos mentales a un nivel previo, identificado como el del funcionamiento neuronal. Es decir, se plantea como un nuevo derecho que protege la continuidad de la vida mental de una persona de la alteración o interrupción abusiva externa. Se relaciona con el derecho a la integridad mental, pero diferirían en la medida en que el derecho a la continuidad psicológica también se aplica a los escenarios emergentes que no implican directamente un daño neuronal o mental.

2.4. Actual situación normativa de la protección de la actividad mental y neuronal

El derecho positivo es el principal y más llamativo reflejo de que la regulación normativa se encuentra muy por detrás de los avances neurotecnológicos. Esta situación evidencia la paradoja de encontramos ante un escenario evolutivo de progresión inversa; de tal forma que la inactividad de organismos e instituciones representativas hace que los ciudadanos sean desplazados del conocimiento y la participación en los progresos y desarrollos técnico-científicos. Ya lo advertía en el año 1949 el psiquiatra y filósofo Karl Jaspers: *"Esta es la gran brecha en la conciencia de nuestra época: la Ciencia solo es propiedad de unos cuantos hombres, a pesar de ser su rasgo fundamental. Todavía es imponente espiritualmente porque la masa humana no ingresa en ella cuando se apodera de los resultados técnicos, admitiendo como dogmas trivialidades discutibles"*[37].

Así, y a pesar de los riesgos disruptivos muy resumidamente descritos en este trabajo, actualmente sólo un país en el mundo, la República de Chile, ha incorporado expresamente la protección de la actividad neuronal como un derecho fundamental de la persona. El 25 de octubre de 2021, el Congreso chileno aprobó a través de la Ley 21.383[38] una modificación del artículo 19, inciso 1° de la Constitución que quedó redactado del siguiente modo: *"El desarrollo científico y tecnológico estará al servicio de las personas y se llevará a cabo con respeto a la vida y a la integridad física y psíquica. La ley regulará los requisitos, condiciones y restricciones para su utilización en las personas, debiendo resguardar especialmente la actividad cerebral, así como la información proveniente de ella"*.

En España el abordaje de la regulación legal de la neurotecnología y la protección de los neurodatos se ha anticipado a través de una norma de *soft law* como fue la Carta de Derechos Digitales, publicada en junio del año 2021. La Carta dedica su apartado XXVI a los denominados como *"Derechos digitales en el empleo de las neurotecnología"* (Apartado XXVI), y propone su regulación en tres ámbitos: **a)** el control de la neurotecnología

---

[37] JASPERS, K., *Origen y meta de la Historia*, Alianza Editorial, 1980, pp. 114-115.

[38] https://www.bcn.cl/leychile/navegar?idNorma=1166983

para garantizar la integridad e identidad personal; **b)** la regulación de los dispositivos neurotecnológicos; y **c)** la regulación de los procesos de aumento cognitivo y las capacidades de las personas, al margen del ámbito terapéutico. Así, a pesar de ser un buen punto de partida, no deja de ser una propuesta de cara a una eventual legislación, donde los riesgos que implica la neurotecnología y la toma de datos cerebrales se encuentran desdibujados dentro de un amplio catálogo de derechos, lo que diluye la llamada de atención ante el peligro altamente disruptivo de un uso indebido de esta tecnología.

Por su parte la Union Europea, que ha estado enfrascada en la regulación a nivel comunitario de la Inteligencia Artificial, de momento no ha propuesto un aparato normativo que prevea la protección de la actividad mental frente al avance de las neurotecnologías. Ello a pesar de que un informe elaborado por miembros de la European Technology Assessment Group (ETAG) para el Parlamento Europeo advertía, ya en el año 2009: *"Ahora parece que estamos al borde de realizar una antropología fisiológica en la medida en que existen al menos nuevos medios de manipular las actividades cerebrales. En consecuencia, incluso visiones extremas, como la visión de una nueva tecnología social basada en nuevas neurotecnologías y otras tecnologías convergentes de la iniciativa NBIC, merecen atención. Hubo un amplio consenso entre los expertos en que las mejoras de segunda etapa, especialmente aquellas basadas en nuevas interfaces humano-tecnología, deberían evaluarse con miras a posibles cambios en las relaciones de poder"*[39].

De momento, y a pesar de haber transcurrido más de quince años desde entonces, nada se ha regulado al respecto a pesar de la reconocida capacidad de disrupción de estas tecnologías. Lo único que encontramos con expresa referencia a las neurotecnologías es la reciente Declaración de León sobre la Neuro-

---

[39] https://www.europarl.europa.eu/stoa/en/document/IPOL-JOIN_ET(2009)417483.

tecnología Europea[40], firmada por los Ministros de Industria y Telecomunicaciones de los Estados miembro en octubre de 2023. Su conclusión, a modo de cierre, parece dejar claro el orden de prioridades: *"Es importante ser proactivo y actuar ahora para que la UE se convierta en un actor importante en los mercados incipientes relacionados con las neurotecnologías, fomentando la innovación y promoviendo las inversiones, en consonancia con los valores y normas de la UE, incluida la Carta de los Derechos Fundamentales, así como la recientemente firmada Declaración Europea sobre Derechos y Principios Digitales, y garantizando así un enfoque centrado en la persona y basado en los derechos humanos para proteger y capacitar a las personas".*

A nivel internacional, y gracias al empuje de diversos grupos de científicos y defensores de los derechos humanos, se han activado los mecanismos de protección de la UNESCO como paso previo a la actividad legislativa de la ONU. En diciembre de 2021 el Comité Internacional de Bioética de la UNESCO presentó un Informe proponiendo un marco de principios éticos a los desafíos que plantean la neurotecnologías (UNESCO CIB, 2021). En él sugería la posibilidad de elaborar una Declaración Internacional sobre Derechos Humanos y Neurotecnología (UNESCO CIB, 2021, n° 168 y n° 184). Al mismo tiempo, anima a los Estados miembros a garantizar que las leyes nacionales se adapten de modo adecuado para proteger los derechos y libertades en juego en este ámbito, recogiendo en su contenido gran parte de los 'neuroderechos' anteriormente detallados.

Fruto de ese trabajo, en su sesión del 6 de octubre de 2022 el Consejo de Derechos Humanos de la ONU adoptó la Re-

---

40 https://spanish-presidency.consilium.europa.eu/media/5azj0e2h/declaraci%C3%B3n-de-le%C3%B3n.pdf.

solución 51/3 sobre *"Neurotecnologías y Derechos Humanos"*[41]. El documento tiene presente que la neurotecnología permite conectar el cerebro humano directamente a las redes digitales mediante dispositivos y procedimientos que pueden utilizarse, entre otras cosas, *"para acceder al sistema nervioso humano, monitorizarlo y **manipularlo**"*. Sin abordar el fondo del asunto, solicita a su Comité Asesor la preparación de un estudio que deberá asimismo incluir recomendaciones sobre la manera en que el Consejo podría afrontar esos desafíos, y presentarse en la 57° sesión del Consejo de septiembre de 2024.

Finalmente, la más reciente propuesta normativa en materia de protección de la actividad neuronal se produjo el 10 de enero de 2024, cuando la Asamblea General del Estado norteamericano de Colorado presentó el proyecto de ley 124-1058[42] de enmienda de la Ley de Privacidad de Colorado (CPA). Su objeto es extender las protecciones que actualmente se ofrecen sobre los *"datos confidenciales"* a los datos neuronales, genéticos y otros datos biológicos. Esta podría convertirse en la primera legislación sobre la protección de los datos neuronales en los Estados Unidos. El proyecto de ley añade *"datos biológicos"* a la definición de *"datos sensibles"*. Los *"datos biológicos"* se definen como *"datos que proporcionan una caracterización de las propiedades, composiciones o actividades biológicas, genéticas, bioquímicas, fisiológicas o **neuronales** del cuerpo o las funciones corporales de un individuo"*. Además incorpora una definición de datos neuronales: *"Neural data", which is data that concerns the activity of a individual's central or peripheral nervous systems, including the brain and spinal cord, and that can be processed by or with the assistance of a device"*.

---

[41] https://www.ohchr.org/en/hr-bodies/hrc/advisory-committee/neurotechnologies-and-human-rights

[42] https://leg.colorado.gov/sites/default/files/documents/2024A/bills/2024a_1058_01.pdf

2.5. El primer proceso judicial de una empresa de neurotecnología ante los tribunales de justicia: el caso Guirardi vs. EMOTIV

También en la República de Chile, y fruto del proceso de modificación constitucional del art. 19.1. de su Constitución, se inició en el año 2023 una acción constitucional de protección interpuesta por el senador Guido Girardi, principal promotor de la reforma. En su demanda frente a la empresa multinacional de bioinformática EMOTIV, una de las grandes comercializadoras a nivel mundial de interfaces cerebro-computadora, pedía amparo constitucional por no protegerse de manera adecuada en uno de sus dispositivos comercializados en Chile (la diadema cerebral "*Insight*") la privacidad de la información cerebral de sus usuarios.

Uno de los principales intereses de este proceso fue que, por primera vez, obligó a una empresa neurotecnológica a pronunciarse en el ámbito judicial sobre sus objetivos, propósitos y nivel de tratamiento de la información que registra, monitorea, decodifica e interpreta. En su oposición a la demanda de protección, la empresa calificó los datos neuronales que almacena como datos encriptados no asociados a un individuo concreto, y por tanto como "*datos estadísticos*". Pretendía así excluirlos de la protección del derecho constitucional a la vida privada. También reconoció que el registro de la actividad neuronal no se hace con un objetivo médico o clínico, sino para "*monitorear el rendimiento cognitivo y emociones*" y para "*controlar objetos virtuales y físicos a través del aprendizaje automático de comandos mentales entrenados*". Todo ello desde una evidente perspectiva comercial: "*entornos adaptativos inteligentes*"; "*defensa y seguridad*"; "*investigación de mercado*"; "*psicología*", "*aprendizaje*".

EMOTIV reconoció también que la aceptación de las condiciones supone conferir una licencia "*irrevocable y perpetua*" a la compañía para, entre otros propósitos, "*utilizar, mostrar, transmitir, distribuir, ejecutar y explotar de otro modo sus datos escaneados, con el derecho a conceder sublicencias, en cualquier formato y a través de cualquier canal de comunicación en el que se agreguen datos escaneados relativos a otros usuarios de los servicios, de forma que el usuario no sea personalmente identificada o identificables".* Es decir, que la información cerebral del individuo se agrega a la de otros usuarios del sistema para establecer un modelaje de patrones de funcionamiento cerebral y, una vez establecida, *"distribuirla"*, *"transmitirla"*, *"ejecutarla"* y *"explotarla"*. Como vemos, la pseudoanimización se ha convertido en la excusa para poder estudiar y comerciar libremente con la información cerebral almacenada, y cuya asociación con el individuo concreto ha dejado de ser prioritaria. A pesar de la buscada y medida ambigüedad, EMOTIV no pudo ocultar que su objetivo es una investigación a nivel comercial del cerebro, para una posterior puesta en el mercado de los datos cerebrales en un uso ilimitado y con multitud de objetivos[43]. Es decir, que no son ya los registros cerebrales asociados a individuos concretos lo que tiene un interés comercial, sino la información global del funcionamiento neuronal con dos objetivos claros: **(i)** la venta y comercialización de esa información una vez filtrada, monitoreada y categorizada; cuya protección es rebajada al no considerase datos personales, sino estadísticos; **(ii)** el establecimiento de patronajes generales de la conducta humana, desplegadas en el ámbito mental, para así asociarlas a determinada toma de decisiones, y a la generación de emociones concretas.

Finalmente, la Corte Suprema de Chile estimó la demanda y obligó a que el manejo de datos del dispositivo comercializado por EMOTIV fuese evaluado por el Instituto de Salud Pública y la autoridad aduanera. Las conclusiones que arroja la respuesta dada por EMOTIV en el litigio chileno clarifica el escenario nor-

---

43 JUDEL PEREIRA, Á. Mª., "*La Corte Suprema de Chile devuelve a las personas y a las instituciones el control sobre su información cerebral*", *Fundación Kamanau*, 2024. https://defensaneuroderechos.org/.

mativo al que nos enfrentamos: estudios privados y comerciales del cerebro humano sin exposición pública de sus fines, gracias a la cesión de datos de los usuarios. Asistimos, pues, a una experimentación privada con el cerebro humano que proliferará en el futuro cuando los neurodispositivos se empleen para un uso ordinario en actividades habituales (videojuegos, domótica doméstica, teléfonos móviles y computadoras, tratamiento de enfermedades mentales leves no patologizadas).

3. CONCLUSIONES

1º) Los 'neuroderechos' deben ser parte de la reconceptualización normativa de los derechos humanos aplicados a las nuevas tecnologías y ciencias de lo artificial. Cuestionarse hoy si los denominados como 'neuroderechos' son parte de los derechos humanos actuales es un debate ya superado por la propia velocidad del desarrollo tecnológico. Hoy sólo hace falta acercarse a las publicaciones científicas y al estado del arte de la neurotecnología para ser consciente de que es una tecnología que puede alterar la realidad perceptiva, cognitiva y volitiva de los individuos. Dado que el órgano que nos da sentido y trascendencia como seres humanos, el cerebro, es el órgano intervenido por estas tecnologías, los derechos personales sobre la actividad mental y neuronal deben protegerse como un catálogo específico de derechos humanos más. Sobre todo cuando su desarrollo se está escapando ya del control de la sociedad, de los gobiernos y de los organismos internacionales, provocando una difusión indeseada y desregulada de esta tecnología. En todo caso, los *neuroderechos* no pueden ser los únicos derechos que deben incorporarse a una nueva Declaración Universal, sino que el catálogo completo debe reconfigurarse dentro de un debate global sobre qué y cuáles de los conceptos que soportan esos derechos deben ser revisados.

2º) El cerebro humano ha de ser individualizado, singularizado y protegido como sujeto de derechos. Si la inclusión de la protección de la actividad mental y neuronal debe incluirse expresamente como un derecho humano, también deben desarrollarse políticas legislativas complementarias para llevar a efecto esta protección. Una de las que proponemos, a modo de cierre, es la posibilidad de establecer una regulación internacional que convierta al cerebro humano en sujeto de derechos. El cerebro (y la actividad que alberga) deben ser protegidos por su condición de repositorios orgánicos de la actividad neuronal, pues ambos determinan, en todo o en parte, los aspectos más esenciales que definen la esencia del individuo: procesos cognitivos, adaptativos, emocionales, la memoria o los recuerdos. De hecho, podríamos incluso hablar del cerebro como el soporte orgánico del halo espiritual del ser humano. La posibilidad de convertirlo en sujeto de derechos permitiría establecer la creación de organismos internacionales formados por expertos multidisciplinares que velaran por su seguridad y control y que, además, certifiquen la adecuación ética, científica y técnica, desde la perspectiva de la ciencia, la privacidad y los derechos humanos, de los dispositivos neurotecnológicos comercializados.

3°) Es necesaria la creación de una nueva categoría reforzada de datos personales: los metadatos cerebrales. El cerebro está formado por cerca de 20 billones de neuronas[44] que, aunque independientes, forman parte de una red de actividad incorporada en las distintas partes del cerebro donde funcionan de forma coordinada y complementaria. El concepto de 'dato personal' es difícilmente trasladable a los datos que genera la actividad neuronal, pues la acción de cada neurona y los procesos que desencadena es un *continuum* dinámico de generación de actividad que en sí mismo no determina un dato personal identificativo. Lo que esencialmente lo identifica es

---

44 G.F. STRIEDTER y otros. "In the light of evolution vi: Brain and behaviour", *Proc Natl Acad Sci U S A.*, 109, Suppl 1, 2012, pp. 10607-10611.

su actividad generativa inherente, la región del cerebro donde se produce y el tipo de neuronas que se implican. Por lo tanto, no nos encontramos ante datos aislados que puedan ser categorizados y que determinan una identificación inmediata de un sujeto concreto. Su concepción jurídica estaría más asociada a los metadatos que a los datos, pues sólo su registro, decodificación, estudio y patronaje da un sentido a la actividad generada. Por ello, se hace necesario una regulación, especial y específica, de esta actividad generativa de datos pues hasta ahora nunca han sido identificados expresamente por la normativa sobre privacidad. El cerebro humano, como hemos visto, es hoy objeto de un estudio global para diversos fines. Sin embargo, estos estudios solo podrán realizarse con la cesión de los datos obtenidos por el registro de la actividad mental de los individuos. Así, hoy el objeto de estudio no son los individuos, sino que nos encontramos en un escenario previo: el desencriptado interno del cerebro para poder aplicar posteriormente las inferencias obtenidas en el desentramado de la actividad mental individual. Por ello, y teniendo en cuenta que la actividad neuronal es el principal desencadenante orgánico de los procesos cognitivos y emocionales, solo los neurodatos facilitarán en el futuro el conocimiento y anticipación real de estos procesos, pudiéndose intervenir sobre ellos. La normativa sobre privacidad y protección de datos nunca se ha enfrentado a un reto de esta magnitud, y este reto exige la creación de una nueva categoría hiperreforzada de datos: los metadatos cerebrales.

4. BIBLIOGRAFÍA

ADORNO, R. Y IENCA, M., "Hacia nuevos derechos humanos en la era de la neurociencia y la neurotecnología", Análisis Filosófico 41, 1, 2021, https://doi.org/10.3929/ethz-b-000497445.

AMUNATEGUI PERELLO, C., *El Digesto y su definición de libertad. Rev. estud. hist.-juríd*, 2020, n. 42, pp.97-105.

G.F. STRIEDTER y otros. "In the light of evolution vi: Brain and behaviour", *Proc Natl Acad Sci U S A.*, 109, Suppl 1, 2012, pp. 10607-10611.

GONZALEZ, W. J. "Las Ciencias de diseño: racionalidad limitada, predicción y prescripción", Netbiblio, S.L., 2007.

GORDON LAUREN, P., "*Nuevos retos para los derechos humanos. El futuro a la luz del pasado*", *Nueva Época*, vol. 5, 2004.

Grau C, Ginhoux R, Riera A, Nguyen TL, Chauvat H, Berg M, et al., "Conscious Brain-to-Brain Communication in Humans Using Non-Invasive Technologies", *PLoS ONE*, 9, 8, 2014. https://doi.org/10.1371/journal.pone.0105225.

HELBING, Dirk and IENCA, Marcello, "Why Converging Technologies Need International Regulation" (August 7, 2022). http://dx.doi.org/10.2139/ssrn.418379.

JASPERS, K., *Origen y meta de la Historia*, Alianza Editorial, 1980.

JUDEL PEREIRA, Á. Mª., "*La Corte Suprema de Chile devuelve a las personas y a las instituciones el control sobre su información cerebral*", *Fundación Kamanau*, 2024. https://defensaneuroderechos.org/.

ORTEGA Y GASSET, J., "*Ensimismamiento y alteración*", *Obras Completas*, Tomo V, 1939.

PAINE, T., *Derechos del Hombre*, Alianza Editorial, Madrid, 1984.

PECES-BARBA, G., "Historia de los derechos fundamentales", *Dykinson*, Tomo I, 1998.

PÉREZ LUÑO, A. E., "El posthumanismo no es un humanismo", *Cuadernos de Filosofía del Derecho*, 44, 2021, pp. 291-312.

PORTILLO-LARA, R. y otros. "Mind the gap: State-of-the-art technologies and applications for EEG-based brain–computer interfaces", *APL Bioeng*, 5, 031507, 2021; doi: 10.1063/5.0047237.

SARDIN, E., *La inteligencia artificial o el desafío del siglo: anatomía de un antihumanismo radical*, Caja Negra, Ciudad Autónoma de Buenos Aires, 2020.

VON HERING, R., *La lucha por el derecho*, Dikynson, 2018.

YUSTE, R., GOERING, S., ARCAS, B. et al. "Four ethical priorities for neurotechnologies and AI", *Nature*, 551, 2017, pp. 159-163. https://doi.org/10.1038/551159a.

La ciberseguridad: la seguridad integral y descentralizada del estado digital

TAMARA ÁLVAREZ ROBLES[1]
Profa. Ayte. Dra. Derecho Constitucional. Universidad de León
talvr@unileon.es

SUMARIO: 1. Ciberseguridad como concepto genérico y específico: la dificultad de su estudio. 2. El derecho a la seguridad digital en la Ley Orgánica de Protección de Datos Personales y garantía de los derechos digitales: la ciberseguridad y el derecho a la seguridad de las comunicaciones 3. Derecho a la Ciberseguridad en la Carta de Derechos Digitales: cultura de ciberseguridad. 4. La ciberseguridad de España ante el Global Cybersecutity Index de la ITU: la realidad de la implementación y desarrollo de un derecho

1. CIBERSEGURIDAD COMO CONCEPTO GENÉRICO Y ESPECÍFICO: LA DIFICULTAD DE SU ESTUDIO

La ciberseguridad está presente en nuestro día a día, ocupa portadas de periódicos, Cambridge Analítica; protagoniza noticias en televisión, hackeos y espionajes a líderes políticos;

---

1 Este capítulo se ha realizado dentro del Proyecto Cyberelections (21/23) "La ciberseguridad en los procesos electorales. Garantías frente a la desinformación y otros desórdenes informativos en plataformas" financiado en el marco de los Proyectos TED del Plan Estatal de Investigación Científica, Técnica y de Innovación financiados por la Unión Europea, Referencia: TED2021-130876B-100.

es tema importante en reuniones de las altas esferas empresariales y de la administración pública, debemos implementar buenas prácticas y políticas de seguridad de la información de manera integral en las compañías y en las administraciones; y es un tema que se cuela en los currículos de sistemas educativos, tratamos de enseñar un uso responsable y seguro de las tecnologías de la información y de la comunicación a nuestros menores, de capacitar y especializar a los alumnos de formación profesional o de los niveles de enseñanza superior universitaria.

Algunos se aproximan al concepto desde el lado de la obligación del Estado de proveer seguridad a sus ciudadanos en todos los ámbitos, una función esencial del Estado, preeminentemente desde la Ley de Seguridad Nacional (Ley 35/2015)[2] (*Tol 5.433.167*); otros lo abordan como un derecho del que se dispone, conforme al artículo 82 de la Ley Orgánica de Protección de Datos Personales y garantía de los derechos digitales (Ley Orgánica 3/2018) (*Tol 6.933.570*). Para unos es sinónimo de la seguridad en el ciberespacio, la seguridad de Internet;

---

2 La seguridad, constituye, junto a la libertad (art 17 CE), uno de los pilares fundamentales sobre los que se asienta nuestro Estado Social y Democrático de Derecho, su garantía se convierte en la función esencial del Estado, motivo por el cual la legislación española ha venido positivando este principio básico de seguridad en las distintas normas que derivan de varios preceptos constitucionales que dan cabida al mismo. En palabras del Preámbulo de la Ley 36/2015, de 28 de septiembre, de Seguridad Nacional (Tol 5.439.409): "la seguridad constituye la base sobre la cual una sociedad puede desarrollarse, preservar su libertad y la prosperidad de sus ciudadanos, y garantizar la estabilidad y buen funcionamiento de sus instituciones. La legislación española así lo reconoce e interpreta, y contiene instrumentos normativos que, partiendo del marco diseñado por la Constitución, regulan los aspectos fundamentales que han venido permitiendo a los poderes públicos cumplir con sus obligaciones en esta materia".

para otros, es la seguridad de redes y sistemas de información; unos la consideran en conexión con la población y/o el ámbito privado de un Estado; otros en el ámbito operacional cibernético, ciberdefensa. Podemos leer decenas de documentos en los cuales la ciberseguridad tiene una características o definición distinta, ciberseguridad de las tecnologías IT vs OT, ciberseguridad del sector público vs del empresarial; ciberseguridad en banca vs. ciberseguridad en empresas de suministro de agua o energía. Se hace complejo conocer qué es la ciberseguridad exactamente, su delimitación.

De lo anterior deducimos que no existe un concepto unívoco ni tampoco globalmente aceptado de ciberseguridad, es por ello por lo que debemos exponer algunas de las definiciones recogidas en distintos documentos, aportadas por diversas instituciones y contraponerlas con otros conceptos como puedan ser seguridad de la información o ciberdefensa.

1.1. Ciberseguridad

Comenzando por el concepto de ciberseguridad podemos observar la existencia de diversas definiciones que nos dan alguno de los organismos que se encargan a nivel global de la misma[3]:

La Information Systems Audit and Control Association (ISACA)/ Asociación de Auditoría y Control sobre los Sistemas de Información, define ciberseguridad como la protección de activos de información[4], a través del tratamiento

---

3 Este término, ciberseguridad, no es definido en el glosario de términos de ciberseguridad que recoge el Instituto Nacional de Ciberseguridad español, el Incibe.

4 Por su parte la ISO 27001 define Activo de la Información como "conocimientos o datos que tienen valor para una organización", y Sistemas de Información como "los que comprenden a las apli-

de amenazas[5] que ponen en riesgo[6] la información que es procesada, almacenada y transportada por los sistemas de información que se encuentran interconectados.

Mientras que, la International Telecommunications Union (ITU)/Unión Internacional de Telecomunicaciones (UIT),

---

caciones, servicios, activos de tecnologías de información u otros componentes que permiten el manejo de la misma". Por lo que vemos que esos activos son tanto intangibles (software, datos, información, derechos fundamentales, etc.) como tangibles (hardware, infraestructuras o personas concretas). Podemos además establecer 4 grandes activos a proteger: hardware, software, datos y personas.

5 Una amenaza según el Incibe es toda acción que aprovecha una vulnerabilidad (una debilidad o fallo en un sistema de información que pone en riesgo la seguridad de la información pudiendo permitir que un atacante pueda comprometer la integridad, disponibilidad o confidencialidad de la misma) para atentar contra la seguridad de un sistema de información. Es decir, que podría tener un potencial efecto negativo sobre algún elemento de nuestros sistemas. Las amenazas pueden proceder de ataques (fraude, robo, virus), sucesos físicos (incendios, inundaciones) o negligencia y decisiones institucionales (mal manejo de contraseñas, no usar cifrado). Desde el punto de vista de una organización pueden ser tanto internas como externas. En otras palabras, la vulnerabilidad es un punto o aspecto del sistema que es susceptible de ser atacado, que equivale al conjunto de debilidades del sistema. Mientras que las amenazas o ataques (Threats):se definen como el posible peligro del sistema, como toda acción que aprovecha una vulnerabilidad para atentar contra la seguridad de un sistema de información, y que pueden provenir de personas (ciberdelincuentes, empleados), de programas, de sucesos naturales, que equivalen a los factores que se aprovechan de las debilidades del sistema.

6 El riesgo hemos de entenderlo como la probabilidad de que una vulnerabilidad sea explotada o de que se materialice una amenaza. En otras palabras, el riesgo es la posibilidad de que se materialice o no una amenaza aprovechando una vulnerabilidad.

en la Recomendación UIT-T X. 1205 (04/2008)[7], define la ciberseguridad como el conjunto de herramientas, políticas, conceptos de seguridad, salvaguardas de seguridad, directrices, métodos de gestión de riesgos, acciones, formación, prácticas idóneas, seguros y tecnologías que pueden utilizarse para proteger los activos de la organización y los usuarios en el ciberentorno[8]. La ciberseguridad garantiza que se alcancen y mantengan las propiedades de seguridad (disponibilidad; integridad, que puede incluir la autenticidad y el no repudio; y confidencialidad) de los activos de la organización y de los usuarios contra los riesgos de seguridad correspondientes en el ciberentorno.

Por su parte, el National Institute of Standards and Technology (NIST)/Instituto Nacional de Estándares y Tecnología, en su guía para la realización de evaluaciones de riesgos, NIST SP 800-30 Rev. 1 from CNSSI 4009, define la ciberseguridad como "la capacidad de proteger o defender el uso del ciberespacio de los ciberataques".

Estas instituciones hacen una aproximación técnica al concepto, en el que el protagonismo lo centra la protección de activos (tangibles e intangibles) y de usuarios frente a vulnerabilidades, amenazas y riesgos.

---

7 Unión Internacional de Telecomunicaciones (UIT), Recomendación UIT-T X 1205 (04/2008), [en línea], (2008), <https://www.itu.int/ITU-T/recommendations/rec.aspx?rec=9136&lang=es>. [Consulta: 11/11/2023.]

8 Los activos de la organización y los usuarios a los que hace referencia abarcan: a los usuarios, los dispositivos informáticos conectados, los servicios/aplicaciones, los sistemas de comunicaciones, las comunicaciones multimedios, y la totalidad de la información transmitida y/o almacenada en el ciberentorno.

Si nos adentramos en algunas de las principales normas encargadas de la ciberseguridad veremos que se mantiene ese tenor técnico, especializado.

La Directiva NIS 1[9] de la Unión Europea establece una aproximación al concepto de seguridad de las redes y sistemas de la información (art. 4.2) que define como la capacidad de las redes y sistemas de información de resistir, con un nivel determinado de fiabilidad, toda acción que comprometa la disponibilidad, autenticidad, integridad o confidencialidad de los datos almacenados, transmitidos o tratados, o los servicios correspondientes ofrecidos por tales redes y sistemas de información o accesibles a través de ellos. Mientras que la definición de ciberseguridad la encontraremos en un trabajo posterior relativo a la aplicación de la norma donde estipula que "la ciberseguridad se refiere comúnmente a las salvaguardias y acciones que pueden utilizarse para proteger el dominio cibernético, tanto en el ámbito civil como en el militar, de aquellas amenazas asociadas o que pueden dañar sus redes interdependientes y su infraestructura de información. La ciberseguridad persigue preservar la disponibilidad e integridad de las redes e infraestructuras y la confidencialidad de la información contenida en las mismas"[10]. Cabe decir que la Directiva NIS 2[11], re-

---

9 Directiva (UE) 2016/1148 del Parlamento Europeo y del Consejo de 6 de julio de 2016 relativa a las medidas destinadas a garantizar un elevado nivel común de seguridad de las redes y sistemas de información en la Unión, (*Tol 9.599.578*).

10 Briefing, Implementation Appraisal. Directive on security of network and information systems (NIS Directive), EU cybersecurity policy, [en línea], (2020), <https://www.europarl.europa.eu/RegData/etudes/BRIE/2020/654198/EPRS_BRI(2020)654198_EN.pdf>. [Consulta: 11/11/2023.]

11 Directiva (UE) 2022/2555 del Parlamento Europeo y del Consejo de 14 de diciembre de 2022 relativa a las medidas destinadas a garantizar un elevado nivel común de ciberseguridad en toda la

lativa ciberseguridad, se remite al Reglamento (UE) 2019/881 para la definición de ciberseguridad.

El citado Reglamento (UE) 2019/881[12], también conocido como Cybersecurity Act, encargado de la Agenciade de la Unión Europea para la Seguridad (ENISA), define ciberseguridad como "todas las actividades necesarias para la protección de las redes y sistemas de información, de los usuarios de tales sistemas y de otras personas afectadas por las ciberamenazas" (art. 2.1).

Acercándonos a un plano más nacional español podemos señalar la Orden Ministerial 10/2013, de 19 de febrero, por la que se crea el Mando Conjunto de Ciberdefensa de las Fuerzas Armadas, que define la ciberseguridad como el "conjunto de actividades dirigidas a proteger el ciberespacio contra el uso indebido del mismo, defendiendo su infraestructura tecnológica, los servicios que prestan y la información que manejan" (art. 2.3).

Finalmente, hemos de considerar algunas de las definiciones dadas en las Estrategias de Ciberseguridad Nacional de 2013[13] y 2019[14]. En la primera de ellas se definen los ele-

---

Unión, por la que se modifican el Reglamento (UE) n.o 910/2014 y la Directiva (UE) 2018/1972 y por la que se deroga la Directiva (UE) 2016/1148 (Directiva SRI 2), (*Tol 9.599.578*).

12 Reglamento (UE) 2019/881 del Parlamento Europeo y del Consejo, de 17 de abril de 2019, relativo a ENISA (Agencia de la Unión Europea para la Ciberseguridad) y a la certificación de la ciberseguridad de las tecnologías de la información y la comunicación y por el que se deroga el Reglamento (UE) nº 526/2013 («Reglamento sobre la Ciberseguridad»), (*Tol 7.267.395*).

13 Estrategia de Ciberseguridad Nacional 2013 (DIEEEA65-2013), de 5 de diciembre el Consejo de Seguridad Nacional.

14 Orden PCI/487/2019, de 26 de abril, por la que se publica la Estrategia Nacional de Ciberseguridad 2019, aprobada por el Consejo de Seguridad Nacional, (*Tol 7.201.288*).

mentos esenciales de la Política de Ciberseguridad Nacional "conocer sus amenazas, gestionar los riesgos y articular una adecuada capacidad de prevención, defensa, detección, análisis, investigación, recuperación y respuesta" y se establece que la "ciberseguridad es una necesidad de nuestra sociedad y de nuestro modelo económico"[15]. Mientras que en la Estrategia nacional de ciberseguridad de 2019, estrategia de segundo nivel, se define a la ciberseguridad como una responsabilidad compartida público-privada, y como un factor de progreso. La ciberseguridad se plantea como ámbito de especial interés y como habilitador clave para una nación emprendedora, sin llegar por tanto a darnos una definición concreta.

De algunas de las definiciones previas se deduce la importancia que tienen las redes y los sistemas de información, el entorno cibernético, y los usuarios de estos. Lo relevante aquí es, por tanto, el componente tecnológico-digital.

1.2. Seguridad de la información

De vez en cuando encontramos al concepto de ciberseguridad como sinónimo de seguridad de la información, por lo que a priori cabría pensar que son lo mismo.

La seguridad de la información es entendida como la confianza en que los sistemas de información están libres y exentos de todo peligro o daño inaceptables, según la norma UNE-71504:2008; mientras que la norma UNE-ISO/IEC 27000:2014, la define como la preservación de la confidencialidad, la inte-

---

15 "Dada la influencia de los Sistemas de Información y Telecomunicaciones en la economía y en los servicios públicos, la estabilidad y prosperidad de España depende en buena medida de la seguridad y confiabilidad del ciberespacio, cualidades que pueden verse comprometidas por causas técnicas, fenómenos naturales o agresiones deliberadas".

gridad y la disponibilidad de la información. Pudiendo, abarcar otras propiedades, como la autenticidad, responsabilidad, fiabilidad y no repudio.

En ocasiones la seguridad de la información se amplía al concepto de seguridad de redes y de la información, como ocurre en el caso del Reglamento (CE) n 460/2004 del Parlamento Europeo y del Consejo, de 10 de marzo de 2004, por el que se crea la Agencia Europea de Seguridad de las Redes y de la Información, que la define como la capacidad de las redes o de los sistemas de información de resistir, con un determinado nivel de confianza, los accidentes o acciones ilícitas o malintencionadas que comprometan la disponibilidad, autenticidad, integridad y confidencialidad de los datos almacenados o transmitidos y de los servicios que dichas redes y sistemas ofrecen o hacen accesibles.

El National Institute of Standards and Technology (NIST), en su guía para la realización de evaluaciones de riesgos, NIST SP 800-30 Rev. 1 from CNSSI 4009, define la seguridad de la información como la protección de la información y los sistemas de información del acceso, uso, divulgación, interrupción modificación o destrucción con el fin de proporcionar confidencialidad, integridad y disponibilidad.

De lo anterior podemos de deducir que ciberseguridad y seguridad de la información son dos conceptos relacionados, pero a la vez diferentes. Están relacionados por cuanto ambos se centran en la protección de activos (tangibles e intangibles) entre los que se encuentran los datos (la información). Ambos conceptos buscan proteger los activos digitales, ya sea a nivel de sistemas y redes (ciberseguridad) o a nivel de la información en sí (seguridad de la información). Ambas disciplinas se ocupan de identificar, evaluar y gestionar las amenazas a la seguridad, ya sea en forma de ataques cibernéticos o de riesgos asociados con el manejo de la información. Asimismo, tanto la ciberseguridad como la seguridad de la información tienen un enfoque preventivo, buscando evitar incidentes de seguridad antes de que ocurran.

No obstante, existen ciertas diferencias: la ciberseguridad, desde el punto de vista técnico, se centra más en la protección de los datos (información) en formato digital y en la protección de los sistemas interconectados que la procesan, almacenan o transmiten, la ciberseguridad se centra más en la protección de sistemas y redes contra amenazas cibernéticas, y la seguridad de la información aborda un enfoque más holístico que incluye la gestión integral de la información y sus riesgos asociados. La seguridad de la información es un concepto más amplio que abarca la protección de la información en todas sus formas, ya sea digital o física, e incluye políticas, procedimientos, personas, tecnología y procesos relacionados con la gestión de la información más allá de la tecnología.

Ambas son fundamentales para garantizar la integridad, confidencialidad y disponibilidad de la información en un entorno digital. Visto así la ciberseguridad, concepto específico, se subsume en la categoría de seguridad de la información, concepto genérico.

1.3. Ciberdefensa

En otras ocasiones el concepto de ciberseguridad se utiliza como sinónimo del término ciberdefensa: no obstante, hemos de precisar que existe una distinción, como veremos a continuación, de forma que el uso correcto cuando nos encontremos en el marco de lo castrense, en el ámbito militar, sería el término ciberdefensa, y el termino ciberseguridad en el ámbito civil y de protección de fuerzas y cuerpos de seguridad del Estado.

La Organización del Tratado del Atlántico Norte (OTAN), ha diferenciado los conceptos de ciberseguridad y ciberdefensa: entiende que la ciberseguridad se corresponde con las medidas adoptadas dentro del ciberespacio protegido para impedir el acceso no autorizado, la explotación o el daño a ordenadores, sistemas de comunicaciones electrónicas y otras tecnologías de la información, incluida la tecnología de la información de plataforma, así como a la información contenida en ellos, para garantizar su disponibilidad, integridad, autenticación, confidencialidad y no repudio; mientras que la ciberdefensa se corresponde con acciones tomadas dentro del ciberespacio protegido para derrotar amenazas específicas que han violado o amenazan con violar las medidas de seguridad del ciberespacio e incluyen acciones para detectar, caracterizar, contrarrestar y mitigar amenazas, incluyendo malware o las actividades no autorizadas de los usuarios, y para restaurar el sistema a una configuración segura[16], en sentido similar define ciberdefensa como la aplicación de medidas de protección eficaces para obtener un nivel adecuado de ciberseguridad con el fin de garantizar el funcionamiento y las funcionalidades de defensa. Esto se consigue aplicando las medidas de protección adecuadas para reducir el riesgo de seguridad a un nivel aceptable. La ciberdefensa consta de las siguientes funciones: proteger, detectar, responder y recuperar[17] y como los medios para lograr y ejecutar medidas defensivas para contrarrestar los ciberataques y mitigar sus efectos, y así preservar y restaurar la seguridad de los sistemas de comunicación, información u

---

16 JP 3-13, Information Operations, DoD November 2012 Incorporating Change 1, November 2014. Esta publicación proporciona doctrina conjunta para la planificación, preparación, ejecución y evaluación de operaciones de información en toda la gama de operaciones militares. [en línea], (2018), < https://informationsecurity.info/wp-content/uploads/2021/04/jp3_12.pdf>. [Consulta: 11/11/2023.].

17 Cyber Security Strategy for Defence,- ACST, Strategy-CyberSecurity-001, 2014.

otros sistemas electrónicos, o la información que se almacena, procesa o transmite en estos sistemas[18] en el marco militar.

Por su parte la Orden Ministerial 10/2013, de 19 de febrero, por la que se crea el Mando Conjunto de Ciberdefensa de las Fuerzas Armadas, (art. 2.4) define a la ciberdefensa militar como el conjunto de recursos, actividades, tácticas, técnicas y procedimientos para preservar la seguridad de los sistemas de mando y control de las Fuerzas Armadas y la información que manejan, así como permitir la explotación y respuesta sobre los sistemas necesarios, para garantizar el libre acceso al ciberespacio de interés militar y permitir el desarrollo eficaz de las operaciones militares y el uso eficiente de los recursos.

Finalmente, el ministerio de Defensa español publica en 2015 el documento "Arquitectura global de sistemas y tecnologías de información y comunicaciones del Ministerio de Defensa (AG CIS/TIC)"[19] en el cual se define la ciberseguridad como la capacidad de proteger adecuadamente la confidencialidad, integridad y disponibilidad de Sistemas (CIS/TIC) y la información procesada, almacenada o transmitida, mediante la aplicación de las medidas necesarias. Siendo definida la ciberdefensa como la capacidad de salvaguardar la prestación y gestión de servicios de sistemas (CIS/TIC), en fase de operación, en respuesta a acciones maliciosas potenciales e inminentes, así como las reales que se originan en el ciberespacio. En la AG CIS/TIC las Capacidades CIS/TIC de Defensa para

---

[18] CONSULTATION, COMMAND AND CONTROL BOARD (C3B) C3 Taxonomy Baseline 2.0. 14/03/2016. NATO AC/322-N(2014)0072

[19] Arquitectura global de sistemas y tecnologías de información y comunicaciones del Ministerio de Defensa (AG CIS/TIC). La Orden DEF/2639/2015, de 3 de diciembre, establece la Política de Sistemas y Tecnologías de Información y Comunicaciones del Ministerio de Defensa (Política CIS/TIC) y define la estructura de gobierno que permite su coordinación, control y seguimiento.

Ciberdefensa son un subconjunto de las Capacidades CIS/TIC de Ciberseguridad o Seguridad CIS/TIC.

Si contraponemos ambos conceptos podemos observar que la ciberseguridad tiene un alcance más amplio y se enfoca en la protección general de sistemas y datos en el entorno digital, mientras que la ciberdefensa se centra específicamente en la defensa activa contra amenazas cibernéticas, en un contexto militar o estratégico. En suma, la ciberdefensa puede integrarse con operaciones militares más amplias y puede implicar respuestas activas a amenazas cibernéticas, como la identificación y neutralización de adversarios en el ciberespacio. La ciberdefensa tiene como objetivo proteger sistemas críticos de infraestructuras y recursos estratégicos contra amenazas cibernéticas con el propósito de garantizar la seguridad nacional y la soberanía de un país en el marco de la defensa. No obstante, no podemos obviar en el caso español la tarea encomendada a fuerzas y cuerpos de seguridad del Estado relacionadas con la defensa de infraestructura crítica en base a la Ley 8/2011, de 28 de abril, por la que se establecen medidas para la protección de las infraestructuras críticas (Ley PIC) (*Tol 2.084.760*). La dificultad que aquí se observa se da cuando las infraestructuras críticas tienen un uso compartido civil y militar. No obstante, esta situación se ha tratado de resolver con la implementación de los principios de cooperación y colaboración entre los distintos actores (Policía Nacional y Fuerzas Armadas).

1.4. Ciberseguridad como concepto genérico

La ciberseguridad, omnipresente en la sociedad actual, aborda la protección de activos de información ante amenazas que comprometen su procesamiento, almacenamiento y transporte en sistemas interconectados. Diversas instituciones, como la ISACA y la ITU, ofrecen definiciones técnicas centradas en la salvaguarda de activos digitales. A nivel global, la falta de consenso sobre la delimitación de la ciberseguridad se refleja en distintas perspectivas, desde la protección de redes hasta la defensa cibernética. Normativas como la Directiva NIS de la Unión Europea y el Cybersecurity Act enfatizan la protección de redes y sistemas de información. En el ámbito nacional español, la Orden Ministerial 10/2013 y las Estrategias de Ciberseguridad Nacional proporcionan definiciones específicas, destacando la importancia del componente tecnológico-digital.

Comparativamente, el concepto de seguridad de la información, a veces considerado sinónimo de ciberseguridad, se centra en la confianza en sistemas libres de peligros y en la preservación de la confidencialidad, integridad y disponibilidad de la información. Normativas como UNE-ISO/IEC 27000 y Reglamento (CE) n 460/2004 amplían este concepto a la seguridad de redes e información. Aunque ambas disciplinas comparten la protección de activos digitales, la ciberseguridad se enfoca más en la protección de datos y sistemas interconectados, mientras que la seguridad de la información aborda un enfoque más holístico, incluyendo la gestión integral de la información y sus riesgos.

En cuanto a la ciberdefensa, se diferencia de la ciberseguridad al centrarse en acciones militares y estratégicas para derrotar amenazas cibernéticas. La OTAN distingue entre ciberseguridad y ciberdefensa, siendo la primera preventiva y la segunda defensiva, con medidas activas para detectar, contrarrestar y mitigar amenazas. En el ámbito militar español, la Orden Ministerial 10/2013 y la AG CIS/TIC establecen que la ciberdefensa militar protege sistemas de mando y control para garantizar operaciones militares. Comparativamente, la ciberseguridad tiene un alcance más amplio y se centra en la protección general de sistemas y datos en el entorno digital.

Como hemos apuntado, no existe un concepto unívoco de ciberseguridad actualmente, se utiliza el término de forma indistinta, siendo la ciberseguridad entendida como el concepto genérico que subsume a los demás, de ahí la complejidad a la hora de abordar este estudio.

En nuestro contexto, y derivado de lo anterior, podemos advertir que la ciberseguridad será la seguridad del Estado tecnológico y del Estado tecnológico-digital[20]. De este modo,

---

20 "Para el Gobierno del Reino Unido: "La ciberseguridad abarca tanto la protección de los intereses del Reino Unido en el ciberespacio como la búsqueda de una más amplia política de seguridad del Reino Unido a través de la explotación de las oportunidades que ofrece el ciberespacio''. Entendiendo por ciberespacio: "Todo tipo de actividades digitales en red, lo que incluye tanto el contenido como las acciones llevadas a cabo a través de redes digitales."' (extraído del informe de junio de 2009 "Cyber Security Strategy of the United Kingdom safety, security and resilience in cyber space"publicado por TSO -The Stationery Office- y accesible en www.tsoshop.co.uk). Para EE.UU., según el informe "Cyberspace Policy Review" de 2009 "La política de ciberseguridad incluye la estrategia, la política y las normas relativas a la seguridad de las operaciones en el ciberespacio, y abarca: la reducción de amenazas, la reducción de la vulnerabilidad, la disuasión, la participación internacional, la respuesta a incidentes, la resistencia, y las políticas y actividades de recuperación. Incluidas: las operaciones de red informática, la garantía de información, la aplicación de la ley, las misiones diplomáticas, militares y de inteligencia en lo que respecta a la seguridad y la estabilidad de la información global y de la infraestructura de comunicaciones."Entendiendo por ciberespacio lo que se indica en la Directiva Presidencial de Seguridad Nacional (NSPD-54/ HSPD23):"Red interdependiente de infraestructuras de tecnologías de la información. Incluye Internet, redes de telecomunicaciones, sistemas informáticos, y procesadores integrados y controladores en industrias críticas"". OLIVÁN ORDÁS, M. Ciberseguridad. Blog Neo INDRA. [en línea], (2011), <https://www.indracompany.com/es/blogneo/ciberseguridad>. [Consulta: 11/11/2023.].El Gobierno de Australia define la ciberseguridad como las "medidas relativas

atenderemos a una conceptualización de ciberseguridad integral (que va desde el Estado y sus administraciones hasta los ciudadanos y empresas), transversal (que se proyecta en el sistema normativo, en las políticas públicas, en las normas técnicas, etc.) y descentralizada (en una visión internacional, supranacional e infraestatal, con los principios de cooperación y colaboración como pilares); a una ciberseguridad público-privada centrada en los sistemas de información, en y del ciberespacio (security and safety) y en los ciudadanos, cultura de ciberseguridad[21].

2. EL DERECHO A LA SEGURIDAD DIGITAL EN LA LEY ORGÁNICA DE PROTECCIÓN DE DATOS PERSONALES Y GARANTÍA DE LOS DERECHOS DIGITALES: LA CIBERSEGURIDAD Y EL DERECHO A LA SEGURIDAD DE LAS COMUNICACIONES

El artículo 82 de la Ley Orgánica 3/2018, de 5 de diciembre, de Protección de Datos Personales y garantía de los derechos digitales *(Tol 6.933.570)*, aborda el derecho de los usuarios a la seguridad de las comunicaciones en Internet, refleja, además,

---

a la confidencialidad, disponibilidad e integridad de la información tratada, almacenada y comunicada por medios electrónicos o similares" [en línea], <http://www.ag.gov.au/RightsAndProtections/CyberSecurity/Pages/default.aspx#h2strategy>. [Consulta: 11/11/2023.]

21 Hemos de considerar a la ciberseguridad entendida como una cultura de ciberseguridad que se inicia en la conciencia que un ciudadano tiene sobre los peligros de no tener un antivirus, de no realizar copias de seguridad o de exponer datos personales públicamente y que termina en la ciberseguridad que proveen los Estados, la ciberseguridad de las infraestructuras críticas y estratégicas.

la preocupación del legislador orgánico por la privacidad y la protección de datos en el entorno digital:

> Artículo 82. Derecho a la seguridad digital.
>
> "Los usuarios tienen derecho a la seguridad de las comunicaciones que transmitan y reciban a través de Internet. Los proveedores de servicios de Internet informarán a los usuarios de sus derechos".

El precepto se centra en garantizar la seguridad de las comunicaciones, que se ha vuelto crucial en una era en la que la información se comparte a través de diversas plataformas en línea, a través de Internet. Es por ello que, en el artículo se reconoce la importancia de preservar la integridad y confidencialidad de las comunicaciones electrónicas, destacando la responsabilidad de los proveedores de servicios de Internet en informar a los usuarios sobre sus derechos. Esta transparencia es clave para empoderar a los usuarios, permitiéndoles tomar decisiones informadas sobre su participación en plataformas en línea y fomentando una mayor responsabilidad por parte de los proveedores en el manejo seguro de la información transmitida a través de sus servicios.

En un contexto más amplio, la inclusión de este artículo en la legislación demuestra un reconocimiento creciente de la importancia de la ciberseguridad y de la protección de datos como derechos fundamentales en la era digital.

De la lectura del precepto podemos advertir una aproximación conceptual a la ciberseguridad en su relación con la seguridad de las comunicaciones en Internet[22]. Esta aproxi-

---

22 El legislador orgánico trataría de responder al Tribunal Constitucional (SSTC 114/1984, 49/1999, 70/2002, 123/2002, 132/2002, 56/2003, 184/2003, 281/2006;230/2007) (*Tol 79.403; Tol 81.121; Tol 258.605; Tol 258.655; Tol 258.664; Tol 254.941; Tol 528.614; Tol 1.001.088; Tol 1.179.100).*

mación técnica, centrada en garantizar la seguridad de las comunicaciones, se materializa con un conjunto de medidas de seguridad (preventivas, proactivas, reactivas, de recuperación) aplicadas a las telecomunicaciones y orientadas a impedir que sujetos no autorizados puedan tener acceso a la información transmitida, almacenada o tratada y a garantizar su autenticación, en este caso con la referencia a la red de Internet. La seguridad digital tiene como objetivo, tal y como hemos visto en el primer apartado, la protección de los sistemas informáticos y digitales (servidores, ordenadores fijos y portátiles, smartphones, tablets, unidades de memoria externa, etc.) y de las redes, frente a vulnerabilidades y ataques.

Se trata por lo tanto del derecho de los usuarios de Internet a la seguridad de las comunicaciones que transmitan y reciban a través de este medio, derecho a una red que garantice la confidencialidad e integridad de sus datos frente a las amenazas externas, que se convierte en una obligación para los proveedores del servicio y para el resto de los sujetos que participan de esta comunicación[23].

Centrados en la transparencia, clave para empoderar a los usuarios, podemos advertir cómo la obligación a los proveedores de informar sobre los derechos que tienen sus usuarios se ha de considerar en conexión con varias normas. Una de las principales obligaciones que se establece para los proveedores de Internet será la de informar a los usuarios sobre la existencia y vías de ejercitar los derechos relativos a la protección de datos (art. 18.4 CE)[24]. Derechos que están previstos en la

---

23 Hemos de conocer que los proveedores de servicios de intermediación se pueden clasificar como: empresas que brindan conexión a Internet a sus clientes (ISP); prestadores de servicios de alojamiento de datos; o buscadores y proveedores de enlaces.

24 Esta información habrá de hacerse desde la toma en consideración del artículo 12 y del considerando 58 del Reglamento General de

misma norma: derecho de información y consentimiento, derechos arco (acceso, rectificación, cancelación y oposición), a la supresión, a la limitación del tratamiento y a la portabilidad (arts. 15 a 17 Ley Orgánica 3/2018), que, en suma, se reforzarían con la seguridad del Reglamento General de Protección de Datos (*Tol 5.703.078*), en tanto que del mismo se infieren unos derechos de no automatización de la toma de decisiones (seguridad necesaria en los algoritmos) y de no creación de perfiles de usuarios (tratamiento de datos personales).

No obstante, podemos ver ampliados estos derechos en función de las distintas normativas con las que la norma se habla, como puedan ser los previstos en la Ley 34/2002, de 11 de julio, de servicios de la sociedad de la información y de comercio electrónico (LSSI) (*Tol 164.416*), el establecimiento de medidas técnicas y organizativas de protección de los sistemas y redes, necesarias para garantizar confidencialidad, integridad, disponibilidad y autenticidad, en definitiva, la seguridad de la información. También los derechos derivados de las normas de consumidores y usuarios, derechos específicos de los usuarios finales de redes y servicios de comunicaciones electrónicas disponibles al público están recogidos en el Capítulo IV de la Ley 11/2022 de 28 de junio, General de Telecomunicaciones (*Tol 9.093.453*), como pueden ser: el derecho a celebrar contratos; derecho a resolver el contrato; derecho al cambio de operador; derecho a la información; derecho de desconexión de determinados servicios; derecho a la continuidad del servicio, y a obtener una compensación automática por su interrupción; derecho a recibir información completa, comparable, pertinente, fiable, actualizada y de fácil consulta sobre la calidad de los servicios de comunicaciones electrónicas disponibles al

---

Protección de Datos y del artículo 11 de la LO 3/2018 y relacionarlo con los preceptos 5 y 24 del Reglamento y 28 de la Ley Orgánica mencionados.

público y sobre las medidas adoptadas para garantizar un acceso equivalente para los usuarios finales con discapacidad; el derecho a elegir un medio de pago; derecho a acceder a los servicios de emergencias de forma gratuita; derecho a la facturación detallada, clara y sin errores.

2.1. El derecho a la seguridad digital, a la ciberseguridad que provee el Estado

La disposición inicial del artículo 82 de la norma orgánica establece que los usuarios ostentan el derecho a la seguridad de las comunicaciones que transmitan y reciban a través de Internet. La consideración de la ciberseguridad, en virtud de esta normativa, trasciende la mera interacción entre proveedores/prestadores de servicios y usuarios, orientándose hacia la seguridad global que el Estado garantiza en el ámbito cibernético. En consecuencia, la ciberseguridad adquiere la categoría de obligación por parte del Estado y, simultáneamente, se erige como un derecho inherente a los ciudadanos, simbolizando así la seguridad integral, transversal y descentralizada que hemos apuntado.

Esta aproximación a la ciberseguridad trataría de proteger, por parte del Estado, a las administraciones, a los ciudadanos, a sus derechos y libertades en el ecosistema digital, frente a ataques o actuaciones ilegales o ilícitas de terceros en la red. Se trata de una ciberseguridad en y del ciberespacio y de las tecnologías de la información y de la comunicación, de forma que pasan a estar reguladas, tuteladas, en tanto en cuanto se pretenden garantizar los derechos y libertades de los ciudadanos, y la seguridad nacional[25].

---

[25] Este es el motivo por el cual se permite la entrada a los Estados y las teorías ciberlibertarias acceden a la presencia de los Estados y de las organizaciones supra e internacionales, intergubernamenta-

La ciberseguridad será la encargada de la seguridad y defensa centrada fundamentalmente en el ámbito ciberespacial, pero también en el tecnológico, teniendo en cuanta distintos ámbitos de actuación: el ámbito normativo, las medidas técnicas, las organizativas, la capacidad de desarrollo y la cooperación público-privada a nivel supranacional e internacional (conforme al Global Cybersecurity Index). Es una ciberseguridad en sentido genérico.

Esta visión del derecho a la ciberseguridad tratará de "fijar las directrices generales del uso seguro y del ciberespacio a través del impulso de una visión integradora que garantice la seguridad y el progreso de España" (Código de Derecho a la Ciberseguridad, 2023) implicando a todas las administraciones públicas, a los sectores públicos y privados, y a la ciudadanía, cultura de ciberseguridad, será una ciberseguridad integradora y descentralizada. Así, la ciberseguridad emerge como un concepto central, abarcando las estrategias, políticas y medidas implementadas para salvaguardar sistemas, redes, datos digitales y los derechos y libertades de los ciudadanos.

Es por ello por lo que se diseña un marco regulatorio y de actuación con el protagonismo de los poderes públicos, y en colaboración público-privada, inter y supranacional, así como autonómica, que va a conformar el derecho a la ciberseguridad. En este marco normativo el Estado asumirá gran parte de las competencias (art. 149.1. 1ª, 21ª, 29ª CE) que quedarán plasmadas en el Sistema de Seguridad Nacional, y en su específico Sistema de Ciberseguridad Nacional[26].

---

les en el ecosistema ciberespacial, la protección de los derechos y libertades humanas, de los derechos fundamentales y de las libertades públicas.

26 Siendo necesario referirnos al Consejo Nacional de Ciberseguridad, perteneciente al Departamento de Seguridad Nacional y a las Estrategias de Ciberseguridad de los años 2013 y 2019.

En suma, podemos decir que el derecho a la ciberseguridad en España es un derecho que se ha venido configurando a lo largo del tiempo y que está garantizado, en el grado que expondremos en el apartado relativo al Global Cybersecurity Index, dado su previsión y desarrollo en una pluralidad normativa de ciberseguridad que ha evolucionado a lo largo de los años, con leyes y normas reglamentarias, que buscan fortalecer la resiliencia del país ante amenazas digitales.

Una ejemplo de las principales normas que configuran el derecho a la ciberseguridad en el marco europeo y que se integran en el ordenamiento doméstico serían: el Reglamento (UE) 2019/881 del Parlamento Europeo y del Consejo, de 17 de abril de 2019, relativo a ENISA (Agencia de la Unión Europea para la Ciberseguridad) y a la certificación de la ciberseguridad de las tecnologías de la información y la comunicación y por el que se deroga el Reglamento (UE) n.o 526/2013 (Reglamento sobre la Ciberseguridad) (*Tol 7.267.395*); la Directiva (UE) 2022/2557 del Parlamento Europeo y del Consejo de 14 de diciembre de 2022 relativa a la resiliencia de las entidades críticas y por la que se deroga la Directiva 2008/114/CE del Consejo. (Directiva CER) (*Tol 9.599.581*); la Directiva (UE) 2022/2555 del Parlamento Europeo y del Consejo, de 14 de diciembre de 2022, relativa a las medidas destinadas a garantizar un elevado nivel común de ciberseguridad en toda la Unión, por la que se modifican el Reglamento (UE) n.o 910/2014 y la Directiva (UE) 2018/1972 y por la que se deroga la Directiva (UE) 2016/1148 (Directiva SRI2, también conocida como NIS2) (*Tol 9.599.578*).

Mientras que en clave nacional podemos señalar una muestra de las normas de ciberseguridad más importantes:

Ley 8/2011, de 28 de abril, por la que se establecen medidas para la protección de las infraestructuras críticas (Ley PIC) (*Tol 2.084.760*); Acuerdo del Consejo de Seguridad Nacional del 5 de diciembre de 2013 por el que se crea el Consejo Nacional de

Ciberseguridad; Ley Orgánica 1/2015, de 30 de marzo, por la que se modifica la Ley Orgánica 10/1995, de 23 de noviembre, del Código Penal (*Tol 4.788.288*); Ley 36/2015, de 28 de septiembre, de Seguridad Nacional; el Real Decreto-ley 12/2018, de 7 de septiembre, de seguridad de las redes y sistemas de información (*Tol 6.761.467*); el Real Decreto 43/2021, de 26 de enero, por el que se desarrolla el Real Decreto-ley 12/2018, de 7 de septiembre, de seguridad de las redes y sistemas de información (*Tol 8.275.468*); Real Decreto-ley 14/2019, de 31 de octubre, por el que se adoptan medidas urgentes por razones de seguridad pública en materia de administración digital, contratación del sector público y telecomunicaciones (*Tol 7.564.825*); la Ley Orgánica 7/2021, de 26 de mayo, de protección de datos personales tratados para fines de prevención, detección, investigación y enjuiciamiento de infracciones penales y de ejecución de sanciones penales (Tol *8.439.617*); el Real Decreto 43/2021, de 26 de enero, por el que se desarrolla el Real Decreto-ley 12/2018, de 7 de septiembre, de seguridad de las redes y sistemas de información (*Tol 8.275.468*); o el Real Decreto 311/2022, de 3 de mayo, por el que se regula el Esquema Nacional de Seguridad (*Tol 8.916.753*).

Esta muestra de normas sobre ciberseguridad pueden encontrarse en varios códigos electrónicos sobre ciberseguridad que publica el BOE, como son: el Código de Ciberseguridad, que recoge gran parte de la normativa sobre la materia estableciendo para ello varias categorías: seguridad nacional, infraestructuras críticas, normativa de seguridad, equipo de respuesta a incidentes de seguridad, telecomunicaciones y usuarios, ciberdelincuencia, protección de datos, relaciones con la administración; y en el Código Ámbitos de la Seguridad Nacional Ciberseguridad, que se desarrolla entorno a: la protección de datos, las ciberamenazas y seguridad en el ciberespacio, la cooperación en materia de seguridad, las infraestructuras críticas en España o el uso eficiente de las tecnologías de la información.

La ciberseguridad, en este marco hace que el Estado actúe como coordinador, árbitro y ejecutor, enforcement, en este ámbito tecnológico-digital.

3. DERECHO A LA CIBERSEGURIDAD EN LA CARTA DE DERECHOS DIGITALES: CULTURA DE CIBERSEGURIDAD

El apartado IV de la Carta de Derechos Digitales española perfecciona y corrige los olvidos u omisiones del legislador orgánico en la Ley la Ley Orgánica 3/2018 (*Tol 6.933.570*). En esta norma no jurídica ni vinculante se otorga al derecho a la ciberseguridad de una entidad propia, que se configura como un derecho de libertad que inicialmente se centra en la seguridad de la información y, de manera acertada, concluye resaltando la imperativa necesidad de fomentar una cultura de ciberseguridad. Este enfoque recoge, en cierto modo, la segunda aproximación a la que aludíamos en el epígrafe precedente.

> "VI Derecho a la ciberseguridad
>
> 1. Conforme al ordenamiento jurídico, toda persona tiene derecho a que los sistemas digitales de información que utilice para su actividad personal, profesional o social, o que traten sus datos o le presten servicios, posean las medidas de seguridad adecuadas que permitan garantizar la integridad, confidencialidad, disponibilidad, resiliencia y autenticidad de la información tratada y la disponibilidad de los servicios prestados.
>
> 2. Los poderes públicos, de conformidad con la regulación europea y nacional, velarán para que las garantías expresadas en el número anterior sean satisfechas por todos los sistemas de información, ya sean de titularidad pública o privada, proporcionalmente a los riesgos a los que estén expuestos. A tal efecto podrán contar con la colaboración de la sociedad civil.
>
> 3. Los poderes públicos promoverán la sensibilización y formación en materia de ciberseguridad de toda la sociedad e impulsarán mecanismos de certificación".

Atendemos a una regulación más completa y detallada que la establecida en la mencionada Ley Orgánica 3/2018 que nos permite ver la evolución que se ha vivido en los apenas tres años de diferencia entre ambos textos. Es pertinente señalar la toma en consideración del marco normativo existente en materia de ciberseguridad, de compromisos que ya se encuentran recogidos en las normas apuntadas en el epígrafe anterior, plasmándose en varios preceptos del apartado IV en forma de derechos a los ciudadanos y de reiteración de obligaciones al ámbito público y privado.

El primer apartado del precepto se traduce en una obligación de implantar medidas de seguridad y garantizar con ello los principios de la seguridad de la información (integridad, confidencialidad, disponibilidad, resiliencia y autenticidad), medida que afectará tanto al ámbito público como al privado, que a su vez se traducirán en políticas de seguridad de la información, como pueda ser el establecimiento de un sistema de gestión de seguridad de la información, un sistema de gestión y evaluación de riesgos, etc.

El segundo apartado establece una obligación a los poderes públicos de velar por el cumplimiento de las medidas de ciberseguridad, de seguridad de la información. En este contexto podemos resaltar el importante papel que desempeñan los Equipos de Respuesta ante Emergencias Informáticas (CERT`s, del inglés Computer Emergency Response Team), se trata de un centro de respuesta para incidentes de seguridad en tecnologías de la información siendo tres los principales en España: Incibe-CERT (para ámbito privado); CCN-CERT (para ámbito público) y ESPDEF-CERT (para defensa)[27]. También podríamos aludir a la Agencia Española de Protección de

---

27 También puede utilizarse el término CSIRT (Computer Security Incident Response Team, Equipo de Respuesta ante Incidencias de Seguridad Informáticas).

Datos (o a las autonómicas en su caso) respecto de brechas de seguridad que contengan datos de carácter personal; a la Fiscalía especializada en criminalidad informática; al Instituto Nacional de Ciberseguridad; al Centro Criptológico Nacional y al Mando Conjunto del Ciberespacio como algunos de esos organismos públicos encargados de velar por el cumplimiento de la ciberseguridad.

El tercero de los apartados ostenta una significativa relevancia, ya que impondría a los poderes públicos la obligación de implantar una cultura de ciberseguridad, ampliando así esa tradicional perspectiva técnica (que persiste en lo tocante al sistema de certificación). Se subraya la necesidad de una colaboración activa público-privada y entre los usuarios y las plataformas en línea para garantizar un entorno digital más seguro y protegido.

La cultura de ciberseguridad, definida como sensibilización y formación, ha de ser entendida como “el conocimiento y la sensibilidad de la sociedad, en general y de cada persona en particular, de los riesgos y amenazas susceptibles de comprometerla, del esfuerzo de los actores y organismos implicados en su salvaguarda y la corresponsabilidad de todos en las medidas de anticipación, prevención, detección, protección, resistencia, colaboración y recuperación respecto a dichos riesgos y amenazas”, “constituye uno de los ejes centrales para alcanzar una sociedad más conocedora de las amenazas y desafíos a los que se enfrenta, atendiendo al derecho a disfrutar de un uso seguro y fiable del ciberespacio y a la obligación de contribuir a que así sea”[28].

---

[28] Como se establece en el Informe del Foro Nacional de Ciberseguridad, Motor de la Colaboración Público-Privada, [en línea], (2021), <https://www.dsn.gob.es/es/documento/foro-nacional-ciberseguridad-motor-colaboraci%C3%B3n-p%C3%BAblico-privada>. [Consulta: 12/11/2023.]

Desde esa persepectiva se trataría de crear un conjunto de políticas públicas orientadas a protegernos en el ecosistema digital. Estas tendrían como objetivo concienciar a los ciudadanos sobre diversos temas que abarcan desde los peligros asociados a publicar determinados datos consciente o inconscientemente en una red social, o de admitir a personas que no conocemos en las redes sociales y que podrían ser utilizados en un spear phishing, hasta señalar los riesgos a los que nos exponemos al no instalar un buen antivirus, al no realizar copias de seguridad o al conectarnos a las redes wifi-abiertas[29].

De crear una cultura de ciberseguridad en el marco previamente descrito se encarga el Foro Nacional de Ciberseguridad. Una de sus líneas de trabajo es llevar a cabo un estudio y propuesta de actuaciones encaminadas a crear y consolidar la cultura de ciberseguridad que se pueden sintetizar en las siguientes actividades[30]: incrementar las campañas de concienciación y de poner a disposición de todos información útil adaptada a cada perfil; potenciar la corresponsabilidad y obligaciones de la sociedad en la ciberseguridad nacional; impulsar iniciativas y planes de alfabetización digital en ciberseguridad; promover la difusión de la cultura de la ciberseguridad como una buena práctica empresarial y reconocer la implicación de las empresas en la mejora de la ciberseguridad colectiva como responsabilidad corporativa; promover un espíritu crítico en favor de una información veraz y de calidad y que contribuya a la identificación de las noticias falsas y la desinformación; concienciar a directivos de organizaciones a los efectos de que habiliten los recursos necesarios y promuevan los proyectos de

---

29 Ello se pone de manifiesto por: el CCN-Cert, Principios y recomendaciones básicas en Ciberseguridad BP/01, 2021; y por ENISA_Cybersecurity education initiatives in the EU Member States, 2022.

30 Se trata de ocho ejes temáticos coincidentes con las medidas que recoge el Esquema Nacional de Ciberseguridad.

ciberseguridad que sus entidades puedan necesitar; promover la concienciación y formación en ciberseguridad en los centros de enseñanza adaptada a todos lo nivel de formación y especialidades; buscar y reconocer la colaboración y participación de medios de comunicación para lograr un mayor alcance en las campañas dirigidas a ciudadanos y menores de edad.

Podemos afirmar, que la Carta de Derechos Digitales, pese a no ser una noma jurídicamente vinculante sino que se trata de un documento prelegislativo e interpretativo, corrige y/o complementa a la Ley Orgánica 3/2018 (*Tol 6.933.570*): por un lado señala explícitamente la necesidad de una colaboración supranacional y nacional, público-privada y con la sociedad para responder a los desafíos o conseguir garantizar esta seguridad de una forma integral; de otro lado, amplía el campo de la ciberseguridad con una visón centrada en el ciudadano al introducir la cultura de la ciberseguridad, a la ciudadanía.

Desde la consideración de la ciberseguridad, conforme a la perspectiva contenida en la Carta, se persigue elevar los estándares de ciberseguridad en un Estado digital, que a pesar de ser reconocido como una de las referencias globales en esta materia (Global Cybersecuryty Index, 2020) tiene como un punto débil, como vulnerabilidad, la parte de ciberseguridad vinculada a su ciudadanía. Así se ha puesto de manifiesto en el Informe del Foro Nacional de Ciberseguridad Motor de la colaboración público-privada de 2023: "esa falta de concienciación y corresponsabilidad se aprecia en estudios como el que lleva a cabo periódicamente el Observaciber, el observatorio de ciberseguridad dependiente de la Secretaria de Estado de Digitalización e Inteligencia Artificial, cuyo objetivo es fomentar la cultura de la ciberseguridad en España. En su informe titulado "Cómo se protege la ciudadanía de los ciberriesgos" (en su edición de abril de 2022) señala que el 41,1% de los participantes declara realizar conscientemente alguna conducta de riesgo en el empleo de sus dispositivos. Por ejemplo, el 39,6% navega sin tener las actualizaciones al día, el 33% pulsa en enlaces de

Internet que no saben a dónde le dirigen o el 34,6% descarga aplicaciones de markets o páginas no oficiales"[31].

Cabe subrayar que el grupo de trabajo en cultura de la ciberseguridad del citado Foro Nacional de Ciberseguridad ha realizado en la edición 2023, un minucioso análisis de situación y previsto una serie de actuaciones encaminadas a mejorar y fortalecer esas brechas y carencias, que concluye con la petición de Plan estratégico de ciberseguridad ciudadana[32], que contenga la descripción de las acciones a ejecutar sobre cada colectivo de riesgo y sus modalidades: formación a todos los niveles, concienciación mediante campañas dirigidas a cada público objetivo, mejora de la regulación de aquellos aspectos que facilitan la progresión de los riesgos, promoción de acuerdos con diseñadores y fabricantes de software y dispositivos para incorporar desde el diseño inicial medidas de seguridad adecuadas en los dispositivos, impulso y facilitación del acceso a los servicios de denuncia y ayuda ante incidentes, y todo cuanto contribuya a mejorar la capacidad de respuesta frente a los riesgos por parte de la población. En suma, se establece como particularmente importante poner el foco en los menores, mediante una Estrategia de protección de menores

---

31 Informe del Foro Nacional de Ciberseguridad, Motor de la Colaboración Público-Privada [en línea], (2023), < https://www.dsn.gob.es/es/documento/foro-nacional-ciberseguridad-motor-colaboraci%C3%B3n-p%C3%BAblico-privada-2023 >. [Consulta: 12/11/2023.]

32 El Plan definiría las áreas y los objetivos estratégicos, así como los indicadores para medir su consecución, entre los que se incluirían los siguientes:
- Educación y formación, con la implantación de la formación obligatoria en materia de ciberseguridad en el currículo escolar.
- Concienciación de ciberseguridad responsable que consiga un cambio de comportamiento de los usuarios.
- Seguridad por diseño de los dispositivos para facilitar su uso confiable.

online unitaria, y dotarse de los recursos necesarios para su implementación.

Con las previsiones previamente expuestas España estaría completando una visión integradora de ciberseguridad en todas sus facetas.

4. LA CIBERSEGURIDAD DE ESPAÑA ANTE EL GLOBAL CYBERSECUTITY INDEX DE LA ITU: LA REALIDAD DE LA IMPLEMENTACIÓN Y DESARROLLO DE UN DERECHO

El Global Cybersecurity Index, es un índice, desarrollado por la International Telecommunications Union (ITU)/ Unión Internacional de Telecomunicaciones (UIT), que mide el compromiso de los países con la ciberseguridad a escala nacional, regional y mundial, con el fin de concienciar sobre la importancia y las diferentes dimensiones de esta. El nivel de desarrollo o compromiso de cada país se evalúa a lo largo de cinco pilares[33]: (i) medidas legales, (ii) medidas técnicas,

[33] Pilares y apartados que se consideran: (i) medidas normativas, o jurídicas (4): a. legislación penal (2), b. reglamentación y conformidad (2); (ii) medidas técnicas (6): a. CERT/CIRT/CSIRT (2), b. normas (2), c. certificación (2); (iii) medidas organizativas (8): a. política (2), b. hoja de ruta de gobernanza (2), c. organismo responsable (2), d. evaluación comparativa nacional (2); (iv) creación de capacidades (8): a. desarrollo de normas (2), b. desarrollo laboral (2), c. certificación profesional (2), d. certificación del organismo (2); (v). cooperación (8): a. cooperación interestatal (2), b. cooperación entre organismos (2), c. asociaciones entre los sectores público y privado (2), d. cooperación internacional (2). Dicho de otro modo, los pilates son: (i) normativo/legal/jurídico: existencia de un marco legal relativo a la ciberseguridad y el ciberdelito; (ii) técnico: existencia de un marco de medidas técnicas para afrontar

(iii) medidas organizativas, (iv) desarrollo de capacidades, y (v) cooperación; a los que se les da una puntuación global que marca la posición global y/o regional del Estado en cuestión.

Este índice se publicaría por primera vez en 2015 (con datos recogidos de 2014), y se le trataría de dar una periodicidad aproximada de 2 años (2015, 2017, 2018 y 2020), por lo que en 2023 tenemos 4 ediciones y se espera una quinta para 2024. En la última edición de 2020 se analizaría la situación de 194 países (miembros de la UIT) repartidos por todo el mundo. Es importante saber que en 2018 en la Conferencia de Plenipotenciarios de la UIT se establecería un mayor compromiso con este índice puesto que se establece como finalidad principal el promover las estrategias gubernamentales y el intercambio de información acerca de los esfuerzos en todas las industrias y sectores. Con ello se persigue promover una cultura mundial de la ciberseguridad e integrarla como elemento fundamental de las tecnologías de la información y la comunicación, de forma que el Gobal Cybersecurity Index se constituya como una herramienta útil de desarrollo de capacidades para los gobiernos, los responsables políticos, los expertos en ciberseguridad y el mundo académico a la hora de identificar áreas de mejora y destacar las mejores prácticas para reforzar la ciberseguridad nacional, regional y global.

El índice nos muestra la situación de cada Estado en el marco de la ciberseguridad y permite analizar la evolución de estos

---

el desarrollo de la ciberseguridad a nivel nacional; (iii) organizativo: existencia de un marco organizativo para afrontar la ciberseguridad a nivel nacional. Incluye estructuras de organización y gobernanza para la ciberseguridad; (iv) desarrollo y/o creación de capacidades: existencia de programas de investigación y desarrollo, educación y capacitación, profesionales certificados y de entidades del sector público que los fomentan; (v) cooperación: existencia de asociaciones, marcos de cooperación y redes de intercambio de información.

a lo largo de sus 4 ediciones, si bien, en un plano institucionalizado y no tanto en el contexto de una cultura de ciberseguridad que se centra en los propios ciudadanos. A este último respecto podríamos oponer los datos del Global Cybersecurity Index con otros recogidos en informes que se centran en la ciudadanía como pueda ser en el caso español el Informe del Foro Nacional de Ciberseguridad, Motor de la Colaboración Público-Privada[34], que advierte de carencias significativas y preocupantes, que se están tratando de corregir con políticas públicas[35]. De igual modo convendría compararlo con los datos que ofrece desde el año 2014 el Digital Economy and Society Index (DESI) en el marco de la Unión[36] así como con informes a nivel global como puedan ser los emitidos por We Are Social[37].

---

34 Informe del Foro Nacional de Ciberseguridad, «Motor de la Colaboración Público-Privada» [en línea], (2021),<https://www.dsn.gob.es/es/documento/foro-nacional-ciberseguridad-motor-colaboraci%C3%B3n-p%C3%BAblico-privada>. [Consulta: 12/11/2023.]

35 Como puedan ser a través del Plan Nacional de Competencias Digitales, que es uno de los principales planes de la agenda digital del Gobierno España (España Digital 2025), que tiene como objetivo garantizar la formación e inclusión digital de la ciudadanía y los trabajadores y que cuenta con una inversión estimada en 3.593 millones de euros. Así como también a través del Plan Nacional de Ciberseguridad, dotado de 1.000 millones de euros, que tiene como uno de sus objetivos el promover un mayor nivel de cultura de ciberseguridad.

36 Digital Economy and Society Index [en línea], (2022), <https://digital-strategy.ec.europa.eu/en/policies/desi>. [Consulta: 12/11/2023.]

37 A modo de ejemplo el informe: Digital 2023, Global Overview Report, The essential Guide to the World`s Connected Behabiours, [en línea], (2023), <https://wearesocial.com/es/blog/2023/01/digital-2023/>. [Consulta: 02/12/2023.]

Sabemos que el Estado español es uno de los más reputados en este ámbito, así lo demuestra el Global Cybersecurity Index de 2020 que sitúa a España en el grupo de Estados que pertenecen al 4° puesto a nivel global (de 194 países)[38]. España es un referente mundial de ciberseguridad en lo que a administraciones y empresas se refiere.

No obstante, llegar a esta situación ha sido un trabajo que se ha ido danto a lo largo del tiempo y que podemos intuir se produce teniendo en cuenta la propia digitalización del Estado, a los distintos índices nacionales y europeos que mostraban las debilidades del Estado digital en lo que aquí corresponde relativos a la ciberseguridad[39].

La primera de las fotografías que nos da el Global Cybersecurity Index en 2015 respecto a España no es excesivamente mala, hemos de contextualizarla en un momento en el cual ya existe e-administración (2007 es un año clave). España ocupaba el nivel noveno, puesto 30, (respecto de 196 países y de 29 niveles), el nivel sexto en la clasificación regional europea (respecto de 42 Estados y de 22 niveles), y entorno al país décimo segundo de la Unión Europea (igualados con Dinamarca y Francia, pues dentro de un nivel conviven distintos Estados),

---

38 Global Cybersecurity Index 2020, [en línea], (2020), <https://www.itu.int/en/ITU-D/Cybersecurity/Pages/global-cybersecurity-index.aspx>. [Consulta: 02/12/2023.]

39 Surge quizá con el concepto prueba-error, y teniendo en cuenta brechas digitales; actualmente se plantea como el tándem digitalización y ciberseguridad que debe darse sin condiciones. En otras palabras, no puede darse una digitalización del Estado que no tenga en consideración a la ciberseguridad en el sentido más amplio del término, no puede iniciarse una e-administración sin ciberseguridad, sin educación digital.

cierto es que se trataban de datos indirectos o recogidos a partir de datos secundarios[40].

En la segunda edición del prestigiado índice, la correspondiente a 2017, muestra que pese a que España se encontraba fuera del top ten global de países, pertenecía al grupo de los 21 países líderes que demuestran un alto compromiso en los cinco pilares del índice. España se situaba en el nivel 19 globalmente considerada (junto a Nueva Zelanda, respecto a 164 niveles), seríamos los novenos a nivel regional europeo (por detrás de Estonia, Francia, Noruega, Reino Unido, Países Bajos, Finlandia Suecia y Suiza) y séptimos de la Unión. Si bien del informe se refleja que España gozaba de buena salud en términos generales, y principalmente en lo relativo a las categorías del marco normativo (en este indicador todo estaba en verde), también se desprenden ciertas patologías, puntos débiles a los que se debía prestar atención sin demora en dos de los cinco pilares: el relativo a las medidas técnicas, dentro de ellas la estandarización para organizaciones y profesionales (que aparecen en color rojo); y el relativo a las medidas de cooperación, respecto a los acuerdos de cooperación multilaterales y a la colaboración público-privada (en rojo).

La tercera edición del Global Cybersecurity Index de 2018, sitúa a España en el séptimo puesto y séptimo nivel globalmente considerados (de 175 niveles posibles y 194 países); sextos a nivel regional europeo y quintos respecto a la Unión Europea (por detrás de Reino Unido, Francia, Lituania, y Estonia)[41]. Además, se ponen de manifiesto algunas de las medidas que se

---

40 Según el propio informe los datos se obtuvieron de recursos del: United Nations Statistics Division, de diciembre de 2012.

41 La puntuación total obtenida por España ha sido de 0,896 (sobre 1,000), que se desglosa en los siguientes pilares: legal: 0,200 (nota máxima); técnico: 0,180; organizativo: 0,200 (nota máxima); desarrollo de capacidades: 0,168; y cooperación: 0,148.

han adoptado y que han contribuido a formar parte del top ten de la ciberseguridad global.

En esta edición se enfatiza en la importancia de la normativa: la Ley 36/2015 de Seguridad Nacional de España que define el marco para la gestión de crisis a nivel nacional y que recoge los avances en la implantación de la Estrategia de Ciberseguridad Nacional, destaca al ciberespacio como ámbito de la seguridad nacional y establece la estructura de las autoridades nacionales de seguridad, y de ciberseguridad. Junto a esta Ley se sitúan la Orden Ministerial PRA/33/2018 que regula el funcionamiento del Consejo Nacional de Ciberseguridad, como comité asesor de expertos del Consejo de Seguridad Nacional, presidido por el Presidente del Gobierno de España; y la Orden Ministerial PRA/116/2017 que anuncia un acuerdo (Presidente y Ministros con competencias en la materia) sobre la puesta en marcha de mecanismos para garantizar el funcionamiento del Sistema de Seguridad Nacional, siendo la ciberseguridad parte de este sistema.

En el marco organizacional y en lo referente a las buenas prácticas el Global Cybersecurity Index se fija en la herramienta PILAR (CCN-Cert) de apoyo al análisis y gestión de riesgos de los sistemas de información, aprobada para su uso por la OTAN (estaba siendo utilizado por varias agencias de la Unión Europea), que habría sido adaptada para cumplir el reglamento de protección de datos personales de la UE (2016/679 de 27 de abril de 2016) de la que resalta su gran flexibilidad para adaptarse a nuevos dominios de seguridad.

Respecto a las medidas de cooperación se destaca en el informe al Consejo Nacional de Ciberseguridad dado que este refuerza las relaciones de coordinación, colaboración y cooperación entre las distintas Administraciones Públicas con competencias en materia de ciberseguridad y entre los sectores público y privado. La composición del Consejo Nacional de Ciberseguridad refleja el espectro de áreas que abarcan los departamentos, organismos y agencias de las Administraciones Públicas con competencias en materia de ciberseguridad, con el fin de coordinar las actuaciones que deben abordarse conjuntamente con el objetivo de incrementar los niveles de seguridad. Podrán formar parte del mismo otros actores relevantes del sector privado y especialistas cuya contribución se considere necesaria.

En la cuarta edición del Global Cybersecurity Index de 2020, España se sitúa en el cuarto nivel globalmente considerada (junto a Singapur y la República Popular de Corea, de 194 Estados), y en el tercero a nivel regional europeo (por detrás de Reino Unido y Estonia) siendo el segundo de la Unión Europea, sólo por detrás de Estonia.

Hemos pasado de estar en el puesto treinta, nivel noveno en 2015 a situarnos en el cuarto puesto y nivel en 2020, se han obtenido 98.52 puntos sobre 100 posibles, y ello se debe, como recoge el informe, a que hemos fortalecido todas las áreas, pero principalmente las cuatro siguientes: la normativa (20 puntos sobre 20 posibles), la relativa al desarrollo de capacidades (20 de 20), la que recoge las medidas técnicas (19,54 de 20) y el área de cooperación (20 de 20) podríamos decir que hemos mejorado en aquellas cuestiones que eran consideradas como una de las débiles en 2017 y 2018. Respecto a las medidas organizacionales, quinta área, se establece cierto punto de mejora (18,98 puntos sobre 20).

En definitiva, la evolución refleja un progreso notorio en la ciberseguridad española desde 2015, evidenciando un compromiso sostenido en fortalecer las defensas y capacidades en el ámbito digital, que se ha de relacionar con la digitalización del Estado español, preeminentemente de sus administraciones, instituciones, organismos, agencias, etc., pero también de su sociedad. Posiblemente en el futuro próximo veamos a España situada entre los primeros puestos.

No obstante, hemos de reforzar esa idea que ha quedo apuntada al inicio de este apartado y que es la gran preocupación del Estado, la creación de una verdadera cultura de la ciberseguridad que se asiente sobre el pilar fundamental que configura al mismo y que a su vez es el eslabón más débil de esta cadena, la ciudadanía.

La importancia de esta cultura de ciberseguridad se debe a que la misma "constituye uno de los ejes centrales para alcanzar una sociedad más conocedora de las amenazas y desafíos a los que se enfrenta, atendiendo al derecho a disfrutar de un uso seguro y fiable del ciberespacio y a la obligación de contribuir a que así sea" [42]. Esa cultura de ciberseguridad deberá ser entendida como "el conocimiento y la sensibilidad de la sociedad, en general y de cada persona en particular, de los riesgos y amenazas susceptibles de comprometerla, del esfuerzo de los actores y organismos implicados en su salvaguarda y la corresponsabilidad de todos en las medidas de anticipación, prevención, detección, protección, resistencia, colaboración y recuperación respecto a dichos riesgos y amenazas"[43]. Se trata de un reto mayor para las instituciones y organismos que han participado de y en el Global Cybersecurity Index.

A partir de este momento y de manera complementaria, se establece que la evaluación integral en términos globales, regionales y europeos debe ser realizada por la propia sociedad. La ciberseguridad se ha consolidado como una prioridad estratégica en el entorno empresarial contemporáneo, donde la evolución constante de las amenazas digitales exige una respuesta proactiva y eficaz. En este contexto, nuestra sociedad desempeña una función preventiva de vital importancia. A través de la implementación de políticas y prácticas de seguridad robustas,

---

[42] Informe del Foro Nacional de Ciberseguridad, Motor de la Colaboración Público-Privada, 2021.

[43] Ibidem.

así como la adopción de tecnologías avanzadas, hemos establecido un sólido cimiento para salvaguardar la integridad, confidencialidad y disponibilidad de la información crítica. La conciencia y educación continua en ciberseguridad, junto con la colaboración activa con expertos en el campo, refuerzan nuestro compromiso en la identificación y mitigación temprana de posibles amenazas, consolidando así un entorno digital seguro que responde a los estándares más exigentes de protección. En este sentido, reconocemos la responsabilidad compartida de todos los miembros de nuestra sociedad en la preservación de la ciberseguridad, contribuyendo de manera significativa a la confianza y estabilidad del ecosistema tecnológico-digital que pretendemos alcanzar.

Es imperativo que dicha sociedad adquiera plena conciencia y formación en materia de ciberseguridad.

5. BIBLIOGRAFÍA

Briefing, Implementation Appraisal. Directive on security of network and information systems (NIS Directive), EU cybersecurity policy, [en línea], (2020), <https://www.europarl.europa.eu/RegData/etudes/BRIE/2020/654198/EPRS_BRI(2020)654198_EN.pdf>. [Consulta: 11/11/2023.]

CONSULTATION, COMMAND AND CONTROL BOARD (C3B) C3 Taxonomy Baseline 2.0. 14/03/2016. NATO AC/322-N(2014)0072.

Digital Economy and Society Index [en línea], (2022), <https://digital-strategy.ec.europa.eu/en/policies/desi>. [Consulta: 12/11/2023.]

Global Cybersecurity Index 2020, [en línea], (2020), <https://www.itu.int/en/ITU-D/Cybersecurity/Pages/global-cybersecurity-index.aspx>. [Consulta: 02/12/2023.]

Global Cybersecurity Index 2018, [en línea], (2018), <https://www.itu.int/en/ITU-D/Cybersecurity/Pages/global-cybersecurity-index.aspx>. [Consulta: 02/12/2023.]

Global Cybersecurity Index 2017, [en línea], (2017), <https://www.itu.int/en/ITU-D/Cybersecurity/Pages/global-cybersecurity-index.aspx>. [Consulta: 02/12/2023.]

Global Cybersecurity Index 2015, [en línea], (2015), <https://www.itu.int/en/ITU-D/Cybersecurity/Pages/global-cybersecurity-index.aspx>. [Consulta: 02/12/2023.]

Informe del Foro Nacional de Ciberseguridad, Motor de la Colaboración Público-Privada [en línea], (2023), < https://www.dsn.gob.es/es/documento/foro-nacional-ciberseguridad-motor-colaboraci%C3%B3n-p%C3%BAblico-privada-2023 >. [Consulta: 12/11/2023.]

Informe del Foro Nacional de Ciberseguridad, Motor de la Colaboración Público-Privada [en línea], (2021), <https://www.dsn.gob.es/es/documento/foro-nacional-ciberseguridad-motor-colaboraci%C3%B3n-p%C3%BAblico-privada>. [Consulta: 12/11/2023.]

Informe: Digital 2023, Global Overview Report, The essential Guide to the World`s Connected Behabiours, [en línea], (2023), <https://wearesocial.com/es/blog/2023/01/digital-2023/>. [Consulta: 02/12/2023.]

JP 3-13, Information Operations, DoD November 2012 Incorporating Change 1, November 2014. [en línea], (2018), <https://information-security.info/wp-content/uploads/2021/04/jp3_12.pdf>. [Consulta: 11/11/2023.].

OLIVÁN ORDÁS, M. Ciberseguridad. Blog Neo INDRA. [en línea], (2011), <https://www.indracompany.com/es/blogneo/ciberseguridad>. [Consulta: 11/11/2023.].

Recomendación UIT-T X 1205 (04/2008), [en línea], (2008), <https://www.itu.int/ITU-T/recommendations/rec.aspx?rec=9136&lang=es>. [Consulta: 11/11/2023.]